古典文獻研究輯刊

二六編

潘美月・杜潔祥 主編

第 19 冊

畢沅生平及其小學研究（下）

邱永祺 著

國家圖書館出版品預行編目資料

畢沅生平及其小學研究（下）／邱永祺 著 — 初版 — 新北市：
花木蘭文化事業有限公司，2018〔民107〕
目 6+216 面；19×26 公分
（古典文獻研究輯刊 二六編；第 19 冊）
ISBN 978-986-485-363-2（精裝）
1.（清）畢沅 2.學術思想 3.漢語文字學
011.08   107001777

ISBN-978-986-485-363-2

9 789864 853632

古典文獻研究輯刊
二六編　第十九冊　　　　　　ISBN：978-986-485-363-2

畢沅生平及其小學研究（下）

作　　者	邱永祺
主　　編	潘美月　杜潔祥
總 編 輯	杜潔祥
副總編輯	楊嘉樂
編　　輯	許郁翎、王筑　美術編輯　陳逸婷
企劃出版	北京大學文化資源研究中心
出　　版	花木蘭文化事業有限公司
發 行 人	高小娟
聯絡地址	235 新北市中和區中安街七二號十三樓
	電話：02-2923-1455／傳真：02-2923-1452
網　　址	http://www.huamulan.tw 信箱 hml810518@gmail.com
印　　刷	普羅文化出版廣告事業
初　　版	2018 年 3 月
全書字數	276939 字
定　　價	二六編 25 冊（精裝）新台幣 48,000 元

畢沅生平及其小學研究（下）

邱永祺　著

目次

下　冊

表　次

第四章　畢沅之金石學研究

　　金石學是一門結合歷史、考古、文字、器物、藝術等相關知識而成的專門學問，其發展已有數千年。在清朝乾嘉時期，蔚為一股風潮，畢沅身處當世，同是相當熱衷金石等古物的蒐藏，其於文史頗有研究，尤其是藉著職務之便，而一睹眾多的古物，當中有許多的金石材料，因而有了不少的金石學相關著作，尤能結合其幕府中諸多文士的力量，而造就了一番功業。其金石學相關論著包括《關中金石記》、《中州金石記》、《經訓堂法帖》、《秦漢瓦當圖》、《山左金石志》，畢沅皆付出心力於其中，因此，以下將先論述金石學的名義、流變及乾嘉時金石學的發展背景，再就前述之幾本著作，剖析其中的金石學概念，最後整合畢沅於金石學的成就與貢獻。

第一節　金石學述論

一、金石學名義

　　中國自古以來金石並稱，二者有不解之緣，是故，要能了解金石學，必須先分清楚金與石的概念。何謂金？又何謂石？朱劍心說：

> 「金」者何？以鐘鼎彝器為大宗，旁及兵器，度量衡器，符璽，錢幣，鏡鑑等物，凡古銅器之有銘識或無銘識者皆屬之。「石」者何？以碑碣墓誌為大宗，旁及摩崖，造象，經幢，柱礎，石闕等物，凡古石刻之有文字圖象者，皆屬之。〔註1〕

〔註 1〕朱劍心著：《金石學》（臺北：臺灣商務印書館，1995 年 7 月），頁 4。

就性質而論，從寬認定，「金」係指「金屬」一類，尤其銅器爲多，而「石」亦是採寬鬆的認定，只要是被泛稱爲「石頭」的皆可，無論粗細或是光澤、紋理；就用處而言，「金屬」的製品皆算，樂器、食器、禮器等各類器具最多，兵器，或量器、錢幣等生活用品亦是，無論金屬上有無文字，而以「石頭」爲底材的用品都是，但上面必須要有文字或是圖象。以上是將「金」、「石」分論，若是合稱「金石」，最早的載籍可見於《墨子・兼愛上》：

> 子墨子曰：「吾非與之並世同時，親聞其聲，見其色也。以其所書於
> 竹帛，鏤於金石，琢於盤盂，傳遺後世子孫者知之。」〔註2〕

可知，墨子認爲先人將文字刻在金石上，以供流傳。所以「金石」的併稱，應是這樣認定，如馬衡說：

> 金石者，往古人類之遺文，或一切有意識之作品，賴金石或其他物
> 質以直接流傳至於今日者，皆是也。〔註3〕

只要是從前人類有意識的創作，無論是何種載體，都可廣泛的認定是金石。所謂有意識的作品，應當包括：

> 凡甲骨刻辭、彝器款識、碑版銘誌及一切金石、竹木、磚瓦等之有
> 文字者，皆遺文也。其雖無文字而可予吾人以眞確之印象者，如手
> 寫或雕刻之圖畫，明器中之人物模型及一切凡具形制之器物等，皆
> 有意識之作品也。〔註4〕

更簡潔的說，上述所舉的各類材料，包括「殷虛之甲骨，燕齊之陶器，齊魯之封泥，西域之簡牘，河洛之明器」〔註5〕，上至甲骨、陶器，下至簡牘、磚瓦等，只要上面有文字或是圖畫，皆算是有意識的作品。凡是用客觀的方法研究這些材料的學問，就是金石學。如此看來，廣義金石學的範疇廣大，包羅萬象。更進一步析分金石學的涵義，可知「金石學」當是：

> 研究中國歷代金石之名義，形式、制度，沿革；及其所刻文字圖象
> 之體例，作風；上自經史考訂，文章義例，下至藝術鑒賞之學也。
> 其制作之原，與文字同古；自三代秦漢以來，無不重之。〔註6〕

〔註2〕〔清〕畢沅校注：吳旭民校點：《墨子》（上海：上海古籍出版社，2014 年 6 月），頁 69。

〔註3〕馬衡著：《中國金石學概論》（長春：時代文藝出版社，2009 年 5 月），頁 4。

〔註4〕同上注。

〔註5〕朱劍心著：《金石學》，頁 4。

〔註6〕同上注。

那不僅僅是針對上面的文字，就其名稱、方式、歷史等，以及載體上所記錄的文字或是圖象等，還能從經學、歷史、考據、文學、文法、藝術、鑒賞等角度來看，所以自宋代以來，研究此類學問的學者大抵分作兩派，如馬衡說：

> 其一可名爲古器物之學，不論其爲金爲玉，不論其有無文字，凡屬
> 三代、秦、漢之器物，皆供賞玩者是也。其一可名爲金石文字之學，
> 不論其物質爲何，苟有鐫刻之文字，皆見采錄者是也。〔註7〕

不論是「古器物之學」，或是「金石文字之學」，都屬於「金石學」的範疇，是一門專家之學，應當持續發展，成爲歷久彌新的學問。

二、金石學流變

金石學既是一種專門獨立之學問，當有其發展過程。金石學之肇端，「自宋劉敞，歐陽修，呂大臨，王黼，薛尚功，趙明誠，洪适，王象之諸家始」〔註8〕，最早可以上溯到宋代，首開私人收藏金石並著錄的是劉敞，他將私藏的十一件古器物，摹銘、畫圖，再鐫於石上，撰成《先秦古器圖碑》。此書今雖亡佚，但在金石學的發展上，可說是非常重要的濫觴，其後歐陽脩《集古錄》、呂大臨《考古圖》、王黼《宣和博古圖錄》、薛尚功《歷代鐘鼎彝器款識法帖》、趙明誠《金石錄》、洪适《隸釋》、王象之《輿地碑記目》等金石學家與專門著作更是如雨後春筍般不斷冒出，「歐趙以後，金石之學始昌，鄭樵《通志》乃立專門」〔註9〕，金石學便在宋代積極擴大起來，成爲熱門的學問，鄭樵《通志》中也就專門成立一類爲〈金石略〉。到了元、明兩代，金石學一時沉寂，直至清代，才又復興，並且發展得愈加壯大，暴鴻昌云：

> 清代是中國金石之學發展的鼎盛時期，無論是收錄金石碑褐的時
> 代、地域範圍的廣闊程度，還是從事者之多，以及所產生的金石學
> 著作，都是以往任何朝代所無法比擬的。〔註10〕

的確在清代的發展是空前絕後的。金石學的盛況，與清代流行編纂方志有關，許多的地方方志中，也都著錄了金石材料的情況，「若阮氏元、謝氏啓昆、武

〔註7〕馬衡著：《中國金石學概論》，頁4。
〔註8〕朱劍心著：《金石學》，頁4。
〔註9〕〔清〕樊增祥撰：《樊山集・卷二十四》，《清代詩文集彙編》第762冊（上海：上海古籍出版社，2011年1月），頁467。
〔註10〕暴鴻昌著：《清代金石學及其史學價值》，《中國社會科學》（1992年第5期），頁209～223。

氏億所撰方志，皆詳載金石」〔註11〕，除此之外，乾嘉的學術風氣更是有著極大的影響。

三、乾嘉時發展

　　清代金石學發展鼎盛，乃是乾嘉學派風潮的影響，因為乾嘉之學就是考證學，研究學問事事皆要尋求證據，絕非口說無憑之推測或妄猜。這樣的風格，牽絆了整個清代學術，梁啓超云：「無考證學則無清學。」〔註12〕此話雖是稍嫌武斷，但細究其說，不失中肯，因為清學在文字、聲韻、訓詁、金石等學問上，確實成就較歷代更為精彩。乾嘉時之金石學發展得迅速，原因有三：

（一）材料出土浩繁

　　清代有著歷代流傳下來可見的碑刻、銅器、磚瓦等傳世文物，再加上許多原本湮沒於地下的文物出土，使得金石學蓬勃發展。乾隆三十七年（1772年），皇帝下詔開設四庫全書館，其中，朱筠奉詔四處蒐訪遺書、古物，其中，金石、圖譜等等都必定要搜集。

（二）研究人才眾多

　　據統計，清朝「從事於金石研究者居然有一百四十一人之多，為歷朝之冠」〔註13〕，研究金石學的人數眾多，投入大量的資金、人力，才能使得清代的金石研究如此輝煌，尤其乾嘉時不少少人不僅在詩文上有成就，甚至兼治金石、文字、音韻、書學、篆刻等，各幕主及底下的眾多幕賓，亦不乏這樣的通才，畢沅、阮元、謝啓昆等人皆是。

（三）研究方向多元

　　乾嘉時學者研究的內容，以經學為起點，涉及史學、音韻、天文、曆法、水利、典章、金石、校勘、輯佚等，無論是何種學問，都非常重視考證，也將此方法運用於各處，不信孤證。各種學問自成一格，卻又彼此相連，方才能使各項都能一同發展，因而讓整個清代的學術變得強盛，尤其在乾嘉達到

〔註11〕　〔清〕樊增祥撰：《樊山集・卷二十四》，《清代詩文集彙編》第 762 冊，頁 467。
〔註12〕　〔清〕梁啓超著：《清代學術概論》（臺北：臺灣商務館，2008 年 10 月），頁13。
〔註13〕　廖新田著：《清代碑學書法研究》（臺北：臺北市立美術館，1993 年 6 月），頁46。

高峰。

第二節　《關中金石記》析論

　　畢沅自乾隆三十八年（1773 年）開始擔任陝西巡撫，乃至其於五十年（1785 年）離任，在這近十三年的時間，畢沅在政事上多有建樹，成爲當地百姓愛戴的官吏，對於當地的古物亦有許多的修補措施。盧文弨云：

> 鎮洋畢公前撫陝之二載，政通人和，爰以暇日訪古至其地，顧而悵息，於是堂廡之傾者圮，亟令繕完，舊刻之陷於土中者，洗而出之。
> 〔註 14〕

畢沅對於這些已經毀壞的建築，派人修繕；深藏於土中的石刻，則取之清潔，使它恢復本貌。《關中金石記》就是畢氏於此時所撰著的金石書，對於金石學的幫助頗多。

一、撰述背景

　　畢沅能夠撰成此書，主要是因爲關中地區自古就是個寶庫，孫星衍云：

> 雍涼之域，實曰神臯，吉金樂石之所萃也。爾乃竹書紀異，昆侖樹王母之眉；韓非著書，華嶽勒天神之字。休與羨哉！其詳軼矣。若其列侯尸祀，銘業乎奇器；漢將揚武，紀威乎絕域。〔註 15〕

所謂「雍涼」乃指雍涼州，其範圍大約是陝西省中、北部、甘肅省一帶，孫氏稱爲「神臯」——神明聚集地，其實就是說關中一帶，是上天的賜予，所以藏有許多的寶物，也因爲這些寶物，而使漢代國力強盛。不僅是漢代，歷朝歷代，凡是在此地定都的，皆有其功業，孫氏云：

> 西京崇秩望之儀，蜀魏盛開鑿之蹟，固亦有焉。是以岐陽石鼓，厥貢於上京，裴岑紀功，揚光于昭代，曁乎唐葉，作都渭陽，宮室陵寢，此焉是集，移山壽績，壓岫標奇。蠡蠡負文而疑神，螭虬挾篆而欻走，亦越宋元，彌工題唱。鐫名百仞之翠，沈字九回之淵，莫不比重昆瓊，方珍華玉。〔註 16〕

〔註 14〕〔清〕畢沅撰：《關中金石記·盧敍》，《叢書集成初編》（北京：中華書局，1985 年），頁 1。

〔註 15〕〔清〕畢沅撰：《關中金石記》，《叢書集成初編》，頁 174。

〔註 16〕同上注。

東漢建都西京長安，蜀魏等朝，延續前人光芒。到了唐代，先秦石墩「岐陽石鼓」出土，那是很久以前的寶物，上面刻著許多文字，係今日可見最早的石刻文字。經歷唐、宋朝等，石、碑漸漸地失去了其地位，逐漸沒落，孫氏又云：

> 自是厥後，廢興忽然。頹垠畫落，則偉額潛埋；野燎宵飛，則貞趺渙碎。承平以來，廛居愈阜，削員珉而代覽，臥方關以治鎵，或乃因文昌之小辭，劚皇象之逸製。耆古之士，蓋其閔矣；隱顯之候，豈其恒歟。〔註17〕

應當受到良好照顧的珍貴古物，不但未受保護，反而縱其自生自滅，不是破碎，就是湮沒，根本是場浩劫。孫氏認為，喜好古物的人們，應該要站出來，挺身保護它們。到了清代，陝西一帶已成荒涼之境，許多珍貴的石刻就散落各地，變成廢石一般，包括西安碑林亦是，幸虧有畢沅的到來，洪亮吉云：

> 巡撫畢公，再蒞陝西，前又兩攝蘭州之節，凡自潼關以西，玉門以東，其道路險易，川渠通塞，及郡縣之興廢，祠廟之存否，莫不畫然若萃諸掌，今記中所散見是也。〔註18〕

畢沅在當地做了許多措施，從最基本的修路、通渠，到整個城市的內政等事，皆瞭若指掌，有其規劃與策略，包括那些人們忽視已久的古物，盧文弨云：

> 《開成石經》，多失其故第，復一一加以排比，於外周以闌楯，又為門以限之，使有司掌其啟閉，廢墜之久，劚然更新。〈儒林傳〉為盛舉，及公之復蒞秦中也，乃并裒各郡邑前後所得金石刻，始於秦，訖于元，著為《關中金石記》八卷。〔註19〕

畢沅重整西安碑林，將包括《開成石經》在內的石刻們通通先以柵欄圍起，設立進出口，派人專事管理，讓荒廢已久的石林，又有了新的生命。從此時開始，畢沅便將他在陝西一帶發現的金、石等物，通通搜集起來，撰寫成《關中金石記》，書有八卷。錢大昕云：

> 關中為三代秦漢隋唐都會之地，碑刻之富，甲于海內，巡撫畢公，以文學侍從之臣，膺分陝之任，三輔漢中上郡，皆按部所及，又嘗再領總督印，逾河隴，度伊涼，跋涉萬里，周爰咨詢，所得金石文

〔註17〕〔清〕畢沅撰：《關中金石記》，《叢書集成初編》，頁174。

〔註18〕〔清〕畢沅撰：《關中金石記》，《叢書集成初編》，頁173。

〔註19〕〔清〕畢沅撰：《關中金石記‧盧敘》，《叢書集成初編》，頁1。

字，起秦漢，訖于金元，凡七百九十七通，雍涼之奇秀，萃于是矣。
〔註20〕

畢沅於政事有績，又是個博學之人，因著他的地位與學識，再加上他對於金石的熱愛與努力，所以他在整個關中地區「周爰咨詢」，不惜「跋涉萬里」，方才收集到上起秦漢，下迄金元的七百九十七個金石，將雍涼一代的古物、寶器皆涵攝其中。不僅畢沅自身，他也派了幕賓們協助他，孫星衍云：「予始與子進尊甫侍讀君及張舍人塤、錢刺史坫，依畢中丞於關中節署，訪求古刻。」〔註21〕畢沅自己，再加上孫星衍、嚴觀、張塤、錢坫等人的幫助，方使是書搜羅宏富。最後，還有錢坫幫忙「校字得審觀焉，點次卷目」〔註22〕，讓此書變得更加完備。

於是，畢沅撰成《關中金石記》八卷，於乾隆四十六年（1781 年）刊行。書中收錄的碑以唐宋為多，依時代排序，著錄所有碑目，以跋的形式，說明石碑製作的時間、地點、形制、存佚、書體等，並據史或是各種文獻，對碑石文字做進一步的考證，往往能有新見。

二、體例與統計

全書八卷，在編輯體例上，按時代排列各卷，第一卷自秦、漢、魏、晉、秦、北魏、周、隋，共計收有三十五石、三瓦；第二卷唐代，收有六十七石、二金；第三卷唐代，收有一百零三石；第四卷自唐、梁、後唐、晉、周，計有一百十四石；第五卷，宋代，收有一百十九石，二金；第六卷宋代，收有一百九十八石，二金；第七卷金代，收有一百十九石，二金，還附有劉豫〔註23〕的五石；第八卷元代，收有一百石，一百零三金。據目次，畢沅此書共收有七百九十七個金石，包括七百八十一石，十三金，三瓦，是書刻於乾隆四十六年（1781 年）九月而成。

不過，畢沅的統計略有誤差，單就其目次所言，八卷共有八百零八個金石，若不含附錄的劉豫五個，也有八百零三個，應是漏計。今日所見版本，據筆者

〔註20〕〔清〕畢沅撰：《關中金石記・錢序》，《叢書集成初編》，頁 3。
〔註21〕〔清〕嚴觀撰：《湖北金石詩》（武漢：湖北教育出版社，2002 年 5 月），頁43。
〔註22〕〔清〕畢沅撰：《關中金石記》，《叢書集成初編》，頁 173。
〔註23〕劉豫（1073 年～1146 年）字彥游，景州阜城人，為北宋哲宗元符年時進士，後降金朝，受封為齊皇帝，建立「齊國」，史稱「劉齊」，在位八年。

統計，全書八卷有八百零九個金石，連同碑石背面的「碑陰」、「并陰」二十五個，共有八百三十四個相關碑文記錄，六萬三千九百二十九個字〔註24〕，收入包含「秦、漢、魏、晉、北魏、北周、梁、隋、唐、後唐、晉、周、宋、金、劉齊、元」十六個朝代的金石。現依「目次」所錄，按朝代計算各卷金石，製成下表：

表二：《關中金石記》金石朝代統計表

朝　　代	卷一	卷二	卷三	卷四	卷五	卷六	卷七	卷八	總計
秦	2+1								3
漢	13								13
魏	2								2
晉	1								1
北魏	4								4
（北）周	3								3
梁				2					2
隋	12								12
唐		69	103	107					279
後唐				2					2
晉				2					2
周				1					1
宋					121	200			321
金							55		55
劉齊							5		5
元								103	103
總計	38	69	103	114	121	200	60	103	808

據上表可以發現歷代碑石，以唐、宋兩代為最多，因為唐代在經過魏晉南北朝的積弱不振後，國力漸強，紮實的國家基礎，使得唐代成為中國的輝煌時期，當一國的國力強大時，各領域都皆反映出張揚宏觀，於是到了盛唐，碑刻自然也同國勢一般，日漸茁壯，並成就愈來愈多的豐功偉業，也就是這種時代的精神鼓勵，因而產生出大量的巨製豐碑，各體碑刻俱全，數量之多，

〔註24〕以碑名、朝代名及小字注解統計，表格、目次以及部分難字未列入計算。

內容之廣，碑品精美，可說是空前絕後。就石碑本身的材質來說，唐代設有專門的採石官，負責取用美石作碑，所以精選石材，再加上撰文者多是一時之選，書碑者亦是書法家，還有訓練精良的刻工，所以製作出來的石碑，自然是上品，如龍朔元年（661 年）褚遂良的《同州聖教序碑》，或是顏真卿書之《顏氏家廟碑》。宋代延續唐代的恢宏氣勢，所以出現不少的佳作，有官刻也有私刻，但自宋代後，碑刻品質大不如前，不再同唐碑那樣磅礴，內容也變得較簡略，石碑也就愈少而沒落。若依「目次」所錄，按種類計算各卷金石，則如下表：

表三：《關中金石記》金石種類統計表

朝代	卷一	卷二	卷三	卷四	卷五	卷六	卷七	卷八	總計
金	0	2			2	2	4	3	13
石	35	67	103	114	119	198	51	100	787
瓦	3	0			0	0			3
附錄							5		5
總計	38	69	103	114	121	200	60	103	808

進一步可將全書金石細分為以下 25 種類，並據劉維波之統計〔註25〕，製成下表：

表四：《關中金石記》金石種類細目統計表

類　型	類　目	卷一	卷二	卷三	卷四	卷五	卷六	卷七	卷八	總計
摩崖		6	0	0	0	0	0	0	0	6
碑	記事碑	8	7	13	4	7	10	20	53	122
	記功碑	0	0	2	3	0	0	0	0	5
	功德碑	4	3	0	0	0	0	0	0	7
	墓碑	4	32	14	13	0	0	0	7	70
	神道碑	0	5	12	3	0	1	0	0	21
	儒學經典	2	0	1	1	0	0	0	0	4

〔註25〕詳參劉維波撰：《畢沅與金石學研究——以《關中金石記》為中心》（陝西：陝西師範大學歷史文獻學所碩士論文，2009 年 5 月），頁 26～56。

	敕（詔、記、贊、頌、箴、札子）	0	0	3	4	37	7	0	16	67
	道教文書	0	0	0	0	5	0	0	2	7
	佛教文書	0	0	0	0	3	0	0	0	3
	詩、詞、賦	0	0	0	0	9	31	9	10	59
	牒、疏	0	0	0	0	0	0	4	0	4
	墓表	0	0	0	0	0	0	1	0	1
造像		1	2	0	0	0	0	0	0	3
造像記（銘）		0	6	0	0	0	0	0	0	6
墓志		2	4	9	5	0	1	0	1	22
題名、題字、題記、題詩		2	2	28	57	52	142	17	9	309
塔銘（記）、塔額		2	6	10	4	0	5	1	2	30
鐘銘、鐘款（金）、鐵方響		0	0	0	0	2	2	4	2	10
帖		2	0	3	3	5	2	0	0	15
瓦當（頭）		3	0	0	0	0	0	0	0	3
經（石）幢		0	0	7	17	1	0	0	1	26
石碣		0	0	0	0	0	1	0	0	1
畫像		0	0	0	0	0	3	0	0	3
圖		0	0	0	0	0	0	4	1	5
總計		36	67	102	114	121	205	60	104	809

　　雖然上述三表數字有細微的誤差，但並不影響結果，而根據上表，可知書名雖稱「金石記」，但全書以「石」爲多數，而石又以「碑」爲最多，這樣的結果是因爲關中有著名的「西安碑林」。孫星衍云：「公釋奠學校，而開成石經及儒學碑林復立焉。」〔註26〕修繕碑林，並從其中碑石獲得良多，而且畢沅蒐集的範圍廣大，地處遼闊，「自關內、山南、河西、隴右，悉著於錄」〔註27〕，協助尋找金石的孫星衍說得更清楚，對金石的來歷講得仔細，其云：「子谷造象得于長安，唐彌、朱遠墓碣得于郃陽，朱孝誠碑得于三原。

〔註26〕 〔清〕畢沅撰：《關中金石記》，《叢書集成初編》，頁175。
〔註27〕 〔清〕畢沅撰：《關中金石記・錢序》，《叢書集成初編》，頁3。

臨洮之垣，亘以河朔。」〔註28〕除此，畢沅「案部所次」，「唐姜行本勒石得於塞外，梁折刺史嗣祚碑得於府穀，寶室寺鍾銘得於鄜州，漢鄐君開道石刻、魏李苞題名得於褒城」〔註29〕；又因「奏修嶽祀」，而得到「華陰廟題名及唐華山銘」〔註30〕。洋洋灑灑的八百多金石，在當代已經是了不起的收錄，何況畢沅不僅是收，更加以考據，「徵引之博，辨析之精，沿波而討源，推十以合一，雖曰嘗鼎一臠，而經史之實學寓焉」〔註31〕、「自餘創見，多後哲之未窺，前賢之未錄」〔註32〕，用經、史與金石相互驗證，縱使於今日，都不是件易事，遑論清代，所以，孫星衍云：

> 受之以藏，是云敦素；獲之有道，乃惟賢勞。其知者曰：「可以觀政矣！」重光之歲，月移且相，武彙有緘，嘉禾告瑞。公始從容晨暮，校理舊文，考厥異同，編諸韋冊。〔註33〕

稱畢沅是「敦素」、「賢勞」，譽之不過，因為他在金石所費的功力，罕有人能相提並論。

單一碑文的編排，現舉卷四之《司直廳石幢》為例，如下：

> 《司直廳石幢》
>
> 庚申正月立，鄭模撰文，裴諸正書，在西安府學。
>
> 庚申當是開成五年，續有會昌元年評事李□述一通。〔註34〕

大抵每碑會先列碑名「司直廳石幢」，再說明立碑時間「庚申年正月」，撰文者「鄭模」，書寫者「裴諸」，碑文的字體「正書」，碑存放地點「西安府學」，後以跋語說明各種關於碑文的形制、內容、存軼，或是翻考史書、方志、各類文獻，考證內容，還會對文字品評。此碑則是說明立碑的時間是「開成五年」，唐武宗在位之際，後有「會昌元年評事李□述」另一碑石。

三、內容述論

全書當中有非常多值得詳細介紹及論述的碑石，以下即分類並各舉例說

〔註28〕〔清〕畢沅撰：《關中金石記》，《叢書集成初編》，頁174。
〔註29〕〔清〕畢沅撰：《關中金石記》，《叢書集成初編》，頁174～175。
〔註30〕同上注。
〔註31〕〔清〕畢沅撰：《關中金石記・錢序》，《叢書集成初編》，頁3。
〔註32〕〔清〕畢沅撰：《關中金石記》，《叢書集成初編》，頁175。
〔註33〕同上注。
〔註34〕〔清〕畢沅撰：《關中金石記・卷四》，《叢書集成初編》，頁72。

明：

（一）西安碑林與開成石經

西安碑林創建於宋哲宗元祐二年（1087 年），座落於陝西省西安市三學街，是收藏中國古代碑石時間最早、數目最多的一個石刻寶庫，可上溯到唐末、五代時，是爲保存唐刻的「石台孝經」和「開成石經」而建。可惜，經歷異朝換代，珍貴的碑林已變得不受重視，任其荒廢，盧文弨云：

> 余生平未嘗至關中，聞有所謂碑林者，末由見也。數十年前，有人從長安來，叩之，則大率在榛莽中，雨淋日炙，不加葺治，甚且衆穢所容，幾難厠足，蓋未嘗不慨然興歎也。〔註35〕

要不是後來畢沅開始修繕，這些碑林就跟一般的舊石頭無異。關於碑林的歷史，在畢沅與衆幕賓們唱和的《開成石經聯句》，前有序云：

> 按宋黎持〈記〉石舊在務本坊，天祐中韓建築新城，委棄于野。朱梁時劉鄩守長安，從幕吏尹玉羽請，輦入城中，置唐尚書省西隅。汲郡龍圖呂公復徙置於府學，分爲東西，次比而陳列焉。〔註36〕

據此序所引可知，最早這些石經放置在長安城的務本坊之國子監內，後來因朱全忠叛亂，節度使韓建爲便於防守長安，便縮小長安城的範圍，蓋了新的城，使務本坊被畫在外。到了五代朱梁時，劉鄩防守長安，他的幕僚尹玉羽請求將後來因到北宋時，爲進一步保護刻石，在呂大忠等人提議下，才將所有刻石移到今日碑林座落處，成立專門放置的處所，幾年後增建碑廊、碑亭等，但時間一久，不僅曾遇人爲破壞，也漸漸損壞。金、元時曾有人修繕過碑林內的屋宇，但碑石本身未多加整復。明憲宗成化九年（1473 年），馬文升曾重修過碑林，但是不幸至嘉靖三十四年（1555 年）時，關中地區發生八級大地震，而使衆多的碑石斷裂。清初時，因著前幾代的累積，而始稱爲「碑林」，不過依然缺乏管理，直到畢沅擔任陝西巡撫時，方才有了修葺的開始。畢沅在《石刻十二經及五經文字九經字樣》碑跋云：

> 西安府學，大成殿後，舊爲碑林。今稱碑洞，經始於宋元祐庚午龍圖閣學士呂大忠，自明迄本朝，屢加葺治。余以乾隆壬辰歲政務稍暇，進訪古刻，見屋宇傾圮，經石及諸碑，率棄榛莽，瞻顧

〔註35〕〔清〕畢沅撰：《關中金石記・盧敍》，《叢書集成初編》，頁 1。
〔註36〕〔清〕畢沅等撰；楊焄點校：《畢沅詩集・樂游聯唱集》，《乾嘉詩文名家叢刊》（北京：人民文學出版社，2015 年 1 月），頁 997。

悚息，復議興修，前後堂廡皆鼎新焉，旋於土中鍰得舊刻數十片，遂取石經及宋元以前者，編排甲乙，周以闌楯，明代及近人所刻，則汰存其佳者，別建三楹以存置，其鎖鑰則有司掌之，設法保護，以冀垂諸永久。壁經貞石，頓復舊觀，後有好古者，舉而弗替可也。〔註37〕

歷代常有人以墨拓碑，以碑石發黑，因而稱碑洞，或墨洞。畢沅將西安碑林自宋代開始的歷史簡述，而後說明他從乾隆三十七年（1772 年）開始，因為公事處理稍好，有空暇時間，便四處探訪古石，一邊蒐集，一邊決定要修建那些頹圮的建築。後來將收集到的舊刻，將那些石經或是宋元之前的刻石，編纂成冊明清之刻則留下較好的，並且妥善收納，派人管理、保護，希望可以流傳永久。《開成石經聯句》之序云：

乾隆壬辰，中丞畢公持節關右，釋奠伊始，詢訪古刻，見下宇傾圮，植石零落，顧瞻悚息。旋於榛莽鍰會，復得遺刻數十方。爰議修建堂廡，排比甲乙，分植其間，用以侈錫方夏，垂示永久。〔註38〕

此說與畢沅之跋記載幾乎相同。今日西安碑林已成為「西安碑林博物館」，設有六條碑廊、七座碑室、八個碑亭，陳列自漢到清的各類一千多方碑石。

畢沅曾在西安碑林整理《開成石經》，據其跋所錄，計有以下：

《易》九卷，共九石；《書》十三卷，共十石；《詩》二十卷，共十六石；《周禮》十卷，共十七石；《儀禮》十七卷，共二十石；《禮記》二十卷，共三十三石；《春秋左氏傳》三十卷，共六十七石；《公羊氏傳》十卷，共十七石；《穀梁氏傳》十卷，共十六石；《孝經》一卷，共一石；《論語》十卷，共七石；《爾雅》二卷，共五石；《五經文字》三卷大曆十一年六月張參撰；《九經字樣》一卷，唐元度撰共十石。

《開成石經》共有二百二十八枚。乾隆五十年（1785 年），畢沅入朝覲見，進呈摹唐之《開成石經》。乾隆五十年二月，畢沅調任河南巡撫，專責旱澇，在那得到《熹平石經尚書論語殘字》。西安碑林內有《開成石經》、《熹平石經》、東漢《曹全碑》等石刻，是金石學與書藝非常重要的祕處，須永久保存。

〔註37〕〔清〕畢沅撰：《關中金石記・卷四》，《叢書集成初編》，頁 71。
〔註38〕〔清〕畢沅等撰；楊焄點校：《畢沅詩集・樂游聯唱集》，《乾嘉詩文名家叢刊》，頁 997。

（二）碑刻審美

1、《石門銘幷序》

> 永平二年己丑正月立，王遠撰文幷正書，在石門中。遠無書名，而
> 碑字超逸可愛。〔註39〕

此碑立於東漢明帝時，雖然不知道書碑者是誰，但字體超然逸俗，是非常特別的楷書。

2、《常醜奴墓志》

> 正書，在興平學。碑方尺餘，字甚精整〔註40〕

此碑雖未明立於何時，但碑方正，再加上標準的楷書形態，所以畢沅以精良整齊來形容此碑字。

3、《寶室寺鐘銘》

> 貞觀三年蕤賓月造，正書，在鄜州。……文詞清綺，字法工雅，非
> 唐初人不能爲之。昔趙德父《集錄》《始懷州寧照寺鐘》，係景龍三
> 年，此足與之較勝矣。〔註41〕

此碑立於唐太宗之時——蕤賓即農曆五月——所寫的遣詞用字清秀綺麗，而書體工整端雅，就畢沅所觀，一定是初唐的書家才能有此字體。畢沅還以趙明誠《金石錄》所錄之另個鐘銘石相比，認爲此碑更勝一籌。

4、《開元寺尊勝經石幢》

> 開元十六年楊淡立，正書，在隴州。……此幢字畫精整，爲唐時第
> 一。〔註42〕

此碑立於唐玄宗之時。「精良」是畢沅品評石刻文字喜用的詞彙。畢沅以爲此碑之楷書是唐代第一好。能言之如此果斷，是對碑帖涉獵不少，才敢如此而論。

5、《移文宣王廟記》

> 開運三年正月立，馮道撰文，楊思進行書，在同州府學。文清簡有
> 法，行書亦精整可傳。〔註43〕

〔註39〕〔清〕畢沅撰：《關中金石記·卷一》，《叢書集成初編》，頁8。
〔註40〕〔清〕畢沅撰：《關中金石記·卷一》，《叢書集成初編》，頁11。
〔註41〕〔清〕畢沅撰：《關中金石記·卷二》，《叢書集成初編》，頁14。
〔註42〕〔清〕畢沅撰：《關中金石記·卷三》，《叢書集成初編》，頁33。
〔註43〕〔清〕畢沅撰：《關中金石記·卷四》，《叢書集成初編》，頁82。

此碑立於後晉出帝石重貴之時，馮道所寫的文章清淡、簡單而有規矩，行書寫來更是精良整齊。

6、《興慶池禊宴詩并序》

……四六序，典雅清麗，詩並卓卓。〔註44〕

畢沅評〈序〉是典雅又清麗，詩寫得非常傑出。對此詩及序文評價很高。

7、《王元等題名》

慶歷八年九月刻，正書。慈恩寺塔桄石上，多作佛象，皆唐筆也。凡宋元人題名，並在空處，明人則大書佛像之上，攷《歷代名畫記》云：「塔內面東西間，尹琳畫，塔下南門及西壁千鉢文殊，尉遲畫，南北兩間及兩門，吳畫，唐寺多畫壁，故記云爾。」其稱南門及南北兩間，當卽是桄石所刻，筆畫精整有法，猶可寶也。〔註45〕

此碑立於宋仁宗趙禎之時。畢沅將自己判斷唐、宋、元人在畫佛像時，不同的題名習慣之方法寫下，而後評此字畫「精整」，是值得收藏的寶物。從此跋可知他對於書畫鑑賞確實有其經驗，才能下此判斷。

8、《謁太史公祠記》

元祐五年夏四月立，邵籲題正書，在韓城芝山。是不著書人姓名，字體瘦勁，與《游師雄墓志》略同，應卽邵書無疑。邵字仲恭，丹陽人，嘗授筆法於蔡元長，元長教以學沈傳師者。〔註46〕

此碑立於宋哲宗之時。碑上未著名著書人之姓名，然畢沅藉由觀察其字體爲「瘦勁」，再與《游師雄墓志》之字相較，判斷應是邵籲所書無誤。又一次展現了其於金石判斷之長才。

9、《開石門碑陰記》

紹熙甲寅四月立，晏袤撰文并隸書。碑敍漢鄐君及楊孟文開石門之事，文醇雅可觀，字亦深得漢人法意，宋人隸書中出色者。袤，臨淄人，時爲南鄭縣令。〔註47〕

此碑立於南宋光宗之時——紹熙甲寅即紹熙五年（1194 年）——。晏袤所寫的內容質樸，字體也頗有漢人隸書的樣貌，是宋代人書隸者中之佼佼者，

〔註44〕〔清〕畢沅撰：《關中金石記·卷五》，《叢書集成初編》，頁 100。
〔註45〕同上注。
〔註46〕〔清〕畢沅撰：《關中金石記·卷六》，《叢書集成初編》，頁 118。
〔註47〕〔清〕畢沅撰：《關中金石記·卷六》，《叢書集成初編》，頁 139。

其為著名詞家晏殊的四世孫，也是著名的書法家。

10、《哲宗御書忠清粹德之碑額》

> 紹定三年三月立，田克悉上石，隸題額，在略陽。額係元祐戊辰哲
> 宗於崇慶殿篆書，蓋司馬光神道碑首也。詳見《宋史》本傳。克悉
> 摹刻於沔州公廨耳。篆法精整，宋時所少見者。〔註48〕

此碑立於南宋理宗之時，是田克悉摹蘇東坡撰並書之《司馬光神道碑》
之碑額而刻。此雖是摹刻，但篆法刻來「精整」，是宋代人篆刻少見之佳作。

11、《靈泉觀記》

> 大定二十五年重陽日立，楊峻撰文，劉尤正書，劉利賓篆額，在同
> 官。右碑兩截，上截卽刻三年牒文，下截刻此記，文甚華贍，字法
> 亦似褚虞，金人碑刻之最佳者。〔註49〕

此碑立於金世宗大定二十五年（1185年）的重陽節，其內容華美富麗，
而書體近似褚遂良、虞世南，是金代最好的碑刻作品。

12、《風流子詞》

> 正大三年刻，僕散汝弼作，正書，在臨潼湯池。僕散希魯跋云：「宋
> 元至今刻石甚多，殆難勝紀，而當以此為第一。其詞幽麗悽惋，字
> 畫勁峭，有如拱壁，因砌而珍之。」〔註50〕

此碑立於金哀宗之時。畢沅此跋並不是直接自己品評，而引僕散希魯之
跋作評，認同其說，此碑甚佳。

13、《修宣聖廟記》

> 至元三年四月立，張鼎撰文，正書，在高陵。……字亦精整可愛。
> 〔註51〕

此碑立於元代至正三年（1343年）。此碑字體「精整」、「可愛」，二語皆
是畢沅鑑賞碑字之慣用語。

14、《祀西鎮吳嶽廟祝文》

> 一泰定四年五月，一泰定五年四月立，並馮道安正書，在隴州廟內。
> 碑後題云：馮道安立石，而碑實鎔鐵為之。余集陝西諸金石，得鐘

〔註48〕〔清〕畢沅撰：《關中金石記‧卷六》，《叢書集成初編》，頁141。
〔註49〕〔清〕畢沅撰：《關中金石記‧卷七》，《叢書集成初編》，頁146。
〔註50〕〔清〕畢沅撰：《關中金石記‧卷七》，《叢書集成初編》，頁151。
〔註51〕〔清〕畢沅撰：《關中金石記‧卷八》，《叢書集成初編》，頁157。

款十有一件，鐵碑則一而已。又爲陰識，字體精整，尤可愛也。
〔註52〕

此有二碑，皆立於元泰定帝之時。此碑非常特別，係畢沅於關中收藏中唯一的「鐵碑」，而且是陰文，字體「精整」、「可愛」。

15、《周公廟潤德泉記》

至正二十五年三月立，孔克任撰文并正書，篆額，在岐山。碑李思齊所建，文及書體並雅。〔註53〕

此碑立於元惠宗之時。孔克任所寫的文記與書體皆典雅。

16、《道德經》

正書無號年及書人姓名，在盩厔說經臺。《石墨鐫華》云：「此碑似出杜道堅、李志宗輩而不著姓氏。」〔註54〕

此碑雖被置於第八卷視爲元碑，但因爲無紀年或書者爲誰，所以畢沅也僅能引用他人猜測之說。足見其若不是有些把握，是不會隨意定論。

17、《普濟禪院記》

大中祥符三年十一月立，閻仲卿撰文，沙門善儔習王右軍行書，在汧陽龍泉山。善儔自署爲廣慈禪院文學沙門，廣慈禪院者，即府城之香城寺也，爲晉天福時改名，古有集書，無稱習書者，習書應是依仿爲之，此碑筆畫雖近，却甚拙陋，如閻字作門內陷，右軍時必無此體，尤爲無所據矣。〔註55〕

此碑立於宋眞宗之時，沙門善儔學王羲之行書而書。畢沅這跋很特別，因爲是負評，他批評善儔雖然是學王羲之而寫，在筆畫上類似，但學得「拙陋」，根本不像王的字，不知他從哪習來的。

在清代，「碑學」成了書學或是藝術史中很重要的部分，所以在鑑賞碑石時，往往會從書藝的角度來看，所以畢沅於此書，對於碑石也常是用藝術視角而論，其喜愛之碑石常爲「精整可愛」。

（三）重視字樣

畢沅對於文字的重視，不僅與經典相關，亦常涉及其他學問。其於金石

〔註52〕〔清〕畢沅撰：《關中金石記・卷八》，《叢書集成初編》，頁166～167。
〔註53〕〔清〕畢沅撰：《關中金石記・卷八》，《叢書集成初編》，頁170～171。
〔註54〕〔清〕畢沅撰：《關中金石記・卷八》，《叢書集成初編》，頁172
〔註55〕〔清〕畢沅撰：《關中金石記・卷五》，《叢書集成初編》，頁95。

學亦然，常是「考正史傳，辨析點畫」〔註 56〕，而且與洪、趙明誠等著名金石學家相較，可謂是毫不遜色。

1、《揰先塋記》

此碑文內容甚多，茲先錄全文如下，分析於後：

> 大歷二年立，李季卿撰文，李陽冰篆書，並在西安府學。
>
> 陽冰書，結體茂美，而多乖于六書之義，然蔡邕石經，已多別體，豈書家多不究小學耶？文中若罕從宋，碑作⬜，高從□（讀如圍），碑下□從口（口舌之口），亶碑作亯，龕從含，碑省從合，棲或作西，碑合作栖。樊中從爻，碑從夕，佐古只作左，碑加人，岡碑譌作峒，勢古只作執，見《漢書》。碑加力，宜從夕，碑從冈，隧古只作隊，見《竹書穆天子傳》。碑作隧，輀碑作輀，藏古只作臧，詩中心臧之，先儒有藏臧二義，碑作藏。悅經傳多作說，碑作悅，版加作版，皆詭于文字之正。若臭作臬，借泊字爲之。改從已，借殺改字爲之。寶作珤，案珤字見《竹書穆天子傳》。《玉篇》引《聲類》亦曰：「古文珤字。」此或古人省文借字之法，猶未大失也。篆者，聖人不虛作，非可依隸以造，昔徐鉉作《說文新附》識者多譏其謬，獨怪陽冰自言斯翁之後直至小生，又欲求刻石經立于大學，而不究小學，如此倘任鴻都之役，未見其勝於張參、唐元度諸人也。〔註 57〕

碑原立於唐代宗之時，而後至宋眞宗時重刻。此跋可以理出幾個重點：第一，畢沅批評當時著名的書法家多不在乎六書。李陽冰的篆書字體雖美，違背六書；蔡邕所主書之《熹平石經》，也寫許多別字。進而舉出碑中的別字例，洋洋灑灑，概不與六書相同。第二，篆書成就自聖人，造字乃有其原則與方法，不可隨隸體而妄論，所以當徐鉉作了《說文新附》時，受到很多的批評，認爲荒謬。第三，如果讓不識六書、小學之人擔任「鴻都」之工作，那會是非常不好的事。由此三者可看出畢沅對於字樣的要求，必須合乎六書，也就是回歸《說文》，視《說文》爲字樣標準，如同錢大昕云：「公又以政事之暇閒，鉤稽經史，決摘異同，條舉而件繫之，正六書偏旁，以糾冰英之謬。」

〔註 56〕〔清〕畢沅撰：《關中金石記·盧敍》，《叢書集成初編》，頁 1。
〔註 57〕〔清〕畢沅撰：《關中金石記·卷三》，《叢書集成初編》，頁 45

〔註 58〕

2、《石刻十二經及五經文字九經字樣》

……《舊唐書》謂石經立後數十年，名儒皆不窺之，以爲蕪累，
其評雖不盡然，然就諸經中最不堪者推《儀禮》，如捷之爲建，祖
之爲祖，奉之爲拳，拜之爲敗，或以形譌，或以聲誤，皆當時書
石者不通禮制，於此書全未寓目，故臨時致多謬戾如此，他如《論
語》之脫貧而樂道道字，使後人因循不改，未必非此書之作俑。
今本《周禮・太宰》：「三曰郊甸之賦。」郊應作邦。《左傳》：「毛
伯衛來錫公命。」錫應作賜；「晉侯代鄭及郔。」郔應作延。《論
語》：「爾愛其羊。」爾應作女。《爾雅》：「皇，華也。」應作華，
皇也。「楊鳥白鷂」應作楊白鷂者，皆石本之正，而後代俗本之誤
也。〔註 59〕

此跋說明了自石經成立後近百年，大家皆已忽略其價值，嫌它累贅，當
中最有問題的是《儀禮》，大量的訛字，不論是形近或聲近，皆是誤字。他經
亦有相同狀況，《周禮》、《左傳》、《論語》、《爾雅》等皆是。畢沅對於文字的
使用原本就很看重，更何況是經學，字樣更是不能輕忽。

3、《古文道德經》

唐太史令傅奕，校定《道德經》古本，字字有據，如號而不嚘，見
《玉篇》，今本譌作嗄。如春登臺，見易州所刻唐明皇注本，今作如
「登春臺」，儼乎其若客，與下句釋字爲韻，而王弼本作若容，此容
甚多，唯傳本不誤。惜翶不依此作篆，而僅依俗本，專輒造字，未
免爲識者所笑耳。翶以憲宗乙卯歲書，至元時刻石。〔註 60〕

此跋說明了唐代傅奕校定古本《道德經》，所校必有所據，但高翶所寫的
古本《道德經》，卻根據校正不良的俗本，甚至自己亂造字，這讓看重字樣的
畢沅非常不滿，所以批評「爲識者所笑耳」。

（四）字形近誤

除了對於字樣的要求，必須要以正字爲主外，畢沅對於錯字、譌字的糾
正也是相當講究，如以下三例：

〔註 58〕　〔清〕畢沅撰：《關中金石記・錢序》，《叢書集成初編》，頁 3。
〔註 59〕　〔清〕畢沅撰：《關中金石記・卷四》，《叢書集成初編》，頁 69～71。
〔註 60〕　〔清〕畢沅撰：《關中金石記・卷八》，《叢書集成初編》，頁 161。

1、《涼國契苾明碑》

> 先天元年十二月立，婁師德撰文，殷元祚正書，篆額在咸陽。明，
> 契苾何力之子也，碑作河力，唐時單于稱可汗，其次謂之特勤，柳
> 公權神策軍碑，所謂大特勤嘔沒斯者是也。又或作勒勤，亦謂之特
> 勒，今此作勤，與柳書同，字形相近，必有一誤。案《北魏書》有
> 宿勤明達，《北史》作宿勒，其誤與此同。〔註61〕

此碑立於唐玄宗之時。此碑主為「契苾明」，是初唐名將契苾何力之子。
畢沅於跋中探討「特勤」，有人寫作「特勒」；《北魏書》作「宿勤」，《北史》
作「宿勒」，足見在初唐時，勒與勤字形體相似，常混用。

2、《蘇敦兄弟題名》

> 大歷五年六月刻，正書，並在華嶽廟。〈宰相世系表〉：「蘇氏河南
> 尹震有七子，敦、發、敄、徹、璬、政、儼。此云汝州司馬敦，
> 弟華陰縣令發，弟咸陽縣主簿敹，弟前華原縣丞徹，弟太常寺主簿
> 敞，弟吏部常選曒，弟少府監主簿教，弟儼不同者。」璬疑即是
> 曒，有敦不應後有璬也，政疑即是敞，字形相近，此等要當以碑
> 為正。〔註62〕

此碑立於唐代宗之時。碑主為「蘇敦」，按《新唐書·宰相世系表》可
知蘇震有七個兒子蘇敦、蘇發、蘇敄、蘇徹、蘇璬、蘇政、蘇儼，而碑銘則
載蘇敦有六個弟弟蘇發、蘇敹、蘇徹、蘇敞、曒、教。比對二者，發現可能
是字形相近而記載有誤字，「璬」應是「曒」，「政」疑是「敞」，要以碑文為
準。

3、《昭陵六馬圖并游師雄記》

> 元祐四年端午日立，刁玠正書，蔡安時篆額，並在醴泉。師雄記曰：
> 「六馬像贊，歐陽詢書，高宗時勒，殷仲容別題于石坐。」歐書今
> 不復見，而仲容之字尚存，如寫白蹄贊云：「平薛仁果時乘，益知《唐
> 史》誤以果為杲。」考吳縝《新唐書舛繆》亦有其說。蓋果杲字形
> 相近致誤也。〔註63〕

此碑立於宋哲宗之時。記文中有提及殷仲容之贊語，說明《唐史》誤以

〔註61〕〔清〕畢沅撰：《關中金石記·卷二》，《叢書集成初編》，頁 26。
〔註62〕〔清〕畢沅撰：《關中金石記·卷三》，《叢書集成初編》，頁 46。
〔註63〕〔清〕畢沅撰：《關中金石記·卷六》，《叢書集成初編》，頁 117。

果爲杲，畢沅認同此說，認爲是形近而誤。

（五）考史補正

在金石學中，因著銘文上所記錄的內容，若要考證其眞僞或是相關事蹟，則必須藉由史書、方志等傳世文獻，如錢坫云：「彝鼎之顯由二漢，則許淯長言之矣；志碑之著由二魏，則酈中尉詳之矣，皆以金石刻覈攷古事古言，用資洽聞」〔註64〕可藉金石考史、補史、正史。

1、《武都太守等題名殘碑》

無號年，隸書，在華嶽廟。右題名共七行，云民故武都太守□□□躬節，故功曹司隸茂才司空掾池陽郭旺公休，故功曹司空掾池陽吉華伯房，故功曹司空掾蓮勺田巴叔鷩，故功曹司空掾池陽吉充叔才，故功曹大尉掾頻陽游殷幼齊，故功曹大尉掾池口吉苗元裔，一人爲一行也。首行下有故督郵三字，次行下有故五二字，三行下有故一字，稽其官制地名，是漢時碑陰無疑，然攷《隸釋》、《隸續》及《金石》、《集古》等錄，並無此刻，乾隆四十四年，修理嶽廟，五鳳樓下所出古碑殘石甚多，此爲稱最焉。〔註65〕

此石碑非常特別，是畢沅於乾隆四十四年（1779年）時修繕嶽廟、五鳳樓時所得，特別之處在於上面寫了七行的題名，是漢代的碑刻，但前賢的金石書，無一有錄，顯得相當珍貴。

2、《石門銘□序》

又自歐、趙以來不著錄，尤可寶貴也。序文有云：「此門爲漢永平中所開，即指酇君事言之。」酇君爲漢中太守，甚有功于民，而史志家皆不載其人，碑又遺其名字，余甚惜之。〔註66〕

此碑未見於歐陽脩、趙明誠二人之金石書，顯得珍貴。此外，碑文人物爲酇君，但史書卻未載其人事蹟，碑又漏其名字，畢沅也爲這樣的好官而抱屈。

3、《道因法師碑》

龍朔三年十月立，李儼撰文，歐陽通正書并題額，在西安府學。此

〔註64〕〔清〕畢沅撰：《關中金石記》，《叢書集成初編》，頁173。
〔註65〕〔清〕畢沅撰：《關中金石記·卷一》，《叢書集成初編》，頁6。
〔註66〕〔清〕畢沅撰：《關中金石記·卷一》，《叢書集成初編》，頁8。

碑題額上書三普薩名字，與碑文大小略同，審之亦通筆也，前人並
未錄過。〔註67〕

此碑立於唐高宗之時，碑額所錄之三菩薩名，是以前沒人著錄的。

4、《馮十一娘墓志》

開元三年四月立，正書，篆額，在寶雞縣丞署。……此石以乾隆己
卯年出土，從前金石家所未著錄者。〔註68〕

此碑立於唐玄宗之時，記載馮十一娘簡略的生平。此碑從前金石學家未
著錄的。

5、《祁國昭宣公王仁皎神道碑》

虢年缺，張說撰文，明皇隸書額，正書御書二字，在同州羌白鎮。
……碑自歐趙至今，從未著錄。〔註69〕

此碑大約立於唐玄宗之時，是歐陽脩、趙明誠未著錄的石碑。

6、《高福墓志》

開元十二年正月立，孫季良撰文，正書，在咸寧農家。福字延福，
武后時中人，初為奚官局丞，轉局令，再轉宮闈局令，兼內謁者監，
以養子力士貴，拜中大夫，守內侍上柱國，……此碑向在農家，幾
為柱礎者數矣。乾隆辛丑五月，余以二萬錢購得之。今移置于靈岩
山館。〔註70〕

此石碑是畢沅於乾隆四十六年（1781 年）向農家以二萬錢買回的，被農
人們當作柱子。碑立於唐玄宗之時，是武后時中人高福的墓志碑。由此記錄
可知畢沅為了拯救石刻，不僅在精神上耗費許多，金錢亦是所費不貲，足見
其多熱衷金石。

7、《楊凝式題名》

清泰乙未□月刻，行書。王應麟云：「華岳題名，自開元迄清泰，
所稱清泰，蓋即此是也。」黃庭堅云：「見顏魯公書，則知歐、虞、
褚、薛，未入右軍之室，見楊少師書，然後知徐、沈有塵埃氣。」
少師筆札，重于一時，得片紙寸書者，寶逾共貝，而此題名竟埋湮

〔註67〕〔清〕畢沅撰：《關中金石記·卷二》，《叢書集成初編》，頁 19。
〔註68〕〔清〕畢沅撰：《關中金石記·卷三》，《叢書集成初編》，頁 27。
〔註69〕〔清〕畢沅撰：《關中金石記·卷三》，《叢書集成初編》，頁 27。
〔註70〕〔清〕畢沅撰：《關中金石記·卷三》，《叢書集成初編》，頁 29～30。

于殘題斷砆之間，數百年莫有問之者，于以見採錄之功爲不小也。
〔註71〕

此碑立於後唐末帝李從珂之時，其珍貴處在於碑主楊凝式，他是著名書法家，尤擅行草，被視爲承唐啓宋的重要書家，但其題名竟然不爲前人所發現，畢沅以爲由此可知，採錄金石對於歷史的建構幫助很大。

8、《古文道德經》

至元辛卯立，高翿書古文，末有記，篆文，李道謙跋，隸書，在盩屋說經臺。經爲翿所書，云出《古文韻海》，《宋史‧藝文志》無此書，字體奇詭失實，非古人之遺也。〔註72〕

此碑立於元代，據碑銘說是高翿所書，出處是《古文韻海》一書，不過畢沅考查《宋史》，發現根本無此書，再加上字寫得「奇詭」，非常奇怪，所以他判斷根本不是古碑。

9、《楊從義神道碑》

乾道五年三月立，袁劼撰文，李昌諤正書，王椿篆額，在城固。從義字子和，以靖康丙午歲應募起，隸吳忠烈玠麾下，云建炎二年八月被圍于同州者，……。云十一年七月與金戰於陳倉，撒離喝再犯和尚原，又戰却之者，謂是年春正月，公旣敗金兵於渭南，政克隴州，與戰於寶雞，擒金通檢李董是也。《宋史‧高宗紀》作十月，與此小異。是時和議已成，朝廷召政還，以商秦之半畀金，公亦移守鳳州，復退保仙人關，垂二十年無所事者，皆公之力也。……。公以乾元五年二月卒，有子八人，女十人，子及智並爲郎官。《宋史》不立公傳，其詳並見〈高宗本紀〉及〈璘〉、〈玠〉、〈政〉等傳。因疎出之，並見碑刻之爲功於史者不小也。〔註73〕

此碑立於宋孝宗之時，碑主楊從義，是南宋著名的政治家、軍事家，可惜《宋史》卻未有立其傳，其事蹟散見於書中各處，而畢沅將書中各項紀錄摘錄於此，並加以釐清先後，對於《宋史》的補強，有很大的作用與功勞。

10、《王韶詩》

號年缺正書並在華嶽廟

〔註71〕〔清〕畢沅撰：《關中金石記‧卷四》，《叢書集成初編》，頁82。
〔註72〕〔清〕畢沅撰：《關中金石記‧卷八》，《叢書集成初編》，頁161。
〔註73〕〔清〕畢沅撰：《關中金石記‧卷六》，《叢書集成初編》，頁138～139。

詔字子純，此作子淳，與《宋史》異。案米南宮《蕭問堂記》亦作
純。……又有韓庶二字小篆書，筆法挺勁，似是宋人題。昌黎事者，
又有澤山二字古篆亦似舊人所書，附誌於此〔註74〕

此碑約立於宋代。碑主王韶，據《宋史》，其字子純，但碑文作子淳，而
《蕭問堂記》又作子純，碑文與二書相左。

其他如《贈太常卿汾陰獻公薛收碑》：「《唐書》本傳云永徽中贈太常卿，
不及贈諡，可以補史之缺。」〔註75〕、《張希古墓志》：「碑載府君字希古，不
言其名。曾爲馬邑郡尚德府折衝都尉，馬邑即朔州，《唐書》不及府名，亦可
以補史之缺。」〔註76〕、《謁華嶽廟詩》：「㨂，賈餗兄。據〈宰相表〉則㨂官
著作郎也。無姪琡名，可以補史之缺。」〔註77〕等碑，均可補唐史不足，於
史之功不小。

（六）補地志缺

《浮安寺鐘款》

崇寧四年十月造，正書在朝邑。寺故址在渭水濱元，至正元年沒于
渭明，改建于王林村。款云：同州朝邑縣魯苑鄉。《金史》有鎮名四，
而無魯苑之名，亦可以補地志之缺。〔註78〕

此碑立於宋徽宗之時。畢跋藉銘文所載「同州朝邑縣魯苑鄉」，比對《金
史》所錄，知道有四個鎮，但沒有「魯苑」。由此可補地方志書的不足。

（七）增廣見聞

畢沅雖然是乾嘉學派著名的學者，最重視的理應是經學、史學、小學諸
學問，但從他對於各種學問皆有涉獵，可知其對於各類事物都有興趣，縱使
不一定認同，但就史料保存的角度來看，許多今日視之無用的東西，也許某
日將成爲重要文獻，那些曾被視爲垃圾的古物，若不是有學者慧眼獨具，又
怎能發現其精華？如同甲骨，若非王懿榮的眼光，也許今日只是一味藥材，
又能如何發展成獨立且重要的甲骨學？對於畢沅不同的賞識眼光，盧文弨
云：

〔註74〕〔清〕畢沅撰：《關中金石記・卷六》，《叢書集成初編》，頁 141～142。
〔註75〕〔清〕畢沅撰：《關中金石記・卷二》，《叢書集成初編》，頁 18。
〔註76〕〔清〕畢沅撰：《關中金石記・卷三》，《叢書集成初編》，頁 38。
〔註77〕〔清〕畢沅撰：《關中金石記・卷四》，《叢書集成初編》，頁 64。
〔註78〕〔清〕畢沅撰：《關中金石記・卷六》，《叢書集成初編》，頁 127。

　　夫人苟趣目前，往往於先代所留遺，不甚愛惜，而亦無以爲後來之
　　地，儒生網羅放失，亦能使古人之精神相煥發，而或限於其力之所
　　不能，必賴上之人保護而表章之，以相推相衍於無窮。其視治效之，
　　僅及於一時者相什伯也，公之於政也，綽有餘力，故能百費具興，
　　即此亦其一也。〔註79〕

正因爲畢沅在政界、學界皆有其地位，所以他能夠看到別人未見，也有較大
的胸襟包容各種議題，所以在《關中金石記》中，畢沅常有從碑石上，跨足
而論及其他領域的學問，雖未必論及精深處，可能留存備考，已屬不易。

1、定慧禪師宗密碑

　　大中九年十月立，裴休撰文并正書，在鄠縣艸堂寺。宗密姓何氏，
　　果州西充縣人，嘗登進士，二十五歲時于遂州涪江西岸遇道圓禪師，
　　問法契心，遂受圓教。文云：自迦葉至達摩廿八世，達摩傳可，可
　　傳璨，璨傳信，信傳忍爲五祖，忍傳能爲六祖，忍又傳秀爲北宗。……
　　攷宋《沈仁衷祇園寺舍利塔記》文云云，與此相合，說雖近誕，然
　　相傳有其事用，以博異聞焉也可。〔註80〕

　　此碑是唐宣宗時所立，是爲紀念定慧禪師「釋宗密」。畢沅以跋文記錄了
宗密的皈依的簡單過程，還有禪宗的傳承，並以《沈仁衷祇園寺舍利塔記》
與銘文所錄相比，發現兩者吻合，事蹟聽來荒誕，卻未因此而否定此碑的價
值，反而認爲既然流傳下來，應該有它的用處，就算是「博異聞」也好。

2、孫眞人祠記

　　元豐四年六月立，王巘撰文，後有金重刻祠記跋，係大定九年七月
　　米孝思撰文並正書，在耀州五臺山。文云：「華原本京兆屬邑，後建
　　爲別郡曰耀，其城之東有沮水，水東二三里有山曰五臺，爲孫眞人
　　舊隱之地。」……碑又云：「有昆明池龍，胡僧利其寶貨取去，求救
　　於眞人，眞人因得其方書。」此事出《酉陽雜俎》云：「胡僧利其腦，
　　非寶貨也。」《續仙傳》云：「《千金方》以救龍子得之。」與此說異。
　　今《千金方》書前有眞人自敘，惟言集古方書。知此說近誕，用以
　　博異聞焉可耳。〔註81〕

〔註79〕　〔清〕畢沅撰：《關中金石記・盧敘》，《叢書集成初編》，頁1。
〔註80〕　〔清〕畢沅撰：《關中金石記・卷四》，《叢書集成初編》，頁75～77。
〔註81〕　〔清〕畢沅撰：《關中金石記・卷六》，《叢書集成初編》，頁114。

此碑是北宋神宗時所立，寫的是孫眞人祀。畢沅以跋文記錄了關於孫眞人的一段奇聞，大抵在說孫眞人曾經救過一條龍，此龍腦被胡僧取走，所以求救，後來因爲孫眞人救他，便送他一本道術之書。不過畢沅考證今日可見之《千金方》一書，書前有孫眞人自敘，說明此書是集合古代的方書而纂成，並非什麼龍贈予。孫眞人即孫思邈，爲唐代著名的醫師與道士。關於孫思邈的《千金方》傳說是龍贈送一事，畢沅覺得荒謬，但還是記下來，不隨意否定。

3、勸愼刑文并箴

> 天聖六年五月立，晁迥撰文，盧經正書，在西安府學。迥判西京時，年已八十餘矣。其爲殿中丞，嘗失入死囚，奪官二秩，故晚年津津愼刑若此，於此可見古人悔過之盂。〔註82〕

此碑是北宋仁宗時所立，寫的人是晁迥，字明遠。澶州清豐人。此跋文據《宋史·卷三百五·晁迥傳》寫晁迥曾誤判一事，因爲誤判，而後對於量刑都特別謹愼，可看出「古人悔過」、認錯都非常認眞，很特別的紀錄。

4、棲禪寺修水磨記

> 天聖八年八月立，沙門志陸撰文并行書，在鄠縣艸堂寺。文云：寺之東南隅曰高觀之谷。《長安志》作高冠，在林谷之東，去縣三十里。水磨之法，置車輪於水中，軸高丈餘，設板使軸上，出以置磑，磑石兩層，上層四周繘縣之，使不復動，水從高下卸，激輪則下磑旋轉如風，能濟千人食。明徐光啓《農政書》有其遺製，乃泰西龍尾等車法之祖也，今秦地人猶用之。〔註83〕

此碑是北宋仁宗時所立，寫的人是名爲志陸的出家人。此銘文記錄在高觀谷有「水磨」，詳細說明了水磨的動力來源與運轉模式，並對比明人《農鄭書》，說明秦地人至今仍有。這裡提及清代「秦地」人的生活以及古人的智慧，爲金石書作者較少關注的內容。

5、謁太史公祠記

> 文云：元祐五年春，不雨，夏四月丁酉，詔書委所在長史，躬禱境內名山大川，將以戊午有事于禹廟者。《宋紀》，是年二月辛丑，罷修黃河。癸卯，禱雨嶽瀆，罷浚京城濠。丁未，減天下囚罪，杖以

〔註82〕〔清〕畢沅撰：《關中金石記·卷五》，《叢書集成初編》，頁99。
〔註83〕同上注。

下釋之。四月甲辰，呂大防等求退不允。丁巳，詔避殿減膳，諸所書皆以旱故也。攷是年至五月始得雨，紀于二月書禱雨岳瀆，而是題四月猶有事禹廟，則其往復遣官禱祭情事可知。攷史，是年正月丁卯朔，二月有丁酉，不言朔，當是二日，則辛丑爲六日，癸卯爲八日，丁未爲十二日也。四月丁酉，應是三日，甲辰爲十日，丁巳則二十三日也。史于三月亦著丙申朔，合大小餘之例，亦無誤。

〔註84〕

此碑是北宋哲宗時所立，書者是邵籲。畢沅此跋以《宋紀》比對銘文記錄，算出正確的時間，足見畢沅對於曆法也是有所研究。

6、橫渠祠堂記

延祐七年正月立，文禮愷撰文，楊粹正書，并隸額在鄜縣。文有云：先生之書有覆瓿之議，又云天相斯文，無往不復，是當時尤有未信其學者。攷《西銘》初成，楊時致書伊川曰：「《西銘》言體不及用，恐其流至于兼愛。」伊川答云：「橫渠立言，誠有過者，乃在《正蒙》。《西銘》爲書推理以存義，與《孟子》性善養氣之論同功，豈墨氏之比？」朱子跋《太極》《西銘》二書曰：「始余作《太極》《西銘》二解，未常敢出以示人，近見儒者多議兩書之失，或未通其文義，而妄肆詆訶，余竊悼焉。由是言之，宋時之議橫渠者不少，得程朱表章，久而論定，程朱之爲功于橫渠大矣。」〔註85〕

此碑是元仁宗時所立，銘文爲文禮愷所撰，替張載抱不平，認爲《西銘》的價值不僅於此。畢沅此跋則舉程頤與朱子之言，認爲楊時對於《西銘》的評價有誤，也持平的認爲，若不是程頤與朱熙表揚張載之說，張載的言論也不會在宋代獲得許多人的支持。雖是金石書，仍可見畢沅對於宋代思想家的一些看法。

（八）不及收錄

全書八卷收錄了八百多金石，已是蒐羅宏富，包山包海，然總有遺珠之憾未及收錄，如「智鼎」，「沅得之于西安，嘉定錢獻之坫爲作釋文。時沅所纂《關中金石記》未及收錄，茲攜來山左署中，因卽編入《山左金石志》。」

〔註84〕〔清〕畢沅撰：《關中金石記・卷六》，《叢書集成初編》，頁118。
〔註85〕〔清〕畢沅撰：《關中金石記・卷八》，《叢書集成初編》，頁165。

〔註86〕此器畢沅在西安時就已獲得，後來編入其與阮元合撰之《山左金石志》中，是書還有錢坫記錄銘文內容，其云：

> 鼎高二尺，圍四尺，深九寸。款足作牛首形。《藝文類聚》引《三禮岡器圖》云：牛岡，容一斛者是也。銘分三節，第一節蓋因王錫忽赤環赤全璜等，而用金作牛岡，以祀文考，完伯也。第二節則小子與井叔訟以金百爰贖五夫忽受，五夫而爲誓詞也。第三節則匡衆寇忽禾十秭忽告東宮，因與匡季爲誓詞也。合四百字。錢坫記。〔註87〕

考歐陽詢《藝文類聚》有一鼎稱爲「牛鼎」：「《三禮鼎器圖》曰：『牛鼎，受一斛，天子飾以黃金，諸侯白金，有鼻目以銅爲之。三足。』」〔註88〕二鼎應是同一器，即今日所稱「周召鼎」，爲畢沅重要之收藏品。

四、跋語析正

　　書中畢沅對每個碑石都有其個人獨立而精闢的判斷，縱使他不清楚來源，或有不明白處，其也會翻查諸多書籍、文獻以攷核碑文內容。不過，一人之精力有限，對於碑石的評鑑與看法，有時也會不愼產生錯誤，畢沅亦然，清代學者李賡芸曾云：

> 畢氏沅《關中金石記》馮宿碑跋謂：「馮宿官終吏部。」非也。按宿終于劍南東川節度副大使之任，副大使者，唐制諸王拜。節度大使者不之鎮，而以副大使知節度事。宿階至銀青光祿大夫，官至檢校禮部尚書、御史大夫，勳至上柱國，爵至長樂縣開國公，食邑一千五百戶，而節度副大使爲差遣，若吏部尚書則其贈官，生時未任此官也。〔註89〕

查《贈吏部尚書馮宿神道碑》跋云：「宿字拱之，馮審之從兄也。官終吏部尚書，卒諡曰懿。起字舉之，終太尉，卒諡曰文。」〔註90〕李氏引文無誤，考

〔註86〕〔清〕畢沅、阮元撰：《山左金石志‧卷一》，《續修四庫全書》第 909 冊（上海：上海古籍出版社，2002 年 10 月），頁 407。

〔註87〕〔清〕畢沅、阮元撰：《山左金石志‧卷一》，《續修四庫全書》第 909 冊，頁 407。

〔註88〕〔唐〕歐陽詢撰：《宋本藝文類聚‧卷七十三》（上海：上海古籍出版社，2013 年 12 月），頁 1877。

〔註89〕〔清〕李賡芸撰：《炳燭編‧卷四‧二十二‧關中金石記馮宿碑跋誤》，《續修四庫全書》第 1155 冊（上海：上海古籍出版社，2002 年 10 月），頁 712。

〔註90〕〔清〕畢沅撰：《關中金石記‧卷四》，《叢書集成初編》，頁 71。

《新唐書‧卷一七七‧馮宿傳》：「……卒，年七十，贈吏部尚書，諡曰懿。」李廙芸所論有理。盧文弨《抱經堂文集‧唐內侍李輔光墓志跋》，同有考辯，其云：

> 右碑崔元略撰，巨雅書。巨，姓也。後漢時有漢陽巨覽，為梁商掾吏著名。碑云：「門吏晉州司法參軍巨雅以元略長兄嘗賓於北府，以元略又從事中都，俱飽內侍之德，將命錄實，見託為誌。」是元略自言因巨雅之託而作也。《關中金石記》乃云：「巨雅，元略之弟，巨雅曾為晉州司法，元略又官於中都，故撰書此志以記功德。」大誤。碑文自明，亦不待辨。碑中用「仕君子」，士仕古通用。至「宮披」作「官披」，筆之誤也。局字戶下著勹，訊字言旁作丸，皆破體。碑元和十年四月立。今剝落者僅十六七字，餘尚完然，何其幸也。〔註91〕

查《唐內侍李輔光墓志》：「元和十年四月立，崔元略撰文，巨雅正書在高陵。」〔註92〕盧氏先引碑銘，認為是元略受巨雅所託而撰，比對畢沅跋說是因為二者兄弟關係，所以寫下文章記錄其功德，盧說據銘文而論，考辯為真。盧文弨又考《唐于惟則建陀羅尼經幢跋》云：

> 此建於唐宣宗大中二年正月者。書法與小歐為近，其模糊者已太半矣。後有記，乃處士王鉉撰。中有云：「于公稱惟則，本河南人也，家贍，溫恭人稱英亮。」云云。乃《關中金石記》誤以為惟則撰文，則不應自譽如此，蓋由其文剝泐難讀，故失之不審耳。〔註93〕

查《陀羅尼經幢》：「大中二年正月立，于惟則撰文，正書，在西安府學。」〔註94〕畢跋是據此碑後之〈記〉作者——王鉉，以為文字即其所撰，但盧文弨認為，此碑文已模糊不易辨識，畢沅的推測過於自信，缺乏證據。除清代學者，岑仲勉《金石論叢》也有指出畢跋的幾處錯誤，如《郃陽令曹全紀功碑并陰》，此碑載錄「曹全」之功，其中提及西域王「和得」事，其後來「面縛歸死」。畢跋云：

> 傳無面縛歸死之文，此應從史、碑附會言之耳，所稱和德即和得，

〔註91〕〔清〕盧文弨著；王文錦點校：《抱經堂文集‧卷十五》（北京：中華書局，1990年6月），頁213。
〔註92〕〔清〕畢沅撰：《關中金石記‧卷四》，《叢書集成初編》，頁66。
〔註93〕〔清〕盧文弨著；王文錦點校：《抱經堂文集‧卷十五》，頁211。
〔註94〕〔清〕畢沅撰：《關中金石記‧卷四》，《叢書集成初編》，頁73。

得與德通，寬亦即全，全與寬通也。〔註95〕

畢沅以爲得、德相通，全、寬相通，岑氏〈曹全與曹寬〉即批評：

> 案得、德相通，自無疑問，武氏以證之。惟謂全、寬相通，就字形、
> 文義而之，均難厭證。考碑云「君諱全，字景完」意傳者誤傳其字
> 爲完，完、寬形似，先訛完而再訛寬也。〔註96〕

一面肯定畢沅之說，一面又正畢氏考證之誤，並將文字再三訛誤的情形釐清。
又《皇甫誕碑》畢跋云：

> 碑文多與史不合，《隋書》本傳：誕字元慮，安定烏氏人。碑則云：
> 字元憲，安定朝那人；本傳：高祖受禪，爲兵部侍郎，出爲魯州刺
> 史。碑則云：授廣州長史，益州總管府司法。無兵部及魯州兩節；
> 本傳敍遷治書侍御史，後爲河南道大使，還判大理少卿，明年遷尚
> 書右丞，以母憂去職，起轉尚書左丞。碑則云：遷治書侍御史，授
> 大理少卿尚書右丞，丁母憂，起復詔持節爲河北河南道安撫大使，
> 入爲尚書左丞。此並當以碑爲正。〔註97〕

畢沅引《隋書》與碑文相較，考證皇甫誕的相關官職，認爲二者有異，應以
碑文爲主，岑氏則說：

> 《萃編·四四》引《隋書·皇甫誕傳》亦云，出爲魯州刺史。余檢
> 《隋書·七一》固正作「魯州長史」（竹簡齋本），殆畢、王兩家見
> 本訛耳。于志寧撰文，于廣州長史下用「雕題」「緩耳」等典實，似
> 廣州爲吾粵之廣州，殊不知誕任是職，在開皇初，其時叔寶未平，
> 粵非隋有，此廣州乃後來諱改爲魯州之廣州，豫州之廣州也。蓋南
> 方之廣州久著故武德所復，祇採魯州之號，魯州本是廣州改名，當
> 日知之者已鮮，所以《隋志》失於著錄，志寧誤其摛詞，清儒但強
> 指爲訛文，夫何怪焉。〔註98〕

岑氏認爲畢跋所說是因其所見之傳本有誤，而于志寧寫「廣州長史」，此「廣
州」應是「魯州、豫州」而非今日「粵」地，岑氏將自清代以來《隋書》失
錄之處，也說明清楚，清儒不必大驚小怪。另《高福墓志》跋云：「中官以內

〔註95〕〔清〕畢沅撰：《關中金石記·卷一》，《叢書集成初編》，頁5。
〔註96〕岑仲勉著：《金石論叢·金石證史·曹全與曹寬》（北京：中華書局，2004年
　　　　4月），頁48。
〔註97〕〔清〕畢沅撰：《關中金石記·卷二》，《叢書集成初編》，頁16。
〔註98〕岑仲勉著：《金石論叢·金石證史·皇甫誕碑》，頁53～54。

侍爲最貴，内侍拜將軍。自開元以前無之。」〔註99〕及《王君碑》跋云：

> 文云右監門將軍王君，又云武德九年授内侍，貞觀四年，遷右監門
> 將軍，……其人蓋以宦官而與李衛公同征吐谷渾者也。」〔註100〕

於此二碑，岑氏論曰：

> 唐代内侍拜將軍，此爲較初之可考者，記謂開元前無之，殊自相違。
> 復次、内侍張阿難碑額，題「大唐故將軍張公之碑」，文有云：左監
> 門將軍兼檢校内侍」（《昭陵碑錄》下）碑以高宗咸亨二年立，唯尋
> 繹殘文，其授將軍似在太宗初葉，惜年號全缺，不知視王君孰先後
> 耳。〔註101〕

其將兩跋相較，認爲《王君碑》跋之說較可信。後面也舉《張阿難碑》〔註102〕
與《王君碑》相論，然《王君碑》無年號，所以無法判斷先後，是較可惜之
處。又《贈太子賓客白道生神道碑》跋云：

> 道生，南陽郡王元光之父，官終左衛大將軍，追贈太子賓客夫人康
> 氏爲趙國太夫人，《唐書·元光傳》以爲終寧朔州刺史者，非也。
> 〔註103〕

岑氏引《新唐書》一三六，元光傳》批評：「按『父道生，歷寧朔州刺史』，
『歷』與『終』有別，畢氏所詆，非爲的論。」〔註104〕其他還有〈麗正殿
與集賢殿官制〉〔註105〕，岑氏糾正《述聖頌》〔註106〕畢跋之誤，因畢說與
《新唐書·呂向傳》之敘次順序不符，也未正確理解《新唐書》之文意。岑
氏另有〈黃巷〉〔註107〕一文，引《匡謬正俗》、《元和志》、《潼關縣圖》等
書，及其自己詢問當地人的結果而判斷，認爲畢沅《李元諒懋功昭德頌》之
跋云：「今二書巷皆作卷，此云北連繹臺，南抵黃巷，可以証其誤矣。」有
誤，以爲「黃土失散，形成深溝，即古所謂黃巷無疑」〔註108〕。

〔註99〕〔清〕畢沅撰：《關中金石記·卷三》，《叢書集成初編》，頁30。
〔註100〕〔清〕畢沅撰：《關中金石記·卷二》，《叢書集成初編》，頁22。
〔註101〕岑仲勉著：《金石論叢·金石證史·中官拜將軍》，頁58～59。
〔註102〕〔清〕畢沅撰：《關中金石記·卷二》，《叢書集成初編》，頁20。
〔註103〕〔清〕畢沅撰：《關中金石記·卷三》，《叢書集成初編》，頁45。
〔註104〕岑仲勉著：《金石論叢·金石證史·白道生》，頁66。
〔註105〕岑仲勉著：《金石論叢·金石證史·麗正殿與集賢殿官制》，頁59～60。
〔註106〕〔清〕畢沅撰：《關中金石記·卷三》，《叢書集成初編》，頁31～32。
〔註107〕岑仲勉著：《金石論叢·金石證史·黃巷》，頁67。
〔註108〕岑仲勉著：《金石論叢·金石證史·黃巷》，頁67。

　　不論是清人李賡芸、盧文弨或今人岑仲勉，皆舉出畢沅跋文的錯誤，有時是所據版本有誤，有時是畢沅自己判斷過於直率，不論總總，皆能明白此書雖有許多成功處，但人非完者，書非完本，總是須要一再刪訂，方才盡善盡美，而《關中金石記》雖然有些瑕疵，但瑕不掩瑜，仍是重要的金石書。

五、學術價值

　　在前面已就書中的內容分析，而從中可以釐清此書有許多的優點與部分的缺點，這是因為畢沅撰寫此書時，乃是利用空閒時候所做，而且做了許多的工作，忙中難免有錯，如同錢大昕云：

> 公又以政事之暇閒，鈎稽經史，決摘異同，條舉而件繫之，正六書偏旁，以糾冰英之謬。按〈禹貢〉古義，而求漢瀁之源，表河伯之故祠，紬道經之善本，以及三藏五燈之祕，七音九弄之根，偶舉一隅，都超凡諦，自非多學而識，何以臻此。〔註109〕

畢沅將金石與經史比對，挑出異處，尋求相同，將許多相似的事件串起，並針對文字判斷是否符合六書。按照《尚書‧禹貢》，尋找瀁水的源頭，表彰黃河水神河伯的祭祀，綴集《道德經》之善本，及研究佛教經典的祕義，探求聲韻之根源。錢氏隨意舉一例，畢沅的成就都是超乎常人，要不是博學多聞，又如何能夠如此？所以錢氏對於畢氏的成就，推崇極高。在《關中金石記》，也多次展現畢沅的各種用心，是書價值有以下五點：

（一）考論與補證歷史

　　是書中，畢沅多以金石與史書、經書以及歐陽脩、趙明誠、洪适等人的金石書比對、考證，甚至常補之不足，如《楊從義神道碑》補強宋史，《贈太常卿汾陰獻公薛收碑》補強唐史，錢大昕云：

> 金石之學與經史相相表裏，「側」「窗」異本，任城辨於《公羊》，「戛」「臭」殊文，新安述于《魯論》，歐趙洪諸家，涉獵正史，是正尤多。蓋以竹帛之文，久而易壞，手鈔板刻，展轉失真，獨金石銘勒，出於千百載以前，猶見古人真面目，其文其事，信而有徵，故可寶也。〔註110〕

〔註109〕〔清〕畢沅撰：《關中金石記‧錢序》，《叢書集成初編》，頁3。
〔註110〕〔清〕畢沅撰：《關中金石記‧錢序》，《叢書集成初編》，頁3。

補強經史之功良多。因爲竹帛易壞，手抄或是版刻都有轉錄失誤的可能，但是金石，因著材料性質的特性，反而能保存住千年前的古人風貌，不論是文或事，皆有證可查，所以珍貴。

（二）後書的編輯典範

畢沅在數十年人生中，對於提攜後進總是不遺餘力，愛戴人才出了名，他在許多方面都常給予後學或他人幫助，比方其幕府底下有許多幕賓，在金錢與學術上均提供良好的環境，讓其發展。《關中金石志》的編纂，比前人的金石書更加珍貴，錢大昕云：

> 在宋元豐中，北平田概嘗撰《京兆金石錄》六卷，其書雖不傳，然陳氏《寶刻叢編》屢引之，揆其體例，僅紀撰書姓名年月，初無攷證之益，且所錄不過京兆一路，豈若斯記。〔註111〕

宋代北平田概撰有《京兆金石錄》，是後代研究金石的重要參考書，是書著錄長安一帶的金石，僅是將撰書者姓名與時間記下，而少了考證，且範圍只有長安附近，《關中金石記》則擴大收羅範圍，還進一步考證，比《京兆金石錄》精進許多。的確，在清代金石學蔚爲時尚，研究者眾多，是當時熱門的學問，盧文弨云：

> 自國朝以來，爲金石之學者多於前代，以余所知，若崑山顧氏炎武、秀水朱氏彝尊、嘉興曹氏溶、仁和倪氏濤、大興黃氏叔璥、襄城劉氏青芝、黃岡葉氏封、嘉興李氏光映、郃陽褚氏峻、錢塘丁氏敬、山陽吳氏玉搢、嘉定錢氏大昕、海鹽張氏燕昌，皆其選也。繼此者方未有艾，得公書而考之，庶幾古今人之精神命脈，不至中絕也乎。
>
> 〔註112〕

包括顧炎武、朱彝尊、曹溶、倪濤、黃叔璥等許多人，皆對金石有所研究，爲一時之選。畢沅此書可以給後人撰寫金石書作爲良好的範本。後來畢沅到了山東時，即與阮元合撰《山左金石志》，該書的體例，即是參考《關中金石記》，在其基礎上進一步新增、改良。佳惠後學，即是實證。

（三）關中金石記錄者

金石碑刻遍布全國，然就數量、質量來看，金石碑刻的發展興盛，往往

〔註111〕同上注。
〔註112〕〔清〕畢沅撰：《關中金石記・盧敘》，《叢書集成初編》，頁1。

與政府相關，凡是政治中心，或是經濟、文化的發展重鎮，往往能有較佳的
發展，所以歷代在碑刻的數量上，以陝西、河南最多，山東、山西、河北一
帶也不少。陝西既有如此多的金石碑刻，但何以直至畢沅上任方才獲得重視？
有歷史的原因，錢坫云：

> 唐史載：乾元中，京師壞鐘像，私鑄小錢。會昌中，李都彥以鐘鐸
> 納巡院，充鼓鑄用。宋史載：姜遵知永興軍，太后詔營浮圖，遵毀
> 漢唐碑碣，以代磚甓，摧敗之事，豈特前世，後或甚之矣。

原來在唐代，因為物價上漲，許多人將鐘毀壞拿來私鑄錢幣，而在宋代，太
后為了蓋佛塔，則將許多的漢、唐碑碣拆卸，以作為建築材料。後代摧殘這
些金石的記錄更是不勝枚舉，遑論保藏。幸虧畢沅「監茲放失，欲永其傳，
講政之暇，日採集焉。又用眞知條證肆攷，傅合別否，務得故實，取其片羽，
可用爲儀，蓋軼然于洪薛歐趙之上矣。」〔註113〕努力蒐羅、記載，再以經史
考證，對於關中金石的收藏，著實裨益良多。

（四）維護字樣的用心

畢沅對於《說文》之敬崇，不僅在《經典文字辨證書》中，於金石學裡，
也常以《說文》比對銘文、碑字，糾正俗字、別字、訛字，企圖導正歪風，
使用正字的用心頗佳，孫星衍云：

> 公證古之學，奄有征南，博聞之才，通知苟勗，此之造述，力越前
> 修。談經則馬、鄭之微，辨字則楊、杜之正，論史則知幾之邃，察
> 地則道元之神，旁及《九章》，淵通《內典》，承天譜系之學，神珙
> 字母之傳，固已奪安石之碎金，驚君苗以焚硯。君子多乎？于公末
> 也。〔註114〕

談論經學如馬融、鄭玄，辨析字體如揚雄、杜林，談論史學如劉知幾，觀察
地理如酈道元，還旁及楚辭、聲韻各式學問。這是畢沅厲害之處。對於字樣
的堅持，希望效法古賢，用心甚佳。

（五）地理文獻之補強

金石書中常有關於地理的記錄，畢沅於此書即考明一些方志。洪亮吉云：

> 夫歐趙洪薛之撰集金石，僅藉以考古，而公則因以興灌溉之利，通

〔註113〕〔清〕畢沅撰：《關中金石記》，《叢書集成初編》，頁173。
〔註114〕〔清〕畢沅撰：《關中金石記》，《叢書集成初編》，頁175。

山谷之邃，修明疆界，釐正祀典，既非若道元之注，託之空言，又

非若歐陽諸書，僅資博識，則所得實多焉。〔註115〕

畢沅不僅是考古，還藉著撰金石書時，興修水利，劃清地界，對當地或是方志書的撰寫，幫助良多，非常實際。洪亮吉又云：「公嘗以案部至咸陽，讀周文公廟諸石刻，爲守墓之裔，請於朝，增置五經博士。」〔註116〕足見畢沅將實際的政務與學術結合，兩相輔益。

第三節　《中州金石記》析論

　　畢沅在陝西巡撫任上撰成《關中金石記》八卷，是書刻於乾隆四十六年（1781 年）八月，對關中一帶的金石蒐羅以及記錄花費不少心力，任上對於西安碑林等的修復與整建更是極有幫助，在任期間政通人和，執政頗具成效。當時，鄰近的河南旱澇雙禍，於是在乾隆五十年（1785 年）二月時，畢沅即被調任爲河南巡撫。在任雖不到四年，但仍於中州一帶建樹不少，包含撰成《中州金石記》五卷。

一、撰述背景

　　此書係繼《關中金石記》而後畢沅所撰寫的第二本金石書，以中州附近地區爲其範疇，孫星衍云：「中丞手著《關中金石記》，刊行於世，其後移節中州，又成《金石書》。」〔註117〕洪亮吉云：「尚書弇山先生成《關中金石記》之後二年，奉命調撫河南，又三年而復有《中州金石》之著。」〔註118〕史善長《弇山畢公年譜・乾隆五十二年丁未五十八歲》載云：

自關中移節，迄今三載，公暇蒐羅金石文字，考其同異，聚而拓之，

編爲《中州金石記》五卷。〔註119〕

〔註115〕〔清〕畢沅撰：《關中金石記》，《叢書集成初編》，頁 173～174。
〔註116〕〔清〕畢沅撰：《關中金石記》，《叢書集成初編》，頁 174。
〔註117〕〔清〕嚴觀撰：《湖北金石詩》，頁 43。
〔註118〕洪亮吉稱：「……成《關中金石記》之後二年……」，《關中金石記》應成於乾隆四十六年（1781 年），而畢沅調任至河南是乾隆五十年（1785 年），洪氏稱二年，有二種可能：一是《關中金石記》後間有增修，但不見相關記錄；二是洪氏記錯或筆誤，較有可能。〔清〕畢沅撰：《中州金石記・後序》，《叢書集成初編》（北京：中華書局，1985 年），頁 1。
〔註119〕〔清〕史善長編：《弇山畢公年譜》，《乾嘉名儒年譜》第 5 冊（北京：北京圖

將洪氏與史氏二說相對照，可知此書自乾隆五十年（1785 年）開始撰寫，當成於五十二年（1787 年），費時三年。

　　書中對於中州一帶的金、石、古物等收藏許多，同《關中金石記》將關中、中州附近的寶物盡搜書中，洪亮吉讚云：「自是秦涼之寶墨，荊豫之貞珉，搜采靡遺，殆稱觀止。」〔註 120〕無論如何，全面搜羅，靡有疏漏的功勞甚大，且是書較《關中金石記》更進步，周中孚云：

> 是編乃其任河南巡撫時所作。記中考正史傳，辨析點畫，與《關中金石記》相同，但《關中記》僅載定碑年月、撰書人名氏及碑之所在者居多，此則幾於無碑不有考釋，故自漢迄元，金止六件，碑止三百二十九件，而卷帙相亞有以也。〔註121〕

的確，《關中記》並沒有針對每一金石皆作考證，主要是載錄年月、撰書人名氏及碑之所在，但是《中州記》更加全面，幾乎每一碑都有考釋，寫得相對仔細，可謂後出轉精。此書的撰寫，得力於畢沅幾位幕賓的幫助，尤以洪亮吉出力較多，其云：

> 昔者戴淵之洮州，兼司兗豫，近則田公之作督，亦統山東，先生倚畀之隆，倘同茲例，庶幾弦歌有暇，譬闕里之碑，旌麾所賁，訪郎臺之刻，自是而天下之大觀，庶畢萃于一室矣。〔註122〕

洪氏幫助畢沅斟酌沒寫位置的碑，軍旗的花紋，探訪郎臺的石刻等。洪氏在金石文字的幫助不多，但因洪氏對於地理之學素有研究，其云：

> 亮吉于金石之學，素寡究心，而輿地之嗜，幾于成癖，暇日嘗假先生碑數百通，校史傳闕遺，其間得史文之誤者十之三，以史文正碑石之失者亦十之一。

自承對於金石學的興趣不高，但是喜歡勘輿，對於地理研究有癖好。曾在空閒時以畢沅所收藏的數百碑石，與史書相校，校出史書記錄的錯誤，有三成，亦可反以史書勘正碑石的過錯，一成。除洪氏，還有武億，幫忙四處尋找金石以搜，好比《姜纂為亡息元略造象記》，即是「武進士億行鞏洛之野，于董

書館出版社，2006 年 7 月），頁 537。

〔註 120〕〔清〕畢沅撰：《中州金石記・後序》，《叢書集成初編》，頁 1。

〔註 121〕〔清〕周中孚撰：《鄭堂讀書記・卷三十四・十八》（臺北：世界書局，1965年 4 月）。

〔註 122〕〔清〕畢沅撰：《中州金石記・後序》，《叢書集成初編》，頁 2。

家邘得姜纂造象記」〔註123〕，其他如《造須彌塔記》，亦是武億得于土中，且武氏不時也會幫助撰寫跋語，《葛從周神道碑》就有其撰寫之跋。還有他人如「黃君所藏金石最富，每獲宋搨本，必索予跋尾，并以屬幕中好古之士，翰墨之緣，亦一時之盛也」〔註124〕，黃易對於金石拓本的收藏頗具規模，也常將拓本給畢沅過目，請他作跋；「馮戶部敏昌遊王屋之山，于河內得司馬昇墓誌銘，求之昔人，皆未著錄。」〔註125〕馮敏昌亦協助搜尋。在諸多幕賓幫助下，方使此書更加完備。

二、體例與統計

全書五卷，在編輯體例上，大抵依循《關中金石記》的模式，按時代排列各卷，卷一自漢、魏、晉、魏、齊、隋，共計收有四十六碑、二鏡、一銅；第二卷唐代上集，收有五十七碑；卷三：自唐代下集開始，梁、後唐、晉、周，計有五十五碑、二鼎；第四卷宋代，收有七十九碑、一鐵鐘；卷五金、元二代，收有九十三碑、一銅、一鐵獅。

今日所見版本，據筆者統計，此書共收有三百三十八個金石相關碑文記〔註126〕，包括三百三十石，六金，二鏡，全書五萬九千五百三十字〔註127〕，是書成於乾隆五十二年（1787年）。收入包含「漢、曹魏、晉、東魏、齊、隋、唐、梁、後唐、晉、周、宋、金、元」十四個朝代的金石。現按朝代計算各卷金石，製成下表：

表五：《中州金石記》金石朝代統計表

朝代	卷一	卷二	卷三	卷四	卷五	總計
漢	9					9
曹魏	4					4

〔註123〕同上注。
〔註124〕〔清〕畢沅撰：《中州金石記・卷一》，《叢書集成初編》，頁7。
〔註125〕〔清〕畢沅撰：《中州金石記・後序》，《叢書集成初編》，頁2。
〔註126〕三百三十八個係連同碑石背面的「碑陰」也分開計算，「碑陰」共有二十四個。清人周中孚計爲三百三十五個，參〔清〕周中孚撰：《鄭堂讀書記・卷三十四・十八》。今人李金華則計爲三百二十二個。參李金華著：《畢沅及其幕府的史學成就》（天津：南開大學歷史學院博士論文，2010年5月），頁161。
〔註127〕包含碑名、跋文、小字注解，而朝代名、目次以及部分難字未列入計算。

晉	3					3
東魏	16					16
齊	14					14
隋	3					3
唐上		57				57
唐下			49			49
梁			1			1
後唐			3			3
晉			1			1
周			3			3
宋				80		80
金					19	19
元					76	76
總計	49	57	57	80	95	338

再依金石種類分計，製成下表：

表六：《中州金石記》金石種類統計表

朝代	卷一	卷二	卷三	卷四	卷五	總計
石	46	57	55	79	93	330
鏡	2					2
銅	1		2		1	4
鐵				1	1	2
總計	49	57	57	80	95	338

　　《中州金石記》雖是循著《關中金石記》的體例而作，但在內容的撰寫，方向較前書更加開闊，除了常引史書、金石略考證外，亦多參以前人金石著作，如宋代歐陽脩《集古錄》、趙明誠《金石錄》、洪适《隸釋》、《寶刻類編》等，也會參考同時期他人的金石著作，如顧炎武《金石文字記》、黃叔璥《中州金石考》等；還會參考地方方志，如童鈺《河南府志》；也考據各種字書、韻書，如《說文》、《要用字苑》、《玉篇》、《五經文字》、《九經字樣》、《汗簡》、《廣韻》，類書《太平御覽》、書學專著《書史會要》、名家法帖《羣玉堂法帖》、《鳳墅續法帖》等。足見此書確實在比對諸類文獻上，費了不少心力。因為參看的文獻眾多，是故，跋語的撰寫也較是信而有徵，不說空話。

三、內容述論

（一）熹平石經

　　熹平石經的出現，是因爲東漢時人多傳抄儒家經典，但輾轉失眞，漸多謬誤，蔡邕等人便上奏請皇帝下令勘正經典文字，帝應允，於是熹平四年（175年）時，由蔡邕、楊賜、馬日磾等人以丹書《易》、《書》、《春秋》、《公羊》、《魯詩》、《儀禮》、《論語》於石上，再付由工匠鐫刻，立於光和六年（183 年），置於太學門外。共有四十六石，每石約高一丈多，寬四尺，正反面皆有刻字，計有二十餘萬字。是書收有《熹平石經尚書論語殘字》隸書拓本，題爲蔡邕書。熹平石經之珍貴，是世上少存「今世石經之存，惟熹平此本及開成、嘉祐、宋高宗御書，意蜀石經亦有存者，而未之見。」〔註128〕跋云：

> 漢石經《尚書》《論語》一百二十餘字，黃通守易得之京邸，或以爲孫侍郎承澤藏本，卽何氏焯云：「越州石邦哲重摹者，或按《隸釋》所載〈爲政篇〉由誨汝知之句，多一女字，謂是熹平原刻，予不得而定之，特愛其文之有關經學也。」〔註129〕

可知此拓本爲熹平石經中《尚書》與《論語》的殘本，僅存一百二十多字。由黃易所得到，有人認爲是孫承澤的收藏本，不過畢沅不敢肯定是否如此，但因爲銘文是他喜愛的經學，所以先留存。何以畢沅如此猶豫？跋中舉了許多與傳世《尚書》、《論語》不同處，如：

> 今本《尚書‧盤庚》，石刻作「般庚」，「丕」石刻作不；《論語》「人焉廋哉，人焉廋哉」，石刻無下哉字，猶文字之小異耳。〔註130〕

先舉差異較小的三例，以爲「盤庚」作「般庚」、「丕」作「不」、「人焉廋哉，人焉廋哉」作「「人焉廋哉，人焉廋」，皆只是文字稍微不同。再舉例：

> 至〈盤庚篇〉「不其或稽，自怒曷瘳」，石刻稽作迪，怒作怨，迪進也，言不進而遷居，勝偏孔義多矣。〈爲政篇〉「孝乎惟孝友于兄弟」，石刻作孝于，攷釋文本亦作孝于，惟云一本作考乎而已，是唐時板本尚與漢合。包咸注云：「孝乎惟孝，美，大孝之辭。」潘岳《閒居賦》引「孝乎惟孝友于兄弟」，亦皆讀乎同于字，雖改而意不易，未嘗以孝乎斷句也。〈堯曰篇〉「簡在帝心」，石刻從艸作簡者，自

〔註128〕〔清〕畢沅撰：《中州金石記‧卷一》，《叢書集成初編》，頁 7。
〔註129〕〔清〕畢沅撰：《中州金石記‧卷一》，《叢書集成初編》，頁 6。
〔註130〕〔清〕畢沅撰：《中州金石記‧卷一》，《叢書集成初編》，頁 6～7。

是隸書之體，古無簡字，惟《詩》云：「方秉蕑兮」。傳云：「蕑，

蘭也。」釋文云：「若作竹下，是簡策之字耳。」不知蘭字亦以柬

爲聲，柬與簡通，古人假借，何不可以簡爲之乎？〔註131〕

其後包括〈盤庚篇〉、〈爲政篇〉〈堯曰篇〉等，諸多石經之用字皆與文獻有異，尤其古人字少，一字多兼數義，假借情形甚多，所以更讓畢沅有疑。畢沅由熹平石經，而想起先前曾收有開成石經，其云：

往官關中訪《開成石經》于西安府儒學後舍，失去十餘石。余遍加

搜剔，于積垣敗土中得之，復爲排比甲乙，覆以廊廡，遂復舊觀，

以墨本恭呈乙覽，勑入《天祿琳琅》。〔註132〕

經過畢氏的尋找、挖掘、整理，方使開成石經重見光明，並且以墨拓成本，編入當代重要的官修善本目錄《天祿琳琅》中。到了中州，也收有特別的碑本，如《二體石經周禮殘碑》，所以畢沅既開心，又謙虛地說：「今移撫中州，見嘉祐眞篆二體殘字，又得假此本以入《中州金石錄》。所至之處，皆與先聖遺經相値，幸得題名碑末，心竊樂之。」〔註133〕其熱愛金石，可見一斑。

（二）碑刻審美

1、《造須彌塔記》

天平三年正月立，正書，在偃師。……下列邑師比邱唯那等名，中

有佛象長六寸，字畫鋒穎透露，可想見六朝筆勢。碑在偃師北十八

里古聖寺，此寺意卽魏時所立，縣進士武君億得于土中，急置寺壁，

手拓其文寄予，眞好古敏求之士也。〔註134〕

此碑立於東魏孝靜帝天平三年（536年）時，楷書，爲佛塔銘，時存於古聖寺。畢沅評此碑字「字畫鋒穎透露，可想見六朝筆勢」，也就是說，字體充滿銳氣，爲當時流行的字形。此碑也說明了《中州金石記》的碑石來源，有時是武億提供，自出土得到後，盡快拓了本就給畢沅，對他的幫助甚大。

2、《太公呂望碑》

武定八年四月立，穆子容撰，正書，在汲縣西北三十里太公廟。……

此碑書法方正，筆力透露，爲顏眞卿藍本。魏齊刻石之字，無能比

〔註131〕〔清〕畢沅撰：《中州金石記・卷一》，《叢書集成初編》，頁 6～7。

〔註132〕〔清〕畢沅撰：《中州金石記・卷一》，《叢書集成初編》，頁 7。

〔註133〕同上注。

〔註134〕〔清〕畢沅撰：《中州金石記・卷一》，《叢書集成初編》，頁 14。

其工者。〔註135〕

此碑立於東魏孝靜帝元善見之時，楷書。畢沅評此碑字「書法方正，筆力透露」，也就是說，字體端正，含有勁道，連唐代楷書名家顏眞卿之楷法都深受其影響。因此，畢沅評此碑爲「無能比其工者」，非常中允。

3、《白馬寺造象幢》

正書，在洛陽寺內。幢無蓋坐，在白馬寺大殿左側苑中。錢別駕坫自西安來汴，過寺門搜得此石，手拓以歸，文摩泐不可讀。作五十餘佛象，上下左右，俱有題名，但辨邑子某某而已。審其製度筆法，爲魏人所作無疑。〔註136〕

此碑立石時間不確定，楷書。係錢坫來訪時經過白馬寺時得到的，可惜上面的字跡已經模糊不清。不過，畢沅所見之碑石甚多，還是能從整體的體製與筆法些許的痕跡，判斷是三國魏人所做。

4、《杜乾緒等造石像記》

開皇十二年二月立，正書，在葉縣。碑分三截，上截記，中截銘，下截題名。銘文典麗，字隸法，古雅可愛。〔註137〕

此碑立於隋文帝之時，楷書。畢沅評銘文內容典雅富麗，而字體有隸法感，古樸雅致，討人喜愛。

5、《王元宗臨終口授銘》

垂拱二年四月立，弟紹宗正書，在登封老君洞南。王元宗《新唐書》有傳云：「琅邪人，紹宗兄，隱嵩山，號太和先生，傳黃老術。」《述書賦》稱王祕監則首末全貞，尊道重德，或終紙而結字，或重模而足。墨濩，落風規，雄壯氣力，播清譽而祖述，屢見賞於有德，如曲圓鴻飛，芳園桂植。」注云：「王紹宗，瑯琊人，修禮子官至祕書少監。」劉昫《唐書》稱紹宗尤工草隸，今其書實端雅可玩。

〔註138〕

此碑立於唐睿宗李旦之時，楷書。畢沅跋先引《新唐書》、《述書賦》探王元宗之生平重要事跡，而後以《舊唐書》所錄與碑文相對，稱讚王紹宗的

〔註135〕〔清〕畢沅撰：《中州金石記・卷一》，《叢書集成初編》，頁 17～18。
〔註136〕〔清〕畢沅撰：《中州金石記・卷一》，《叢書集成初編》，頁 19。
〔註137〕〔清〕畢沅撰：《中州金石記・卷一》，《叢書集成初編》，頁 24。
〔註138〕〔清〕畢沅撰：《中州金石記・卷二》，《叢書集成初編》，頁 32～33。

書體確實是端莊文雅，值得玩味再三。

6、《昇仙太子碑》

> 聖歷二年六月立，武后撰幷草書，在偃師縣南三十五里府店。……
> 《宣和書譜》稱，后初得晉王導十世孫方慶家藏書蹟，摹搨把玩，
> 自此筆力益進。其行書有丈夫氣。今觀其草法極工，有烏絲方格，
> 尚似章草及皇象書、孫過庭《書譜》、智永《千文》之體。惟世傳懷
> 素、張旭草書，乃多變格，後世草書之學幾絕，類皆託仿懷素。甚
> 矣，人之好異也。予嘗論學書之法，臨帖不如臨碑，碑則古人親自
> 書丹，當時摹刊，求其神采宜，得十分之九。其見于法帖，則傳之
> 百數十年，紙墨漫滅，或是後人臨摹贗本，賞鑒家誤以爲眞，俱未
> 可定。觀大觀、淳化、絳、汝諸帖所收名臣書，譌錯支離，類皆以
> 私意定之，不足信也。〔註139〕

此碑立於武則天之時，草書。首先，畢沅引《宣和書譜》稱武后的書法
因爲有得到王方慶家藏書蹟，認眞摹練，所以筆力增進許多，雖是女兒身，
但字體充滿男子氣概，力道深厚。畢沅以爲武后的草書極爲精緻、巧妙，較
有規矩，而後來的懷素、張旭等人，書法多變，但也影響後世很少，大家寫
草書皆學習他們，因爲人們喜歡變異。其次，畢沅提出很重要的論點──「臨
帖不如臨碑」。畢沅認爲碑的保存較帖佳，因爲帖「傳之百數十年，紙墨漫
滅」，因爲材質不易保存，不論是紙或是墨，皆易破損、汙染，且「後人臨
摹贗本，賞鑒家誤以爲眞」，可能因爲有人模仿，「皆以私意定之」，或是造
假，但未被鑑視出，因而以假亂眞，可是碑不同，因爲是「古人親自書丹，
當時摹刊，求其神采宜，得十分之九」，保有古人的筆力、風采，幾乎可見
原貌。畢沅此說不僅是針對唐代碑石，上溯秦漢，下降於今，可通用之。這
樣的見解，阮元有類似看法，見其〈北碑南帖論〉、〈南北書派論〉二文，重
碑抑帖。錢泳云：

> 書法一道，一代有一代之名人，而刻碑者亦一時有一時之能手，需
> 其人與書碑者日相往來，看其用筆，如爲人寫照，必親見其人而後
> 能肖其面目、精神，方稱能事，所謂下眞跡一等也。世所傳兩晉、
> 六朝、唐、宋碑刻，其面目尚有存者，至於各種法帖，大率皆由拓
> 本贗本轉轉模勒，不特對照寫照，且不知其所寫何人，又烏能辨其

〔註139〕〔清〕畢沅撰：《中州金石記・卷二》，《叢書集成初編》，頁35～36。

面目、精神耶？吾故曰藏帖不如看碑，與其臨帖之假精神，不如看

碑之眞面目。〔註140〕

錢氏所說「藏帖不如看碑，與其臨帖之假精神，不如看碑之眞面目」，也與畢
沅「臨帖不如臨碑」的看法雷同，不過畢沅要「臨」，依碑字而摹仿，動手學
習；錢泳要「看」，還是畢說境界略高一籌。

7、《龍門銘》

大中祥符四年三月立，眞宗正書幷篆額，在洛陽。……《書史會要》
稱「眞宗善書得晉人風度」。觀此碑，欲出蔡襄之上，宋代未有過之
者。朱子評書云：「書學莫盛於唐，然人各以其所長自見，而漢魏之
楷法遂廢。入本朝來，名勝相傳，亦不過以唐人爲法，至於黃、米
而敧傾側媚，狂怪怒張之勢極矣。朱子之言如此。予觀眞宗書乃無
此弊，當時見之，得不憓然心服邪？」〔註141〕

此碑立於北宋眞宗之時，宋眞宗楷書幷篆額。畢沅跋先引《書史會要》，
稱宋眞宗書法「得晉人風度」，再觀碑體，可謂「宋代未有過之者」。後又引
朱子評書法，認爲宋代人多師法唐人，批評黃庭堅、米芾更是不留情，稱他
們爲「敧傾側媚，狂怪怒張」，比對宋眞宗此銘書，沒有類似的問題，認同
《書史會要》的看法，以爲若是在當代見到眞宗字跡，當是「憓然心服」，
對是眞宗的評價非常高。

8、《摩騰入漢靈异記》

天禧五年正月立，僧景遵行書，在洛陽白馬寺。長興三年二月八日
記，天禧五年二月七日重建，景遵無書名，而字體絕類〈聖教序〉。
北宋人書，猶有晉唐風格，良可愛也。〔註142〕

此碑立於北宋眞宗之時，比丘釋景遵行書。畢跋以爲景遵的書體很像是
唐太宗時所刻立《懷仁集王羲之聖教序》，時藏於陝西的西安碑林，所以才說
「有晉唐風格」，值得珍藏。

9、《齊徐州觀察使河南路安撫使孟邦雄墓志》

阜昌四年立，李杲卿撰，李肅正書，在偃師。……碑新出土，字蹟

〔註140〕〔清〕錢泳著；孟裴校點：《履園叢話》（上海：上海古籍出版社，2012 年 11
　　　　月），頁 213。
〔註141〕〔清〕畢沅撰：《中州金石記・卷四》，《叢書集成初編》，頁 83。
〔註142〕〔清〕畢沅撰：《中州金石記・卷四》，《叢書集成初編》，頁 85。

工秀，得虞、褚規模，良可愛也。阜昌爲劉豫年號，豫以宋建炎四
年爲金所立，故附置于此。〔註143〕

此碑立於大齊國劉豫之時，碑剛出土，字蹟工整秀麗，頗像虞世南與褚
遂良的筆畫，眞的「可愛」。「可愛」是畢沅喜愛品評碑刻的用詞。

10、《洛京白馬寺祖庭記》

至順四年九月立，僧文才撰，正書，在白馬寺。攷至順無四年，
至順之四年卽元統之元年也。字甚工麗，驗其筆蹟，實趙孟頫書。
〔註144〕

此碑立於元文宗、元寧宗與元惠宗交界時，因爲元文宗於至順三年（1332
年）八月駕崩，繼位的元寧宗十月即位，年號未改，在位僅五十三天就病逝，
但並未立刻傳位，元惠宗直至隔天六月才繼位。畢跋先糾正年號問題，雖不
見書者姓名，但據字體「工麗」，再細驗筆蹟，認爲是元代書法名家趙孟頫
的字，可見畢沅對於名家書法的判斷力。

（三）重視字樣

字樣爲畢沅治學非常重要的概念，其雖未直接提及，然其勘正字形、端
正用字、總據《說文》等作爲，均實爲追求「字樣」。《中州金石記》中亦有
不少例子。

1、《少室神道石闕銘》

篆書，在登封縣西四十里邢家鋪。……圜陽，不作圓，見漢時無
圓字，《說文》所以不載，闕字從㬎，此作欨從芊；寶字從缶，今
從尒，漢人不拘六書如此，故秦隸行而篆學微，許叔重之功甚大。
〔註145〕

此碑爲漢碑。畢沅於跋文中批評銘文用字有諸多錯誤，如寶字應從
「缶」，碑卻從「尒」。畢氏以爲，連漢代人都對六書如此不重視，難怪自秦
代開始流行隸書後，篆書就勢微了，也因此許多字形都亂了，若非許愼《說
文》刊謬正俗，那麼用字混亂的情形將更嚴重，因此許愼功勞非常大。

2、《開母廟石闕銘》

延光二年立，篆書，在登封啓母廟南。……漢時篆書紕繆，自秦隸

〔註143〕〔清〕畢沅撰：《中州金石記・卷五》，《叢書集成初編》，頁108。
〔註144〕〔清〕畢沅撰：《中州金石記・卷五》，《叢書集成初編》，頁123。
〔註145〕〔清〕畢沅撰：《中州金石記・卷一》，《叢書集成初編》，頁2。

既行，六書之學日微。〔註146〕

　　此碑立於東漢安帝劉祜之時。畢跋批評漢代時，許多人寫篆書有「紕繆」，因為自秦代開始流行隸書後，六書不受重視。此可看出畢沅認為文字的源本是「篆書」，此囿於時代所限，畢沅未能親睹甲骨出土，所以觀念如此，但其糾正用字的決心非常好。

3、《孫秋生等造象記》

　　太和七年刻，孟廣達文，蕭顯慶正書，在洛陽伊闕。……又有景明三年五月造字樣，其文寫顯為顆者，省字，猶濕作㴑也。寫葩為䒠，今俗所傳花字，乃此字之行草，以為華字異文，去之甚遠。《文選‧琴賦》李善注引郭璞曰：「䒠為古花字。」……是古人已言之，亦足為證。條作㯧，標作欙，鼓從皮，見加現，皆其至謬者。〔註147〕

　　此碑立於曹魏明帝曹叡之時。畢沅以為，碑文寫「顯」為「顆」，同「濕」作「㴑」是省文。寫「葩」為「䒠」，是今日俗體所傳寫的花字，乃「䒠」之行草。最後，畢沅連舉四例，批評當代常見且荒謬的錯字，包括「條」寫作「㯧」等。

4、《中嶽嵩陽寺碑銘》

　　天平二年四月立，隸書，碑後刻大唐麟德元年九月從嵩陽觀移來會善立一行。……碑文寫宋為㝚、寫為寫、軌為軌、拼為捄、東為束、殿為殿、庶為庶、險為嶮、館為舘、飭為餝、絜為潔、航為舫，皆別字。云對眾山之摳當是紐字，又云潯流灒瀨，灒卽濺字。……江南言灒，山東言湔，以今方音定之，亦信為濺字，顧炎武以為潛字之俗，非也。又云：預捨一豪，豪不从毛，用古字。葉封說：此碑上截刻佛相極工，中有空，方六寸許。〔註148〕

　　此碑立於東魏孝靜帝元善見之時。北朝時期的碑文有許多荒謬的別字，此碑就是，畢沅洋洋灑灑舉了㝚、軌、捄等十多個別字。除別字外，亦舉方言用字的不同，「江南言灒，山東言湔」等。從畢跋看來，其對於「別字」非常介意，認為碑字應當是要用正字，因為其看重「碑」，有「臨帖不如臨碑」之說，所以每每在金石考據之時，都再三檢驗用字，是否為正字。

〔註146〕〔清〕畢沅撰：《中州金石記‧卷一》，《叢書集成初編》，頁4。
〔註147〕〔清〕畢沅撰：《中州金石記‧卷一》，《叢書集成初編》，頁11～12。
〔註148〕〔清〕畢沅撰：《中州金石記‧卷一》，《叢書集成初編》，頁13～14。

5、《丈八大象記并陰》

天統五年五月立，正書，在許州關帝廟。碑文云：……此碑前人俱
未著錄，故載其全文。碑多別體字，如寫彳爲亻，亻爲彳，合作洽，
岡作崷之屬，不可勝舉。惟云其訟曰：以訟爲頌，合六書之義。歌
訟字从言，頌，貌字从頁，六代猶有知之者，今以頌爲訟，容爲頌，
則假音而非本義也。〔註149〕

此碑立於北齊後主高緯之時。畢沅此處少見的載錄銘文全文，因爲「此
碑前人俱未著錄」。碑中有許多別體字，如彳、亻混用，合作洽，岡作崷等。
後再以「訟」、「頌」、「容」三字，探究彼此關係，知道「今以頌爲訟，容爲
頌」，是假借用字，非本字。

6、《中嶽體元先生太中大夫潘師正碣文》

聖曆二年二月立，王適撰，司馬承禎隸書，在登封老君洞。題云：
弟子中巖道士獄馬🔲🔲書。《寶刻類編》有此碑，云司馬子缺，
蓋不識微字也。顧炎武又疑子微爲承禎字。劉昫《唐書‧隱逸傳》
略云：「潘師正，大業中度爲道士，師事王遠知，居於嵩山之逍遙
谷，高宗與天后甚尊敬之，尋勅所司於師正所居造崇唐觀，嶺山
別起精思觀以處之，以永淳元年卒，贈太中大夫，賜謚曰體元先
生。」多與碑合。〈隱逸傳〉又云：「道士司馬承禎，字子微，頗
善篆隸書，元宗令以三體寫《老子經》」。《續仙傳》云：「承禎攻
篆，迥爲一體，號金翦刀書。」按獄字見《說文》，云司空也，復
說獄司空，此以爲司，假音字耳，其以🔲🔲爲子微字，謬甚，🔲
乃羲字之誤。《說文》羲，籀文。子冈有髮，臂脛在几上也。今寫
从黃，便失其義。🔲出郭忠恕《汗簡》，云微字，出碧落文，但
《說文》無🔲字，又未知何字之譌。唐時所謂工篆籀文類如此，
六書之學幾絕矣。〔註150〕

此碑立於武則天之時，隸書，題爲司馬承禎所書。首先，畢沅引《寶刻
類編》稱「司馬子缺」，顧炎武則疑爲「司馬承禎」，對比兩說後，引《舊唐
書》、《續仙傳》與碑銘對照，確認係「司馬承禎」。其次，對於碑題「獄🔲🔲」
三字考證，「獄」爲「司」，「🔲」爲「羲」，而「🔲」見於《汗簡》，但卻

〔註149〕〔清〕畢沅撰：《中州金石記‧卷一》，《叢書集成初編》，頁22。
〔註150〕〔清〕畢沅撰：《中州金石記‧卷二》，《叢書集成初編》，頁35。

不知是何字寫錯而成。畢沅以為，司馬承禎既是唐代工篆書之名家，卻仍寫出假音字、誤字等非正字，令他失望，所以才會有「唐時所謂工篆籀文類如此，六書之學幾絕矣」如此忿怒的說法，再次見證畢沅對「字樣」之看重。

7、《大伾山銘》

> 建中三年四月立，洪經綸正書，在濬縣。銘云：「登于大伾，俞所經過，頂凸坤儀，根壓洪河，天生忠良，濟物宏多，山靈河神，俾環海戢戈。」……伾字甚俗，正文當爲坯。《尚書》借伾，《史記》借邳，皆古人假音字耳。此作岯從山，《釋文‧尚書音義》亦云：「伾本作岯，又云字作岯。」蓋唐人既誤以濬縣大山當之，乃造爲從山從阜之字，可笑也。予嘗過古成皋，登陟坡陀，縣厓周阻，特無石壁，乃悟古人制字命名，一成爲坯。坯字從土之義。碑云：「俞所經過」，當是禹字。《汗簡》作 （圖）　，即（圖）字變文也。凸字出葛洪《字苑》。《廣韻》云：「凸，出皃。」在㞷字下，知即（圖）字之誤。《說文》：「㞷，不順忽出也。」下從倒子，正凸出之義。㞷，籀文（圖）字。

〔註151〕

　　此碑立於唐德宗李適之時，正書。畢沅就銘文中，發現許多假借字與別字，如正字「坯」，銘文作「伾」，《尚書》作「伾」，《史記》作「邳」，但《經典釋文》因爲誤把濬縣的大山當作是大伾山，就強造「岯」字以解釋，實在「可笑」。後半，則再將「俞」、「凸」查考諸書以證。

8、《濟瀆北海壇祭器雜物銘幷陰》

> 貞元十三年立，張洗撰，隸書，在濟源。《集古錄》有此碑，明都穆《金薤琳琅》亦載其文，而遺其碑陰，又遺器物名數題在碣之陰也。十字，第一行北海壇二所，脫二所兩字，偓革□儒上闕一字，以爲闕二字，及以沁河爲池河，以俟後賢爲以待，皆賴有原刻證之。
>
> 碑陰有云：沾二者即坫有，云柒盒子、柒杓子者。柒本漆字，艸書，後人又變爲正字，故《山海經》漆本或作柒也。〔註152〕

　　此碑立於唐德宗李適之時，隸書，宋代《集古錄》、明代《金薤琳琅》皆有收錄此銘文，但有遺漏背面陰文及題名。畢沅將碑文與《金薤琳琅》所載對照，發現有諸多漏字或是錯字，比方「池河」寫作「沁河」、「以俟」寫

〔註151〕〔清〕畢沅撰：《中州金石記‧卷三》，《叢書集成初編》，頁 60～62。

〔註152〕〔清〕畢沅撰：《中州金石記‧卷三》，《叢書集成初編》，頁 63。

作「以待」等，幸虧有碑文可還原。最後提到「漆」字因為草書形似「柒」，所以後人以為「柒」為正字。觀察仔細、比對細心，是此書用心所在。

9、《二體石經周禮殘碑》

嘉祐六年五月立，章友直、楊南仲篆書，在陳留。《玉海》云：「仁宗命國子監取《易》、《詩》、《書》、《周禮》、《禮記》、《春秋》、《孝經》為篆隸二體刻石。」……此石篆書甚工，但多別字，敘從攴，今從又，臧即藏，今加艸，是皆依正書作篆，不加考古之過。于古文祧當為濯，見《周禮注》；詔當為紹，見《禮記注》。今亦不能考正其文，僅用徐鉉新附為之，亦甚凡淺。予嘗見蔡邕、唐元度等經石，皆有變體，李陽冰自願書經，觀其他刻石，亦不盡合篆法。蓋一代立石經之時，欲求通六書人又能作篆書者，固亦難矣。經云：「凡王后有操事於婦人」。今板本作摻事。周密《癸辛雜識》云：「汴學，即昔時太學舊阯，九經石版堆積如山，一行篆字，一行真字。」予撫中州，釋奠黌宮，即詢是刻不可得。學官云：「修學時用作瓴甋矣，僅存陳留數石。」豈不惜哉？〔註153〕

此碑立於北宋仁宗之時，篆書。畢跋先引《玉海》說明《二體石經》的由來，係宋仁宗下詔國子監所作。不過，此石雖「甚工」，但用了許多別字，比方「敘」為正字，石經卻寫「叙」；「臧」為正字，石經卻寫「藏」，畢沅認為這是「依正書作篆，不加考古之過」，錯得離譜。次提及蔡邕、唐元度、李陽冰等人，他們所書之經石，也多有變體，所以畢沅感慨萬千，認為立石經之時，要能找到「通六書人又能作篆書者」，真是「難矣」。最後，畢沅在中州之時，想要建立學校，想用石經坐鎮，可惜石經已被當作「瓴甋」——即磚瓦——使用，非常可惜，令人扼腕。畢沅感嘆擅篆書者不識六書，識六書者不擅篆，且此類珍貴碑石，時間一久後皆被視為普通石材，當代人不懂珍惜，字樣又如何可求？

10、《紫虛元君廣惠碑》

至元五年二月立，石瑄撰，李德存正書幷篆額，在河內。碑文甚陋，稱《唐路敬淳碑》云：「任城魏陽之女脫元，字云注」……凡八字意會其六曰大元□□廣惠之碑。予幕中多識篆籀古文之士，然此辛莫

〔註153〕〔清〕畢沅撰：《中州金石記‧卷四》，《叢書集成初編》，頁90～91。

能辨見，其字體之不經也。〔註154〕

此碑立於元惠宗時，李德存正書幷篆額。畢跋先批「碑文甚陋」，後又稱連他幕府底下能人雅士之多，都沒人「能辨見」，足見此碑字體眞的寫得很糟。畢沅對於碑石的鑑賞，除了多有讚美外，也會對醜陋的碑刻加以批評。

11、《國書二碑》

武宗時立，在林縣。一碑爲成吉思皇帝月可觧皇帝薛禪皇帝完澤禿皇帝曲律皇帝宣諭寶殿寺太平寺僧聖旨後云：「牛兒年七月一碑。」上爲成吉思皇帝宣諭寶嚴寺乾明寺龍興寺僧聖旨云：「雞兒年中爲國書。」下爲成吉思皇帝月古觧皇帝薛禪皇帝宣諭寺僧，依著在先聖旨體例。聖旨後云：「狗兒年三月成吉思太祖尊號月可觧。」薛禪完澤禿曲律世祖成宗武宗之諡，身後追上也。當時國語如此。《元史》月古觧作窩闊台。泰安府《東嶽廟聖旨碑》又作月古台，完澤禿作完澤篤，又作完者都，此碑作月可觧，又一碑作月古觧，皆聲相近。元國語重音不重字故也。雞兒年、狗兒年之屬，元祕史亦悉以此紀歲，卽十二屬是也。以俺代我者，音之轉，甚麼卽只麼，亦急讀。爲什麼，當卽唐人之遮莫，而釋唐詩遮莫者，多云儘教，疑非。予以爲皆者字之緩讀爲二音。《說文》云：「者，別事詞也。」俗或書爲這。〔註155〕

此碑立於元武宗之時，篆書。畢跋先將碑文上所引之二則聖旨寫下，認爲「當時國語如此」，近而考證《元史》、他碑等，發現同一詞「月古觧」，可稱「窩闊台」，也可稱「月古台」，而「完澤禿」作可作「完澤篤」，也作「完者都」。諸如此類，皆是因爲當時國語「聲相近」所造成。畢沅在考證文字時，看似較少以音訓詁，此處即展現其並非不懂音學，其云「元國語重音不重字」，所以元代國語會以「俺」代替「我」，是因爲「音轉」；「甚麼」代「只麼」，是「急讀」；「爲什麼」代「遮莫」，者字「緩讀」爲「遮莫」，足見其對於音學仍有認識，只是著力較其他學說小。

（四）考史補正

1、《王基墓碑》

景元二年四月立，隸書，在洛陽。文云：「子有成父者，出仕于齊，

〔註154〕〔清〕畢沅撰：《中州金石記・卷五》，《叢書集成初編》，頁103。
〔註155〕〔清〕畢沅撰：《中州金石記・卷五》，《叢書集成初編》，頁115～116。

獲狄榮，如孫湫違難爲萊大夫……」三國時，刻石惟有九，真太守
天璽紀功國山碑及受禪上尊號封孔羨碑，數種久爲世所傳摹。邇年
創見諸碑，尤多奇偉，若予在關中訪得褒城李苞石門題字，孫孝廉
星衍游句容訪得吳衡陽太守葛祚碑及此，皆金石家所未著錄，足與
史傳發明，殊可寶也。碑字波畫分明，唐以前石墨無能與之匹者。
葛祚碑遂爲楷書碑刻之祖，亦稱二絕云。〔註156〕

此碑立於曹魏元帝曹奐之時，隸書。畢跋提及三國之石刻僅有九方，非常
真貴，包括其前於關中得「李苞石門題字」與孫星衍於句容得「葛祚碑」是金
石家未錄，可與史傳參校，是爲珍寶，唐朝之前的石刻「無能與之匹者」。

2、《太公呂望碑》

武定八年四月立，穆子容撰，正書，在汲縣西北三十里太公廟。……
《北史‧穆崇傳》云：「子容少好學，無所不覽，求天下書，逢即寫
錄，所得萬餘卷。魏末爲兼通直散騎常待聘梁齊受禪，卒于司農卿。」
今碑云：「通直散騎常侍聘梁使。」與碑合。又云：「平東將軍中書
侍郎恆州大中正修左史汲郡太守。」史所未及。〔註157〕

此碑立於東魏孝靜帝元善見之時，楷書。畢沅評此碑字「書法方正，筆
力透露」，也就是說，字體端正，含有勁道，連唐代楷書名家顏真卿之楷法都
深受其影響。因此，畢沅評此碑爲「無能比其工者」，非常中允。

3、《贈比干太師詔并祭文》

貞觀十九年二月立，薛純陀隸書，在汲縣。《寶刻類編》有此碑。顧
炎武以爲重刻者，不知何據。劉昫《唐書‧本紀》云：「貞觀十九年
春二月贈殷比干爲太師，諡曰忠烈。命所司封墓葺祠堂。春秋祠以
少牢，上自爲文以祭之。」即此純陀書，有辨法師碑及砥柱銘。歐
陽修稱其書有筆法，其道勁精悍，不減吾家蘭臺。趙明誠始得此碑，
云歐陽公所未嘗見也。〔註158〕

此碑立於唐太宗之時。查《水經注‧卷九》：「有殷大夫比干冢，前有石
銘，題隸云：『殷大夫比干之墓。』」據此碑與《舊唐書》記錄，可知「固
知飾終之典，遠逮夫貞觀，崇號之加，無關于拓跋。」〔註159〕，意即比干「太

〔註156〕〔清〕畢沅撰：《中州金石記‧卷一》，《叢書集成初編》，頁9～10。
〔註157〕〔清〕畢沅撰：《中州金石記‧卷一》，《叢書集成初編》，頁17～18。
〔註158〕〔清〕畢沅撰：《中州金石記‧卷六》，《叢書集成初編》，頁28。
〔註159〕〔清〕畢沅撰：《中州金石記‧後序》，《叢書集成初編》，頁1。

師」之稱，係唐太宗追贈，並非北魏拓跋氏所贈。

4、《昇仙太子碑》

聖歷二年六月立，武后撰并草書，在偃師縣南三十五里府店。劉昫
《唐書·本紀》云：「聖歷二年二月戊子，幸嵩山過王子晉廟，丙申
幸緱山。碑云：「千乘萬騎，鉤陳指靈岳之前；谷邃川渟，羽駕陟仙
壇之所。」又云：「乃爲子晉重立廟焉，又改號爲昇仙太子之廟，卽
其事也。」《通鑑》云：「聖歷二年二月己丑，太后幸嵩山，過緱氏，
謁升仙太子廟。」據碑則子晉廟以六月改名，史家不合，二月卽稱
之。〔註160〕

此碑立於武則天時，爲武后手撰並草書。銘文記載武則天聖歷二年（699
年）六月到王子晉廟，後改廟名爲昇仙太子廟，畢沅則據《新唐書》、《通鑑》、
《舊唐書》等，糾正碑文的錯誤，應是聖歷二年二月就已改名。畢沅不僅以
碑正史，亦以史正碑，相互考正、修改。

5、《內侍高力士等造象功德碑》

開元□□年立，明皇御製并正書，在洛陽。碑云：「弟子大監門衞將
軍知□□□事□□國渤海郡開國公，內供奉高力士。」下缺。又云：
「光祿大夫行內侍省內侍上□□□農郡開國公，內供奉楊思勗。」
下缺。餘列諸內侍名多摩滅。唐世寵昵內侍，拜官進秩，至人君爲
書佞佛碑文，未免太過其流，乃有李輔國弄權之事，履霜堅冰，豈
非千古龜鑑邪？〔註161〕

此些碑皆立於唐玄宗時，係玄宗撰並正書。畢跋先將碑文錄下，由此碑
主觀看唐代歷史。唐玄宗爲這些內侍們立碑，讓畢沅不以爲然，以爲這些內
侍們不但不值得立象，更不值得書碑。內侍中有甚者如李輔國，還逾越職權
干政，實在過分，所以畢沅以爲此類碑當是「千古龜鑑」，後世應引以爲戒。

6、《嵩岳少林寺碑》

開元十六年七月立，裴漼撰并行書，在登封。《金薤琳瑯》載其文。
按《太平寰宇記》云：「緱氏縣少林寺，後魏孝文太和十九年立。西
域沙門號跋跎，有道業，深爲高祖所敬信。制于少室山隈立少林寺

〔註160〕　〔清〕畢沅撰：《中州金石記·卷二》，《叢書集成初編》，頁35。
〔註161〕　〔清〕畢沅撰：《中州金石記·卷二》，《叢書集成初編》，頁42。

以居之，公給衣供食。」碑云：「沙門跋跎者，天竺人也。緬自西域，
來遊國都。大和中詔有司於此寺處之，淨供法衣，取給公府，卽其
事也。」《太平御覽》引《談藪》云：「北齊高祖多殺戮，有稠禪師
者，以業行著稱，箴之曰：陛下羅剎化，臨水必自見之。如其言，
果見羣羅剎在其後，乃禁斷鷹鷂，造佛寺，斷屠殺，不飲肉腥，止
食菜果而已。」碑云：「稠禪師探求正法，住持塔廟，卽其人也。」
《神僧傳》云：「達磨北趨魏境，尋至雒邑，初止嵩山少林寺，終日
面壁而坐，九年遂逝焉，葬熊耳山。」碑云：「復有達磨禪師，深入
慧門，津梁是寄。弟子惠可禪師等，元悟法寶，嘗託茲山，亦卽其
事。」今寺右上山三里有達磨洞，洞有石壁，達磨面之九年，形迹
宛然石上。寺殿後有立雪堂，世傳達摩徒惠可，欲嗣其法，雪深至
腰不去，事甚神異，然劉昫《唐書・方伎傳》言達摩隱於嵩山少林
寺，遇毒而卒。正史之言，信而有徵，與他書固不同矣。〔註162〕

此碑立於唐玄宗時，係裴漼撰幷行書。畢跋甚長，可理爲三段。其一，
寫的是「沙門跋跎」，引《太平寰宇記》與碑文相比；其二，寫的是「稠禪
師」，引《太平御覽》與碑文相比；其三，寫的是「達磨禪師」，引《神僧傳》
與碑文相比。最後，畢沅以其所見之達磨洞，對比正史《唐書・方伎傳》所
載，認爲正史所說是「信而有徵」，跟前面所引三書不同。肯定正史的紀錄
是件良事，但《舊唐書》成書時，已距達磨所處時代數百年，畢沅如此肯定
《舊唐書》，其實還是有可疑處，但正史所錄，確實往往較他書異說有憑多。

7、《隴西縣君牛氏像龕碑》

張九□撰，隸書，行書額，在洛陽。《金石錄》有《龍門西龕石象記》
張九齡撰，八分書。開元中立，當卽此碑。碑云：「□寇牛父，厥後
有晉將軍□（牛字）金。」下缺。按〈宰相世系表〉云：「牛氏出自
子姓，宋微子之後，司寇牛父子孫，以王父字爲氏。漢有牛邯，爲
護羌校尉，因居隴西，後徙安定，再徙鶉觚。」安定牛氏出自漢隴
主簿崇之後，而獨不及晉牛金，此可補史之缺。云攻香龕以洞啓，
龕從龍省竜，汗簡以[竜]爲龍，本此也。〔註163〕

此碑立於唐玄宗時。畢跋引《金石錄》所載之《龍門西龕石象記》，認爲

〔註162〕〔清〕畢沅撰：《中州金石記・卷二》，《叢書集成初編》，頁45～46。
〔註163〕〔清〕畢沅撰：《中州金石記・卷二》，《叢書集成初編》，頁51。

與此碑相同。就碑文所說對比〈宰相世系表〉，可知史書對於安定牛氏的紀錄，缺少了「晉牛金」，所以可據此碑文，「補史之缺」。

8、《會善寺戒壇勅牒》

> 大歷二年十一月立，正書，在登封。朱長文《墨池編》有此碑。碑
> 分二格，上層載元載、杜鴻漸、王縉等奏準牒文。下層載釋乘如上
> 表。劉昫《唐書・王縉傳》云：「縉與杜鴻漸捨財造寺無限極，初代
> 宗喜祠祀，未甚重佛，而元載、杜鴻漸與縉，喜飯僧徒。代宗嘗問
> 以福業報應事載等，因而啓奏代宗，由是奉之過當，深述其弊。」
> 又云：「故大歷刑政，日以凌遲有由然也。」又云：「其傷教之源，
> 始于縉也。」今此奏牒正是作俑之證，劉昫良史防微杜漸之言，豈
> 不信而有徵哉。〔註164〕

此碑立於唐代宗之時，畢跋先引碑文上之牒文、下之上表，對照《唐書》所錄，知道唐代宗時，因為元載、杜鴻漸、王縉等官吏喜愛佛教，慫恿代宗，使得後來奉佛過當，而產生許多弊端，也是所謂「傷教」的開端。畢沅對劉昫《唐書》的評價甚高，認為其「良史防微杜漸之言」，是信而有徵。

9、《大岯山銘功碑》

> 貞元二年五月立，李沛撰，陳□卿行書，在濬縣。……即指李希烈
> 為其牙將陳仙奇所殺，弁誅其妻子仙奇。以淮西歸順之事，亦與史
> 合。〔註165〕

此碑立於唐德宗時。碑文為記錄劉洽與曲環平定李希烈之功，畢沅考《唐書・德宗本紀》，發現諸事「與史合」，所以此碑文所載相當正確。

10、《彭王傅徐浩神道碑》

> 貞元十五年十一月立，張式撰，子峴正書并篆額，在偃師學宮。
> 碑云：……又云：「以本官兼尚書右丞，封會稽縣開國□。」是浩自
> 襄陽防禦使，遇安祿山之難，遂從明皇在蜀授尚書右丞。《新》《舊》
> 唐書》既遺浩趨行在之事，《舊書》則云：「安祿山反，出為襄陽太
> 守，本郡防禦使，賜以金紫之服。」誤以安祿山反在浩為防禦之前。
> 又云：「肅宗悅其能，加兼尚書右丞。」亦誤以元宗為肅宗矣。碑又
> 言當時以陷賊衣冠正名同惡，百辟會議，三司定刑，其徒三千，將

〔註164〕〔清〕畢沅撰：《中州金石記・卷三》，《叢書集成初編》，頁57。
〔註165〕〔清〕畢沅撰：《中州金石記・卷三》，《叢書集成初編》，頁62。

真重典，公廷諍三進，竟獲減論，是浩當時救陷賊官有力，與李峴
議同。此實不朽之事，史俱不載，何也？浩墓在偃師，故碑云葬于
東都偃師縣先塋之左。今移碑至學，懼其日久遂致迷失也。〔註166〕

此碑立於唐德宗時。碑文爲記錄徐浩生前功業所做。畢沅考《舊唐書》、
《新唐書》，發現二書皆漏「浩趨行在之事」，且《舊唐書》還誤以爲安祿山
反叛，是在徐浩任防禦使之前。又畢沅以爲，徐浩當時「救陷賊官有力，與
李峴議同」，如此大的功勞，史書卻未記載。以上幾點，均爲畢沅以金石校正
史書的明證。

11、《右僕射高元裕神道碑》

大中七年十月立，蕭鄴撰，柳公權正書，篆額，在洛陽。碑缺撰人
名，据《金石錄》書之，篆額甚工，而無人名。碑稱元裕曾祖迴，
大父魁，皇考集，銜名皆與〈宰相世系表〉合，惟世系表誤魁作彪。
劉昫《唐書》有〈高元裕傳〉亦正作魁，知碑是也。碑載元裕官爵
事實亦較史詳備云。〔註167〕

此碑立於唐宣宗時。碑文爲記錄高元裕生前功業所做。碑銘載錄高元裕
之曾祖是高迴，祖父高魁，畢沅考《新唐書宰相世系表》，發現碑銘正確，而
且〈宰相世系表〉還有錯字，誤將高魁寫作高彪，而且碑銘還比〈宰相世系
表〉載錄高元裕的官爵等事更詳細。此以碑正史。

12、《鄭恆崔夫人合葬墓志》

大中十二年二月立，秦貫撰，正書，在濬縣。碑云：「高祖世斌，皇
左司郎中礠隰二州刺史新鄭縣開國男，曾祖元嘉，皇新鄭長水縣令
襲封新鄭縣開國男。」按〈宰相世系表〉鄭氏有世斌左司郎中，子
元嘉長水令，頗與碑合。碑下云：「祖有常，烈考探賢。府君諱恆，
子曰瓊、曰瑾、曰玘、曰璩、曰琬。」此世系表所無。世系表又有
恆爲守忠之子，在前數十格，不知何故。又云：「鄭之先，周皇封舅
之地，且至以皇爲王，負環奇之名。」以環爲瓌，大謬。即後人僞
爲之，亦必有舊文可据，何爲若此？又一碑文字悉同。府君諱恆，
恆字作遇，恐後人得鄭遇碑，改爲鄭恆，以衒世者。二碑俱在濬縣。
《曠園褉志》云：「鄭恆暨夫人崔氏合葬，墓在淇水之西北五十里。

〔註166〕〔清〕畢沅撰：《中州金石記·卷三》，《叢書集成初編》，頁 63。
〔註167〕〔清〕畢沅撰：《中州金石記·卷三》，《叢書集成初編》，頁 69～70。

成化閒，淇水橫溢，土崩石出，秦給事貫所纂志銘在焉，犁人得之，鬻諸崔氏，爲中亭香案石，久之，尋得其家有胥吏名吉者識之，遂白於縣令邢某，置之邑治。或傳此志銘。又于康熙初年崔氏見夢于臨清州守，守往學宮，自穢土中清出。」据此則碑不識何時，移至濬縣臨清之說，尤屬傳譌，不足信也。〔註168〕

　　此碑立於唐宣宗時。碑文爲記錄鄭恆與其夫人崔氏之墓志。畢跋首先以碑文對比《新唐書‧宰相世系表》，關於鄭恆之高祖、曾祖，皆與史相同，但關於鄭恆及五子名，皆世系表未載，可以此碑補史之缺。次而畢跋以爲有人以鄭遇碑，改爲鄭恆之名。最後，畢沅引《曠園襍志》之說，說明此墓志有自成化年間出土與康熙年間出土的兩種說法，後者說法最不可相信。

13、《商王廟碑》

樂著撰，隸書，在安陽。碑爲商河亶甲遷于相而作也，文不全，其號年無攷。著自題前中大夫荊王府文學，書體亦似唐人，故置于此。王叔璈以爲金時物，金無此官制，恐非也。〔註169〕

　　此碑因爲銘文不全，所以無法判斷是何時人所做，不過畢沅就書體看來，認爲是唐人所做的機會較大，王叔璈以爲是金代，但是金代沒有這種官制，所以王說是錯的。

14、《葛從周神道碑》

貞明二年十一月立，張璉撰，行書，在偃師。碑字多摩滅，書人缺名。可辨者云：……皆與薛居正《五代史》不甚異，疑薛据此碑而爲傳。按之歐陽修史所載，從周擊晉兵事，云從周以精兵自閶門出，擊敗晉兵，晉王怒，自將繫從周。從周雖大敗，而梁兵擒其子落落，送于魏斬之。其言從周兵敗，梁兵擒落落，甚與碑異。薛《史》則云：「魏遣其子落落率二千騎屯洹水，從周以馬步二千人擊之，殺戮殆盡，擒落落于陣，幷帥號泣而去。」則與碑同。此碑奉勅書撰，斷無冒列功狀，是歐陽史爲失實也。歐陽史所載歷官晉秩亦多疏略，賴有此證之。〔註170〕

　　此碑立於後梁末帝朱友貞之時。畢跋以薛居正《五代史》、歐陽脩《新唐

〔註168〕〔清〕畢沅撰：《中州金石記‧卷三》，《叢書集成初編》，頁70～71。
〔註169〕〔清〕畢沅撰：《中州金石記‧卷三》，《叢書集成初編》，頁75。
〔註170〕〔清〕畢沅撰：《中州金石記‧卷三》，《叢書集成初編》，頁75～76。

書》與碑銘對照，發現碑文錄葛從周率兵打敗晉王之子落落，與《五代史》相同，但與《新唐書》所稱「從周雖大敗，而梁兵擒其子落落」等言不同，發現是歐陽脩失錄。畢沅批評「歐陽史所載歷官晉秩亦多疏略」，正好以此碑銘爲證。

15、《石保興神道碑》

> 大中祥符四年十二月立，楊億撰，尹熙古行書幷篆額，在洛陽石碑室。……《東都事略·保興傳》甚略，而《宋史》甚詳，當据此碑而作。然則金石之傳，其功不小矣。〔註171〕

此碑立於宋眞宗之時。畢跋中提及《東都事略·保興傳》對於石保興此人的記錄很少，可《宋史》詳盡，應是根據此碑石所作。由此可知金石對於史書的補充，「其功不小」。

16、《汝帖》

> 大觀三年八月立，王寀摹，在汝州。帖舊在州治望嵩樓上，四方摹搨者多，有司苦之。明嘉靖間，詔毀天下淫祠，乘此廢去，瘞馬廄中，後復燬于火。……今所存之字，旣楊應奎所鐫，無足取矣，其蹟爲中州石刻。賴有此帖，存其形似，好古者幸無忽之。或荒盧古道，復出于後世，存此以備考證，亦不爲無益云爾。〔註172〕

此碑立於宋徽宗趙佶之時。畢跋中提及《汝帖》於明代燒燬，今日見及之帖是明代楊應奎重鐫，批其「無足取」。不過肯定此碑還是有保存的功勞，因爲起來「形似」，可留個樣貌，以備史書或是後人考證。

17、《常樂寺重修三世佛殿碑》

> 正隆四年四月立，胡礪撰，瞿炳正書，郭源篆額，在武安。碑云：「鼓山南則滏水出焉。上有二石如鼓形。世傳鼓鳴則有兵起。質諸傳記，北齊之末，此鼓常鳴，而齊爲周所倂。隋文帝末年鼓又自鳴，而唐代隨以興。」一名神鉦。按《太平寰宇記》云：「滏陽縣鼓山，亦名滏山。」宋永初《古今山川記》云：「鼓山有石鼓形二所，南北相當。」俗語云：「南鼓北鼓，相去十五里。」；《冀州圖經》云：「鄴城西有石鼓，鼓自鳴卽有兵。」《魏都賦》云：「神鉦迢遞於高巒是也。高齊末鼓鳴，未幾云鄴城有兵而齊滅。隋文季年又鳴聞數

〔註171〕〔清〕畢沅撰：《中州金石記·卷四》，《叢書集成初編》，頁83～84。
〔註172〕〔清〕畢沅撰：《中州金石記·卷四》，《叢書集成初編》，頁98～99。

百里也。」正與碑合。予按鼓山卽《北山經》神囷之山，黃水滽水
出者矣。豈神囷卽以石鼓形似得名，亦《魏都賦》之神鉦，益可證
山經非不稽之談乎。〔註173〕

此碑立於金海陵王之時。碑銘記載有二鼓形石，「世傳鼓鳴則有兵起」。
畢跋考證諸多典籍，包括《太平寰宇記》、《古今山川記》、《冀州圖經》、《魏
都賦》等書，認爲鼓山就是《北山經》的「神囷之山」，進而也證實了《山經》
所記錄的不是「不稽之談」。用文獻考證金石，亦由金石爲文獻作證。

18、《石堂山麻衣道場重建普濟堂碑》

至大二年三月立，朱象先撰幷正書，在内鄉。碑述陳摶隱武當過此
山龍君洞從麻衣叟論易之事。又云：「世傳麻衣心易二十四章，希夷
爲之解。」李壽翁張南軒皆有跋語，而朱文公乃以爲戴師愈贋作而
力辨之。又云：「是書非空言也，實用具焉。」此道士尊崇私說以衒
世之計也。陳摶一隱者耳，世多造作異事以歸之，皆史所無。史惟
載其教种放不娶，遂無子，此其大失。是以吾儒束身名教，不肎爲
瑰異高尚之行，以致流俗附會其事，損傷風化也。〔註174〕

此碑立於元武宗之時。碑銘記載陳摶之事，「世多造作異事以歸之，皆史
所無」，當然以史爲主，但此處畢跋留存，也算可爲後人保留紀錄，以備參考。

（五）文學批評與考正

1、《古槐詩》

皇慶癸丑立，童童撰幷書在滎陽。詩云：「龍幡天矯興雷雨，虎踞離
奇隱鬼神。隆準千年成蟻夢，空餘古樹老滎濱。」後題：「集賢侍讀
學士中奉大夫童童馳驛之河南，道經滎邑觀路傍漢朝老槐感而賦，
此時皇慶元年十一月十九日也。」一百五稱爲雄章傑句，未免譽之
過當。予以爲蟻夢乃唐時故事，今用以說隆準，是猶賦昭君詩用蘭
麝之病與。〔註175〕

此碑立於元仁宗皇慶二年（1313 年）。上有童童撰寫的七言詩一首，以及
題記，說明賦詩者爲童童，其路過此地老槐樹有感，因而寫了此詩。畢沅以

〔註173〕〔清〕畢沅撰：《中州金石記・卷五》，《叢書集成初編》，頁 103～104。
〔註174〕〔清〕畢沅撰：《中州金石記・卷五》，《叢書集成初編》，頁 116。
〔註175〕〔清〕畢沅撰：《中州金石記・卷五》，《叢書集成初編》，頁 118～119。

為，稱此詩是「雄章傑句」，名過其實，而且詩中引用「蟻夢」〔註176〕典故，係用唐代的故事說漢高祖「隆準」之事，好比寫漢元帝王昭君和親的故事，卻用南朝梁才有的「蘭麝」一詞來描繪，相當矛盾。此處展現畢沅對於文學典故的熟稔，其批評有理。

2、《崑崙山長眞譚先生題白骨詩》

> 大定癸卯甲子月立，程發正書，在洛陽。碑上圖，譚道士隨一童，及枯髏委地形，下爲題白骨七詩，詞甚淺俗，後有雲溪菴建，皇甫道淵衆立石。譚先生見《元史‧邱處機傳》云：「處機年十九，爲全眞，學於寧海之崑崙山，與馬鈺、譚處端、劉處元、王處一、郝大通、孫不二同師重陽王眞人。金宋之季，俱遣使來召，不赴。」此即譚處端也。道藏中有譚先生《水雲集》三卷亦，載骷髏落魄歌。
> 〔註177〕

此碑立於金世宗大定二十三年（1183 年）。碑上有圖，畫的是譚處端與童、骷髏，圖下有七詩，畢沅評「詞甚淺俗」。譚處端即元代著名道士邱處機的師兄弟。

3、《重建奉仙觀記》

> 延祐元年五月立，劉大明撰，姜道安正書幷篆額，在內鄉。碑記道人王志固、王道明前後修觀之事，云所謂奉仙觀者，古人不徒名也，而必有以奉其所以爲仙者而取焉，則是時，志乘久已缺略矣。前又述歷代仙眞之名。文甚淺俗。〔註178〕

此碑立於元仁宗延祐元年（1314 年）。碑銘載錄道士王志固與王道明二人相繼修繕奉仙觀的事情。「淺俗」爲畢沅對於詩詞批評的常用詞彙。

（六）補正地志

1、《孝子郭思訓墓志》

> 景雲二年十二月立，正書，在洛陽史家灣王宅。碑云：「弟雍州武功縣尉思謨。」思謨亦有墓志，兄弟俱應孝弟廉讓舉，可想見其家風之美。云遷合于洛陽北部鄉之原，陪葬先塋之壬地。予覽《書傳》，

〔註176〕指唐人淳于棼做夢進入螞蟻國，進而成爲南柯太守，享盡富貴的一生的故事。
　　　　詳見李公佐《南柯太守傳》。
〔註177〕〔清〕畢沅撰：《中州金石記‧卷五》，《叢書集成初編》，頁105。
〔註178〕〔清〕畢沅撰：《中州金石記‧卷五》，《叢書集成初編》，頁119。

洛陽陵墓之盛，甲于他縣。今方志漏略，不能博考，故于墓碣表出之，使後世不至迷失，況二郭孝行尤有可嘉。碑云：「父敬同徙居洛陽，今爲洛陽人。」方志人物亦復不載，何與？後有撰志者，幸按斯碑，補其缺也。〔註179〕

此碑立於唐睿宗李旦之時。碑主是孝子郭思訓，而銘文載錄其弟爲郭思謨，二人皆是「孝弟廉讓」。畢沅以爲「洛陽陵墓之盛，甲于他縣。今方志漏略，不能博考」，幸好有此「墓碣表」，才能補方志之不足，可以說是「幸按斯碑，補其缺也」，同洪亮吉所云：「是知前之勒石，足以訂來刻之譌，昔之吉金，亦可糾近鑄之失。有裨于實學不少也。」〔註180〕

2、《大伾山銘》

此篇畢跋甚長，故分段論之。其一：

建中三年四月立，洪經綸正書，在濬縣。銘云：「登于大伾，帝所經過，頂凸坤儀，根壓洪河，天生忠良，濟物宏多，山靈河神，俾環海戢戈。」後云：「唐建中元年四月廿一日，勑魏博成德幽州等道黜陟使諫議大夫洪經綸題。」按洪經綸，劉昫《唐書》有傳。大伾山當在氾水，此濬縣黎山，唐人誤指爲之也。〔註181〕

此處先引銘文所載，比對《唐書》，認爲大伾山應在是在氾水旁，此處所謂大伾山，實是濬縣黎山。接著其二，畢沅引鄭康成、張揖、酈道元三人之說對比，「大伾當在今氾水縣西北」，是「漢成皋故城之所在也」。跋云：

攷《水經注》引鄭康成注《尚書》大伾云：「地喉也，沇出伾際矣。」然則大伾在河內修武武德之界，濟沇之水，與滎播澤出入自此。《書》正義引張揖云：「成皋縣山也。」《水經注》云：「河水東逕成皋大伾，下伾北卽濟沇之故瀆矣。成皋縣之故城在伾上，縈帶伾阜，絕岸峻周，高四十許丈。」据鄭、張、酈三君之說，則大伾當在今氾水縣西北，漢成皋故城之所在也。山在河南，鄭從河北言之，則云在修武武德之界謂修武東武德西也，武德卽今武陟，亦謂成皋之山，是眞古說。〔註182〕

〔註179〕〔清〕畢沅撰：《中州金石記・卷二》，《叢書集成初編》，頁41。
〔註180〕〔清〕畢沅撰：《中州金石記・後序》，《叢書集成初編》，頁1。
〔註181〕〔清〕畢沅撰：《中州金石記・卷三》，《叢書集成初編》，頁60～61。
〔註182〕〔清〕畢沅撰：《中州金石記・卷三》，《叢書集成初編》，頁61。

其三，則解釋爲何唐人多把「濬縣黎山」視作「大伾山」，跋云：

> 唐人多以爲在濬縣者，本于臣瓚書疏引《漢書音義》，有臣瓚者，以爲修武武德無此山也。成皋縣山又不一成，今黎陽縣山臨河，豈不是大伾乎？瓚言爲然。《括地志》《元和郡縣志》亦從瓚說。〔註183〕

因爲唐人多以「臣瓚」所說爲準，連唐代兩本著名的地理書《括地志》《元和郡縣志》都認同其說。畢沅原本認同「瓚」的說法，跋云：

> 予原瓚意，誤以大伾在河北，而修武武德間無大山，故以濬縣之山當之，不知成皋自有大伾，且山祇一成，本非峻嶺。《水經注》引《爾雅》、許叔重、呂忱等，並以爲一成。惟今本《說文》及僞孔書傳以爲再成。王光祿鳴盛以爲李陽冰輩改從僞孔之謬，正與予意合。

不過後來畢沅發現「瓚」的說法錯誤，而且與王鳴盛持一樣的看法，認爲今本《說文》是李陽冰之流篡改成符合僞孔書傳的說法。畢沅以《水經注》所引及其自身見解，判斷此碑銘與《括地志》、《元和郡縣志》等唐人之說，誤以濬縣黎山爲大伾山。此即洪亮吉所云：

> 又悟乎金石之失，有即可以金石正之者，如大坯之山，《尚書》有洛汭之文，《爾雅》標一成之目，而唐天寶中河北黜陟使碑，以坯爲伾，遂舉黎陽縣南山當之，雖說由臣瓚，而義無左證。何則昔日一成，今乃巖巖之石嶺？昔日洛汭，今乃湯湯之淇？必謂臣瓚之云足據，則周公文命之言未可憑也。惟晉灼《漢書音義》黎陽縣下云：「黎口在其南，河水經其東。」其山上碑云：「縣取山之名，取水之陽以爲名。」固知魏晉以前，無有以黎陽南山爲大坯者矣。〔註184〕

洪氏所謂「金石之失，有即可以金石正之者」，即舉「大坯之山」爲例。並且洪氏以爲，如果一定說「瓚」之說爲是的話，那周公之言也不足爲憑。對於誤把黎山視爲大伾山的說法，應是在魏晉以後。

3、《漁莊記》

> 大德十年閏正月立，陳儼撰，趙孟頫行書，在安陽。碑云：「吾雲卿，總管韓侯之別墅也，去太行東麓三舍洹水界，其下號萬金渠，折北而東抵相十里而近切，東浅百許步即其地也」云云。洹水今名安陽河，萬金渠在安陽西北二十里，源出寶山，經府城西分注東南，溉

〔註183〕同上注。
〔註184〕〔清〕畢沅撰：《中州金石記·後序》，《叢書集成初編》，頁1。

田世傳，魏武所開。又云：「其利可抵萬金故以名也。」予按鄴故多
水利，自西門豹始，隋、唐、宋、元、明，因之其在安陽內，黃湯
陰臨漳武安林縣，涉縣者，至今往往而有守土官，其如何疏濬，裨
益于民，則考古之學通于政事矣。〔註185〕

此碑立於元成宗之時，陳儼撰，趙孟頫行書。畢跋由碑銘中所錄，可知
此處是韓侯的別墅，在萬金渠的附近，說明萬金渠的位置。萬金渠是因為「其
利可抵萬金」而得名。畢沅藉此提及「鄴」地自古以來多水利設施，要如何
「疏濬」，一直是當地官員的重要任務。藉金石以說明考古之學，實與政事息
息相關，不可輕看。

（七）破除迷信

1、《重書龍池石塊記》

開寶四年立，正書，在濟源。碑述漢通容元年大旱，有河內李繼安，
泛湖至君山廟，見朱衣人將書一封，稱達至濟源龍池，擊石必有人
出。此書玉皇勑下濟瀆神行雨。李繼安以書扣石事驗，因有刻石，
而重書之也。考南北兩漢無通容年號，蓋流俗傳說之事，不可徵信，
如此著之碑碣，何其謬與？〔註186〕

此碑立於宋太祖之時，正書。碑銘記錄此碑的來源，是因為在漢代「通
容元年」，李繼安在君山廟看見紅衣人告訴他到將一封信送到龍池，敲敲石
頭，就會有人出來領受，而此封信是玉皇大帝下令雨神下雨的敕令，而李氏
照著做，果然下雨了，因將是事記錄於此。畢沅以為漢代沒有「通容」這個
年號，而且如此荒謬的傳說事，沒有證據值得相信。碑刻上的文字，應當以
真事為準，怎可隨便將真假不分的事情刻於石，實在不妥。

2、《濟瀆靈貺碑》

大德三年四月立，史芝撰，張秉彝正書，高凝題額，在濟源。碑述
劉道真祀瀆，得錦幡尊酒之異。都穆云：「濟瀆東池，俗傳閘能出物
以應人之求，然率始于三月至四月望而止，餘月則否。」蓋春夏之
交，泉脈騰沸，而濟尤勁疾，物隨沸而上，予之遊也，默禱于神，
願出物以彰靈異。道士云：「隆寒，水泉不動，物不能上。」予笑曰：

〔註185〕〔清〕畢沅撰：《中州金石記‧卷五》，《叢書集成初編》，頁114。
〔註186〕〔清〕畢沅撰：《中州金石記‧卷四》，《叢書集成初編》，頁79。

「豈有靈神而畏寒者乎？爾姑爲我禱久之，物竟不能出？道士之言
始信，而世俗所云，皆誕妄也。」〔註187〕

此碑立於元成宗之時，正書。碑銘記錄劉眞人在此祭祀而得錦幡尊酒等
物。引都穆言，說在濟瀆東池，每年三月到四月中，只要誠心禱告，心想事
成。有次畢沅到那遊歷，眞的如此做，卻遲未見其所欲之物出現，道士說明，
是因爲太冷，泉水動不了，所以東西上不來。畢沅覺得實在荒謬，那根本是
因爲泉水的自然反應。如果道士的話是眞的，那世上所有人，就都是假的。
以反諷語氣，斥責這根本是無稽之談。由此可知，畢沅對於諸多事物，還是
要有根據足以證明，他才相信。考據家之性格，由此可見。

（八）惜物與其他

1、《伊闕佛龕記》

貞觀十五年十一月刻，岑文本撰，褚遂良正書，篆額，在洛陽伊
闕。……予以丙午秋日，閱視兵伍，因過伊闕山，訪賓陽洞，見泰
所造三龕佛像，大五六丈，其伊闕夾水兩岸石龕，佛象數百，皆後
魏及唐世所鑿也。龕之旁側，往往有刻字，惜不能徧窮其勝。因憶
《水經注》稱闕。左壁有石銘云：「黃初四年六月二十四日辛巳，大
出水，舉高四丈五尺。」右壁又有石銘云：「永康五年，河南府君循
大禹之軌，部督郵辛曜、新城令王琨、部監作掾董猗、李袞，斬岸
開石，平通伊闕。」石文尚存也。疑此刻磨崖，不致失墜，好古之
士訪之，當或能見焉，故附識于此。〔註188〕

此碑立於唐太宗之時，正書。畢跋稱此記是其於乾隆五十一年（1786年）
秋天，帶兵經過伊闕山，正巧探訪賓陽洞所見石龕與數百佛象。畢沅對佛龕
旁之刻字很有興趣，但無法看完整。因爲此石刻是刻於岩壁上，所以才能保
存至今，也許某天有些與畢氏相同的「好古之士」經過，也許可以看得仔細，
所以畢沅才寫了此記，當作記錄。由此可看出畢沅對於此類碑刻，愛護有加，
尤其上頭的文字，更是令他愛不釋手。

2、《碑陰》

陰記，耕者于紀公墓側得一古石，其螭首及兩側龍距文，詢之故老，

〔註187〕〔清〕畢沅撰：《中州金石記·卷五》，《叢書集成初編》，頁113。
〔註188〕〔清〕畢沅撰：《中州金石記·卷二》，《叢書集成初編》，頁27～28。

莫究年代，遂樹之于墓，刊勒斯碑云云。今碑額螭文宛然，即其石
也，事甚奇異，後人庶保護之。〔註189〕

此碑是《紀信墓碑》的碑背，立於武則天之時。碑上記錄當時有位農夫
在紀信墳墓旁見到一塊古石，上有「螭」〔註190〕首與龍紋，連當地的耆老也
不知由來，所以才放在墓旁。畢沅以爲那塊古石，就是今日紀信之墓碑，而
如此傳奇的故事，也就仰賴後人繼續保護，由此展現了畢沅惜物、愛物之心。

3、《陁羅尼經殘字》

正書，在洛陽。今爲明隆慶時趙岩刊伊闕二大字于上，其文尚隱隱
可辨，後有願捨女身得成男子云云，餘惜摩滅。明人之不好古，往
往如此。予前撫關中，因護送川兵過九嵏山，見一碑有宋吳說書，
諦視之，猶得數十字，而亦爲明人刻上《九嵏山絕句詩》一首于碑。
吳說固以游絲書有重名，予惜之，當與此經殘字裝背成帙也。〔註191〕

此碑立於唐代，正書。上有明穆宗時趙岩書「伊闕」於上，還有一些銘
文寫「有願捨女身得成男子」等等，其他銘文皆無法辨識。畢沅對於趙岩的
行爲非常不滿，批評「明人之不好古，往往如此」，對於碑石的破壞很大。又
舉一例，其從前在關中時，有次經過九嵏山，見到有宋代吳說所書的碑石，
一樣被明代人刻上一詩。二碑皆受到明人不尊重古物、惡意的對待，所以畢
沅覺得可惜，就將此殘字碑與吳說碑合放收藏。此亦展現了畢沅惜物之心。

4、《朗然子詩》

天德二年正月立，劉希岳撰，王琳正書，在洛陽棲霞莊。朗然子即
劉希岳，字望嵩，章水舉人，棄儒入道。……予覽金石之例，凡爲
道家作志，銘于其卒也，必曰白日昇天，或曰蛻去，猶爲釋氏立詞
曰圓寂、曰涅盤之類，即儒家稱卒與終耳。後世不解讀其碑，則以
爲仙也。《晉書》稱葛稚川，吳時學道得仙，亦史家誤會碑碣之文歟。
〔註192〕

此碑立於金代海陵王完顏亮之時，劉希岳撰文，王琳正書。撰文者劉希

〔註189〕　〔清〕畢沅撰：《中州金石記·卷二》，《叢書集成初編》，頁40。

〔註190〕　《說文解字·虫部》：「螭，若龍而黃，北方謂之地螻……或云無角曰螭。」
　　　　　即一種古代傳說中的動物。外形似龍而無角。

〔註191〕　「游絲書」是吳說創造的一種書體，因爲連綿不絕，狀若遊絲而得名。〔清〕
　　　　　畢沅撰：《中州金石記·卷三》，《叢書集成初編》，頁75。

〔註192〕　〔清〕畢沅撰：《中州金石記·卷五》，《叢書集成初編》，頁103。

岳就是「朗然子」。畢沅此處展現他對金石的觀察，只要提到「死亡」，道家稱作「白日昇天」、「蛻去」，佛家稱「圓寂」、「涅盤」，儒家則稱「卒」、「終」，但後世往往不明此例，而以爲是眞的成爲神仙。並舉《晉書》提到「葛稚川」成仙之事，亦是誤將「葛稚川」之死視爲「成仙」。

（九）特別種類

全書所收金石，九成五以上皆爲碑刻，有少數幾個較特別的物品，如下：

1、《永康鏡銘》

> 永康元年正月，篆書，乾隆五十一年正月得在開封市上。鏡畫佛像甚工致，字在方格中，凡四字文云：「永康元年正月丙午，黃白作竟，幽涷三商。明如日月，買者富昌。□高作官，立至公侯。天王日月，上有東父。式西王母，宜吉孫子。以立爲位，金石常語。孫作市，蓋子字之意。」鏡徑七寸，藏于家。〔註193〕

此鏡爲西晉惠帝時物，係畢沅於乾隆五十一年（1786 年）在開封的市集上買到。鏡上有畫佛象，還有幾行的四字文。畢跋大抵記錄物品樣貌與其收藏過程。鏡銘爲較少見之古物。

2、《鏡銘》

> 太康元年造，篆書，儀封河上所出。鏡字摩滅，惟年號及宜子等數字可辨，今藏黃通守易家。〔註194〕

此鏡爲西晉武帝時物，係出於儀封河上。畢跋說明上頭文字幾已不識，僅有幾字可辨。是黃易的收藏物。

3、《元刻比干銅盤銘》

> 延祐五年正月，摹篆書，在汲縣墓上。薛尚功《鐘鼎款識》云「唐開元中偃師縣土人耕地得此盤，篆文甚奇古。」張邦基《墨莊漫錄》又云「政和閒求三代鼎彝器，遣人于鳳翔府破商比干墓，得銅盤徑二尺餘，中有款識一十六字。」按諸書傳，比干墓在汲縣，而《太平寰宇記》云：「偃師縣比干墓在縣西北一十五里。」疑已譌傳。鳳翔之墓，尤謬其文，頗似〈李斯傳〉國璽縣密茂美，當是秦漢人所爲，亦必非商物也。童鈺稱舊《偃師志》云：「何比干，汝陰人，漢

〔註193〕〔清〕畢沅撰：《中州金石記・卷一》，《叢書集成初編》，頁 7～8。
〔註194〕〔清〕畢沅撰：《中州金石記・卷一》，《叢書集成初編》，頁 10。

武時廷尉，墓中以銅盤爲誌，出于唐開元中。後傳自汝帖。延祐閒，

衛輝路學正王公説摹石，推官張淑記之。明萬曆十五年，周思宸又

重摹上石，皆在汲縣。」〔註195〕

此爲元仁宗之時物。畢跋引《鐘鼎款識》、《墨莊漫錄》，先證明比干墓在應在汲縣，《太平寰宇記》爲訛傳，後引《偃師志》，說明此銅盤之比干並非殷商比干，乃是漢代何比干。其實畢沅對於殷商比干頗具崇敬之心，其有《比干墓》一詩：

眼見朝歌滅，羞爲白馬賓。銅盤碧血冷，石闕泰書泯。

刀鋸尊前輩，心肝奉一人。至今黃土嶺，夜雨有飛燐。〔註196〕

詩後小字注：「近有人得墓中銅盤，銘辭甚古。石闕相傳孔子書」，意即雖然此銅盤並非殷比干之物，但畢沅會作此詩，乃與此銅盤有關，因物起興。

4、《淮源廟鐵獅子識》

天歷二年二月刻，行書，在桐柏。題云：唐州□卿□□爐□況文炳

□發虔心，於桐柏山淮瀆廟內，鑄造獅子一隻。□充鎮□，大元天

歷二年二月。〔註197〕

「天歷」元文宗年號，後元明宗重覆使用，所以是文宗或明宗無法確定，但可知是元代時物。此物是在河南省桐柏縣淮源廟外的鐵獅子。

除上述介紹之古鏡、銅盤、鐵獅子外，書中還錄有「鑄鼎」，如《軒轅鑄鼎原銘》與其碑陰〔註198〕；也有「鐵鐘」，如《淮源廟鐵鐘識》〔註199〕，古物種類豐富。

四、學術價值

（一）以金石考證歷史

在內容述論中已提及，金石可與史傳相對考證，如卷二之《昇仙太子碑》，以《新》、《舊唐書》與《通鑑》糾正碑銘誤處；卷三之《彭王傅徐浩神道碑》，以碑銘補《舊唐書》、《新唐書》所未載「浩趨行在之事」；卷三之

〔註195〕　〔清〕畢沅撰：《中州金石記‧卷五》，《叢書集成初編》，頁121。

〔註196〕　〔清〕畢沅等撰；楊焄點校：《畢沅詩集‧樂游聯唱集》，《乾嘉詩文名家叢刊》，頁872。

〔註197〕　〔清〕畢沅撰：《中州金石記‧卷五》，《叢書集成初編》，頁122～123。

〔註198〕　〔清〕畢沅撰：《中州金石記‧卷三》，《叢書集成初編》，頁64～65。

〔註199〕　〔清〕畢沅撰：《中州金石記‧卷四》，《叢書集成初編》，頁88。

《右僕射高元裕神道碑》，以碑銘更正〈宰相世系表〉之誤字，並補「高元裕」官爵事。

要將金石文字所錄之史，與史傳相對，往往需要極多的時間與專注力，往返再三才能知道何者為真，何者有誤。洪亮吉校勘《姜纂為亡息元略造象記》即云：

> 大統元年太歲乙酉九月庚辰朔，而知北齊後主之編干支亦誤，未嘗不申紙百回，求其墮義，面壁竟日，取悟一隅，儔類以此而疏，寒暑因之而變也。〔註200〕

洪氏由碑銘而知北齊後主所編干支有誤，為其此解，不知費了多少時間，思考多日才得。此類價值珍貴，得來不易。

（二）成為後書之典範

《中州金石記》與《關中金石記》體例大抵相同，二書皆為《山左金石志》編纂時最佳範本。後出之各地方金石志，也許體例上未直接說明仿自二書，但必定為是參考對象，有益處則學習，無益則刪改。

（三）中州金石之寶庫

《中州金石記》共收錄河南相近地區之三百三十八個金石相關碑文記錄，對於中州之金石保存頗有貢獻，貢獻不僅在於為此類金石編目，更在於由此類金石，擴而論及其他學問，不論史學、文學、地理學，甚至是一些奇聞怪談，雖會斥為無稽，但留下紀錄，他日可資為地方傳說或文學寫作的素材，對於金石的價值發揮得透澈。

（四）維護字樣之用心

畢沅看重碑文的正統與代表性，也尊敬《說文》，認為凡是具有重要性或是代表性之載體，其用字皆須符合正字，如經典、碑石。其正字以《說文》為尊。在《中州金石記》中，多次將碑銘之別字、假借字等提出，以明此類用字不應見於碑刻文字中，因為不符六書——六書即《說文》中重要的文字學概念，既是造字之法，亦是用字之法——不同六書，即違背造字初衷。諸多書碑者，乃是當代甚至整個中國書學史中著名書家，他們懂得篆書，懂得書藝，但卻書寫出不合六書之字，這讓畢沅非常不能接受，充滿感慨，足見其時人對於文字使用，並非人人皆重視正字，所以他才要一再疾呼。

〔註200〕〔清〕畢沅撰：《中州金石記‧後序》，《叢書集成初編》，頁2。

（五）眾人用心之成果

不可否認的是，一本好書，著實需要許多人的幫忙，畢沅領銜，率領其諸多幕賓撰寫此書，當中包括洪亮吉、武億、黃易、馮敏昌等人，從蒐羅金石開始，將自身找到的金石、古物以墨拓本，或是直接撰寫跋語。除幕賓外，包括協助金石重見天日之工人，剔除金石鏽痕或苔跡、泥土等工匠，在在皆為金石學之幫手，此書亦然，所以《中州金石記》當是眾人用心之成果。

（六）提升碑石之價值

畢沅曾云：「予嘗論學書之法，臨帖不如臨碑」，此見解已於前《昇仙太子碑》處論及，簡言畢沅的看法，就是碑較能保留原本的樣貌，且保存較久，而帖則容易失真，保存不易，所以畢沅重碑。乾嘉時重帖之風盛於碑，所以包括畢沅、阮元等人，才會提倡重帖，藉此提高碑石的價值。

（七）書學品評之展現

碑石文字，往往是書家先書，再由刻工鐫刻，所以對於金石文字的鑑賞，其實也是書學品評的展現，如卷一東魏《太公呂望碑》，畢沅評「書法方正，筆力透露」；卷一隋代《杜乾緒等造石像記》，畢沅評「古雅可愛」；卷二唐代《王元宗臨終口授銘》，畢沅評「端雅可玩」。諸如此類不少，可資研究該碑，或是當代書學者參考。

第四節　《秦漢瓦當圖》析論

清代有許多出土的新材料，除了金石材料外，順應著乾嘉時期考據學的大盛，對於瓦當的研究也就愈來愈多，愈趨專業化，一時研究之作蔚起，專著包括林佶《漢甘泉宮瓦記》一卷，論及林氏之兄長林侗於陝西石門山中所得之瓦，今人仍藏之，且有許多拓本流傳；朱楓輯錄《秦漢瓦當圖記》四卷，是朱氏在關中所得之瓦當三十多種；程敦《秦漢瓦當文字》兩卷及續編一卷，內有瓦當一百三十九項；陳廣甯《漢宮瓦當》一卷、錢坫《漢瓦圖錄》四卷、王福田《竹里秦漢瓦當文存》等書。此外，端方《陶齋藏瓦記》、陸增祥《八瓊室金石補正》、羅振玉《秦漢瓦當文字》等，亦著錄部分瓦當，尤其羅氏之著，更是清代瓦當研究的總匯者。關於瓦當研究，畢沅編著有《秦漢瓦當圖》一書，不分卷，未見於《經訓堂叢書》，今日所見傳本，乃清末自日本傳回。以下先概述瓦當名義、簡史，再析論畢書之輯錄緣由、內容、特色與價值。

一、「瓦當」概述

瓦當，簡言之係指排放在成疊瓦片末端用來擋住瓦片的瓦，有圓形與半圓形之分，多有文字或圖案，其功用除裝飾外，還可趨吉避凶，所以上方的文字，多是吉祥話。瓦當，今雖合稱，但於古有別，錢泳云：

> 瓦當者，宋李好文《長安圖志》謂之瓦頭，蓋屋瓦皆仰；當兩仰瓦之
> 際，為半規之瓦以覆之，俗謂筒瓦是也。云當者，以瓦文中有蘭池宮
> 當、宗正官當、宜富貴當、八風壽存當，是秦、漢時本名。〔註201〕

以錢氏之說，瓦是瓦頭，即俗稱「筒瓦」，也就是半圓瓦，而當，則是指上有文字的瓦當，是秦、漢之際慣用的稱呼。的確，細究「瓦當」之名，有稱作「瓦」者，如：〈都司空瓦〉；稱作「當」者，如：〈宗正宮當〉；稱作「瓦當」者，如：〈青衣瓦當〉；稱作「當瓦」者，如：〈冢倉當瓦〉等等。瓦，《說文·瓦部》：「瓦，土器已燒之總名。象形也。凡瓦之屬皆从瓦。」〔註202〕段玉裁注曰：「凡土器，未燒之素者皆謂之坯，已燒著皆謂之瓦。」瓦，就是「用陶土燒製成的器物名」。「當」，《昭明文選·班固·西都賦》：「裁金璧以飾璫。」，韋昭注云：「裁金璧以為檼頭。」，檼即屋橑，檐頭也就是屋檐的出口。又《昭明文選·司馬相如·子虛賦》：「華榱璧璫，輦道纚屬。」，郭璞注引韋昭云：「裁玉為璧，以當榱頭也。」張銑亦注云：「璧璫，以璧飾榱首也。」據上述可知，當字即「擋」之義，為「擋」之初文，有阻擋的意思，也可解作「底也」〔註203〕，意即，瓦當應放置在檼的底部以遮擋瓦片。畢沅云：「瓦當之制，權輿秦漢，相如所稱璧璫，班固所謂金飾是也。」〔註204〕其以為瓦當就是璧璫，是屋橑的裝飾。

漢代是瓦當發展的重要階段，瓦當開始有文字裝飾，反映文字瓦當在當時漸漸流行，以文字裝飾的功能愈加強盛。瓦當文字多以小篆書寫，隸書次之，且瓦當也會因為裝飾在不同的建築物，因之變化風格。何以小篆為主？因為在漢代，通行的字體是隸書，漢字由小篆至隸書的過程中，因為隸變，使文字由圖象轉為線條，對於圖象的創造影響較強，局限較多，而小篆因為

〔註201〕〔清〕錢泳著；孟裴校點：《履園叢話》，頁25～26。
〔註202〕〔東漢〕許慎撰、〔清〕段玉裁注：《圈點說文解字》（臺北：萬卷樓圖書公司，1997年8月），頁644。
〔註203〕〔清〕錢泳著；孟裴校點：《履園叢話》，頁26。
〔註204〕〔清〕畢沅等撰：《秦漢瓦當圖》，《石刻史料新編·第四輯》第10冊（臺北：新文豐出版公司，2006年7月），頁697。

結構點畫的可塑性較大，且在當時並非通用的字體，因此其書寫的揮灑空間大得許多，有助於文字藝術的發展。瓦當文字在形式上不僅可以直截表達意思，文字的樣貌本身也是很好的裝飾，因此，瓦當文字的裝飾力愈加強大，亦愈加實用。文字瓦當的創作者，運用他們無限的想像與創作力，用文字、圖象、紋飾等方式達到裝飾藝術的目的，美化瓦當，也美化了建築，尤其是運用千姿百態的瓦當文字，產生豐富萬千的風格，是圖象藝術的寶庫，也是工藝成就高超的代表。

　　最早的瓦當始於西周，多是半圓形。戰國時，瓦當有素面、花紋或文字幾類，也因風俗不同，各地的花紋不一，皆有其特色，像齊國有樹形紋，燕國則是饕餮紋，秦有雲紋、樹紋等。到了戰國晚期，出現圓瓦當，包括上有鹿紋、鳥紋、葵花紋，或是雲紋的圓瓦當。西漢時，以捲雲紋的圓瓦當最常見。

　　瓦當的樣式，一般來說是以十字的雙線欄格將瓦面分為四塊，中心點是一圓紐，上頭的文字，常見的有「萬歲」、「長生未央」、「長樂未央」、「與天無極」等吉祥話，也有些是官署、宮室專用的瓦當，便會以「蘭池」、「騀盪」、「黃山宮」的文字表示其專用地，甚至連倉、關、陵寢等處，也有其專用瓦當。一般來說，文字少者一字，多者十字上下。東漢的文字瓦當較西漢時少得許多。

　　魏晉南北朝仍是圓瓦當，花紋主要是雲紋。到了西晉，雲紋瓦當外有一圈鋸齒紋，而文字瓦當的數量大幅減少，文字的書體隸、楷皆有，包含紀年、月、日外，還有「保子宜孫」等吉祥話。到了北朝，瓦當的雲紋趨於簡化，一面畫為九格，文字的排列順序是上下左右，或上下右左，與漢代順時針的順序不同。南北朝時，受佛教逐漸興盛的影響，瓦當的花紋開始有出現蓮花紋、忍冬紋等，並出現獸面的瓦當。

　　隋唐到五代，蓮花紋變成當時最常見的瓦當紋飾。早期，蓮花瓣多是雙瓣、凸起，晚期，則單瓣且漸漸低平。在五代到宋初之際，蓮瓣紋又變成長條狀，與菊花十分類似。文字瓦當到此時幾乎絕迹。

　　宋代時，獸面瓦當為較常見的紋路，傳承至元、明、清。宋、元的紋理較繁複，明、清時一般較簡略，比較特別的是宮殿會用蟠龍紋。

　　瓦當上有文字、紋路等不同的樣貌，很早就成為藝術家或是金石學家的研究對象，是研究陶藝、書體、雕塑、建築、文字、考古等方面的重要材料，

尤其在考古學中，瓦當是判斷年代的重要依據。

對於瓦當的種類，松崎慊堂〔註205〕〈秦漢瓦當圖引〉〔註206〕云：

> 凡瓦蒙屋脊曰甍。屋脊，棟也。鎮棟兩端曰獸瓦，又曰鴟吻。灣中
> 而仰其兩邊，駢比鱗次覆其屋，曰版瓦，又謂之瓪；瓪之覆檐際而
> 鄰階砌，曰階瓦，又謂之瓵；狀如半筩，覆版瓦之兩邊而下，曰筩
> 瓦，又謂之瓶；瓶之垂檐際，而一端形圓有文者，曰瓦當。〔註207〕

由此可知瓦可分六類，一是「甍」，蓋在房屋的正梁上；二是「獸瓦」，蓋在
正梁的兩側，又叫「鴟吻」；三是「版瓦」，從中間向兩邊蓋在屋上，又叫「瓪」；
四是「階瓦」，是沿著屋簷一階階蓋下，又叫「瓵」；五是「筩瓦」，蓋在版
瓦兩側，又叫「瓶」；六是「瓦當」，蓋在屋簷邊緣且上面有文字的。松崎氏
分得相當仔細，且定義「瓦當」為上有文字的才算是。松崎氏以為「瓦當」
必須在屋簷之「端」，也就是兩頭，其云：「衣有裌襠，謂一當胷，一當背也。
知裌襠之當胷背，則知瓦當之當檐端也。」〔註208〕用背心之「裌襠」來對
比建築之「瓦當」，「其說愈出愈奇」〔註209〕，是個特別的說法。

二、輯錄緣由

瓦當是古代建築的構成要件，在秦漢時，建築大量使用圓形瓦當，內容
以青龍、白虎、朱雀、玄武等神獸居多，亦有文字瓦當，內容多樣，其文字
的種類有題名、記事、紀念、吉祥等。瓦當雖然曾經大量流行，但也曾無人
知曉。錢泳云：

> 按瓦當之文，歐、趙、洪氏俱不載，蓋當時人猶未之見。逮元祐六
> 年，寶雞縣民權氏浚池，得古瓦，文曰：「羽陽千歲」，其事載王辟
> 之《澠水燕談錄》。又黃伯思《東觀餘論》亦載有「益延壽」三字瓦。

〔註205〕松崎慊堂（1771～1844），日本肥後人，朱子學者。出生農家，十五歲往江戶，
入昌平阪學堂，師從林述齋，後以博學和善於考證而聞名。曾任遠江掛川藩
儒官，在「蠻社之獄」時為解救弟子渡邊華山而盡力。詳參成春有、汪捷主
編：《日本歷史文化詞典》（南京：南京大學出版社，2010 年 3 月），頁 367。

〔註206〕此文作於日本天保九年，即道光十八年、西元 1838 年。

〔註207〕〔清〕畢沅等撰：《秦漢瓦當圖》，《石刻史料新編·第四輯》第 10 冊，頁 709
～710。

〔註208〕同上注。

〔註209〕此出卷菱湖後跋文，見〔清〕畢沅等撰：《秦漢瓦當圖》，《石刻史料新編·第
四輯》第 10 冊，頁 710。

自是而後，闃無聞焉。〔註210〕

宋代金石學興起，大家歐陽脩、趙明誠、洪适等人卻未著錄瓦當之文，錢泳以為是當時人沒見著，直到「元祐六年」（1091 年），才被權氏在挖池時所發現，但發現的瓦不多，研究的人自然就少，直到清朝時才又逐漸興起，錢泳又云：

> 國朝康熙間，侯官林佶人得有長生未央瓦。一時名士俱有詩，見於王阮亭、朱竹集中。乾隆初年，浙人有朱楓者，以其子官關中，又得瓦當之有文者三十餘種，因作《秦漢瓦圖記》。〔註211〕

自康熙年間，開始有文人為瓦當文字作詩，到了乾隆時，朱楓更從其子那得到文字瓦當三十多種，因而撰寫《秦漢瓦圖記》。朱楓能撰此書，乃因其子在「關中」為官，因為關中自古以來便是許多朝代的立都之地，畢沅開始收集瓦當，亦是其自陝西上任後，才開始的，錢泳云：

> 至四十八、九年間，鎮洋畢秋帆先生為陝西巡撫，嘗著《關中金石記》，采瓦當文字十餘種入記中。幕府諸客，如張舍人塤、宋孝廉葆醇、趙文學魏、錢別駕坫、俞太學肇修所獲瓦當最多。後青浦王蘭泉先生為陝西廉訪，亦獲廿餘種。而海內通博之士依兩公以遊者，歲不乏人，亦往往獲瓦以去。〔註212〕

畢沅在乾隆三十八年（1773 年）上任陝西巡撫，直至五十年（1785 年）離開，在任期間收集許多當地的金石，撰成《關中金石記》，書中亦有著錄部分的文字瓦當。除畢沅本身，門下幕賓們張塤、宋葆醇、趙魏、錢坫、俞肇修等人亦有收藏許多瓦當。此外，王蘭泉後來擔任陝西廉訪〔註213〕時，亦得到廿多種的瓦當，也就是說，在陝西當地的瓦當數量眾多，愛好古物的文人雅士們，多少都會蒐藏一些。《關中金石記》有兩處「瓦當字」，一是秦代，二是漢代。第一云：

> 一曰衛，二曰蘭池宮當。《長安志》又有楚字瓦，云：「秦作六國宮室於咸陽北坂，用國號別之。」考當時衛最後亡，此瓦應即其時造也。蘭池宮遺址，今亦在咸陽。〔註214〕

〔註210〕〔清〕錢泳著；孟裴校點：《履園叢話》，頁 26。
〔註211〕同上註。
〔註212〕同上註。
〔註213〕廉訪，職官名，為清代按察使的通稱，掌刑名按劾之事，乃一省的司法長官。
〔註214〕〔清〕畢沅撰：《關中金石記·卷一》，《叢書集成初編》，頁 2。

此處收錄兩個瓦當，一是「衛」，二是「蘭池宮當」，並舉書證及遺址，考證此二瓦應屬秦代之瓦。第二云：

> 右共十五種，並篆書，一曰延年益壽，二曰千秋萬歲，三曰長生未央，四曰長生無極，五曰長樂未央，六曰與天無極，七曰億年無疆，八曰益壽存富，九曰都司空瓦，十曰宗正官當，十一曰右空，十二曰上林，十三曰上林農官，十四曰永奉無疆，十五曰長毋相忘。李好文《長安志圖說》載有七種，今無儲胥未央、萬壽無疆二種，而別出者又得九種，可見古物之未經前人見者猶多也。宗正宮，高帝七年二月置。〔註215〕

以上計有十五瓦，文字皆為篆書。畢沅將此十五瓦與《長安志圖說》相較，發現這些古物大多「未經前人見者」，足見此類瓦當甚是珍貴。此二處記載共有十七種瓦當，除「益壽存富」一當未見於《秦漢瓦當圖》外，其餘皆錄。

在《秦漢瓦當圖》中，畢沅云：

> 書宋賢復未窺其蹟，向余廉訪西安，同人多尊古。本兔葵燕麥，足有必經《金薤琳琅》，目多未睹。瓦當之制，權輿秦漢，相如所稱璧璫，班固所謂金飾是也。玉椽之說，唐人既臆釋其文，西京之近，復摹為屏幛，繫以贊詞。凡班馬所稱，歐劉所異，英不列諸戶牖，是足補《說文》之遺。世有子雲，當不蒙覆瓿之議也。夫乾隆辛亥吉月既望，纕蘅畢沅偶書。〔註216〕

此段文字說明八個重點：（一）畢沅認為自己常提及宋代聖賢，卻未能看到他們的真蹟，甚是可惜；（二）畢沅到任西安之後，那些與他共事的人多敬古；（三）西安當地荒涼，但也因此有許多古物，多見於《金薤琳琅》〔註217〕一書，不過無法親眼目睹；（四）畢沅以為「瓦當」萌芽自秦漢，也就是司馬相如說的「璧璫」，班固說的「金飾」；（五）唐人對於瓦當上的文字常是隨意解說，並且常以瓦當字作為屏幛上的裝飾；（六）對於這些文字，畢沅會先比較《史記》、《漢書》、歐陽脩、劉敞等說法，覺得有疑的地方，就不放在門窗之上作裝飾，且這些文字，正好可以補充《說文》之失收；（七）

〔註215〕 〔清〕畢沅撰：《關中金石記・卷一》，《叢書集成初編》，頁6。
〔註216〕 〔清〕畢沅等撰：《秦漢瓦當圖》，《石刻史料新編・第四輯》第10冊，頁697～698。
〔註217〕 《金薤琳琅》二十卷，明代都穆著。該書仿《隸釋》體例，收錄諸多金石文字，編次辨證。

畢沅此處引用「揚子雲」作《太玄》的典故〔註 218〕，說明自己不會讓此書
變成蓋醬缸的無用之書；（八）說明做此文的時間在乾隆五十六年（1791 年）
的某月十六日。

　　是故，由以上可以推測此書當是在畢沅於陝西巡撫任上便已開始輯纂，
因著地利之便，到湖北總督任上，方才逐漸完成，而且他對於此書是有很高
的期望，希冀自己能夠補強《說文》，亦能成就一番事業。前文曾述及瓦有
許多種類，但畢沅專對「瓦當」一類獨愛？松崎慊堂云：

　　　繼薇氏之圖，何不遍及甍、瓹、甑、甊，而獨錄瓦當也？取其文也。

　　　故曰：言之無文，其行不遠，瓦之有文，猶能經千載而不泯滅，況

　　　於人之有斯文者乎？館君之表此圖，而傳於世，其得已乎哉。〔註 219〕

就是瓦當上的文字，讓畢沅因此對瓦當愛不釋手，因為文字能流傳千年，人
亦是相同，能藉由文字而留名千古。由畢沅蒐藏瓦當一事來看，其於文字學，
確有其獨特眼光，更是一種了不起的雅癖〔註 220〕。

三、內容述論

（一）傳本述介

　　今日所見傳本，書前有「𡩡」、「𣶏」、「𠤪」、「𤲬」、「𡇈」五字篆
字書名，係「覃溪翁方綱」所書，並有「翁方綱」〔註 221〕、「少宗伯章」
〔註 222〕、「晉觀堂」〔註 223〕三個朱印，而後有畢沅以隸書撰之前敘，署「繼
薇畢沅偶書」〔註 224〕。次有日本人「綾瀨龜田」將《秦漢瓦當圖》付梓的

〔註 218〕漢代揚雄認為經典中最重要的是《易經》，所以做了一本體例類似《易經》的
　　　　書——《太玄》，想要成名。是書為揚雄對於哲學與宇宙的探究，以天地人三
　　　　方關係為主。大儒劉歆看《太玄》後，便告訴揚雄，天下人連《易經》都還
　　　　弄不懂，又要怎麼了解他的書，恐怕以後只能拿來蓋醬缸。參《漢書·卷八
　　　　七·揚雄傳》。
〔註 219〕〔清〕畢沅等撰：《秦漢瓦當圖》，《石刻史料新編·第四輯》第 10 冊，頁 710。
〔註 220〕卷菱湖推測畢秋帆是用賛辭，併裝題跋，拿來裝飾屏風。詳見同上注。
〔註 221〕翁方綱，字忠敘，號覃溪，晚號蘇齋，順天府大興縣（今北京）人。乾隆十
　　　　七年（1752 年）進士，選庶吉士，授編修。擢司業，累至內閣學士。八十六
　　　　歲卒。清代文學家、書法家、金石學家。見《清史稿·卷四百八十五》。
〔註 222〕少宗伯即禮部侍郎，翁方綱曾於乾隆五十四年（1789 年）至六十年（1795
　　　　年）擔任內閣學士兼禮部侍郎，此即翁之印。
〔註 223〕晉觀堂為翁方綱之室別名，此即翁之印。
〔註 224〕〔清〕畢沅等撰：《秦漢瓦當圖》，《石刻史料新編·第四輯》第 10 冊，頁 698。

序文，由「中澤卿」書之。再次還有同是日本人的「井鳴子崔」撰序，由「大野善」書之。第四篇序文則是由日本著名書家卷菱湖之兄長撰，寫明其兄長得到《秦漢瓦當圖》的始末，此序由其侄「傴」書寫並刊刻，序後有「光緒甲申陳明遠得于日本使屛」〔註225〕之記。由以上四篇序文可知，最早《秦漢瓦當圖》係由畢沅編輯成書，爲之撰敘，並流傳到日本，經由綾瀨龜田、井鳴子崔、卷菱湖之兄長等人傳遞、刊刻，而廣爲流傳，在中國則不見傳本，幸由陳明遠在光緒甲申年（即光緒十年、西元 1884 年、日本明治十七年）出使於日本時得到並帶回，因而今日幸可見之。

在幾篇敘文後，可見每一瓦當朱印拓片，下有隸書之二十四字，每四字一句，分作六句之說解。全書共收有四十片瓦當。在圖後，有日本人「松崎慊堂」寫之〈秦漢瓦當圖引〉一文，係由卷菱湖〔註226〕所書。全書後有一跋，題爲「蕭遠堂主人」所寫。此跋介紹整個《秦漢瓦當圖》所收錄之拓片名稱，並講解關於畢沅編纂此書的目的及其何以得到此書，還分析「瓦當」名義之說法，記下以供後人參考。

（二）瓦當析論

《秦漢瓦當圖》中共有四十片瓦當拓片及說解，以下先摘畢沅贊詞，再分析其內容，並將其花紋、文字等製成表，以資參校，如下：

01、衛

> 六國既滅，咸來于秦。寫仿宮室，蔣蔣渭濱。有楚有衛，聞見同琛。

〔註227〕

圓形，一字「衛」置中，篆書，外一圈網紋，爲宮殿用瓦，亦見於《關中金石記》。畢沅「考當時衛最後亡，此瓦應即其時造也」〔註228〕，以爲是秦國統一天下後，仿建六國宮室於咸陽北方的山、渭水旁，並各以其國號命名，這就是用在那裡房舍的瓦當。除了衛字瓦當外，還有楚字瓦當等。中間的衛字篆書字體疏朗，兩側筆畫內斂，整體姿態圓潤，頗具篆書特色。出土於西安。錢泳云：

〔註225〕〔清〕畢沅等撰：《秦漢瓦當圖》，《石刻史料新編·第四輯》第 10 冊，頁 699。

〔註226〕卷菱湖（1777～1843 年 5 月 6 日），名大任、起巖、菱湖、別號弘齋、蕭遠堂主人。日本江戶時代後期的書學家，日文名「まきりょうこ」。

〔註227〕蔣蔣，音腔腔，狀聲詞，擬水流衝激山石聲。〔清〕畢沅等撰：《秦漢瓦當圖》，《石刻史料新編·第四輯》第 10 冊，頁 699。

〔註228〕〔清〕畢沅撰：《關中金石記·卷一》，《叢書集成初編》，頁 2。

此瓦晉齋、獻之皆有之，俱得自漢城。《長安志》云：「又有作楚字者。秦作六國宮室，用其國號以別之也。」彝齋謂《漢百官表》有衛尉，掌宮門衛屯兵，當爲衛尉寺并宮內周垣下區廬瓦也。〔註229〕晉齋是趙魏〔註230〕，獻之是錢坫〔註231〕，彝齋是程恩澤〔註232〕。據錢泳所說，趙魏、錢坫亦有此瓦。程恩澤據《漢書》以爲此瓦應是漢官「衛尉」之官署用瓦，與畢沅說法不同。

02、狼干萬延

狼池之干，萬延之觀。遺文可索，奧義特刊。我來西陂，田遊用歎。

〔註233〕

圓形，四字篆書，旋讀，中心圓突，外雙欄十字四格界，每格一字，爲吉語之瓦。「狼干」是義爲「美玉」之「琅玕」的假借；「萬延」亦爲「萬年」之音轉。連用表吉祥，較爲少見。出土於陝西。

03、大萬樂當

曰樂上樂，古意盤紆。十千大萬，古語敷腴。我遊汧隴，我憶康衢。

〔註234〕

圓形，四字篆書，左右上下正讀，中心圓突接雙欄十字四格界，每格一字，爲吉語之瓦。出土於陝西。畢沅以爲大萬樂係指非常快樂，就好比他在汧水、隴山一帶遊憩般快樂。一說指此爲樂府令之官署用瓦。

04、甘林

〔註229〕〔清〕錢泳著；孟裴校點：《履園叢話》，頁26。

〔註230〕趙魏（1746～1825年），字晉齋，號錄森，浙江仁和（今杭州）人，清代著名金石家、收藏家。收有許多碑版，並長於考證，四處搜訪拓印或碑刻，因而得到碑刻三千多、拓本七十餘種，著有《華山石刻表》、《歷朝類帖考》等書。事蹟詳見《國朝耆獻類徵・卷四百二十六》。參楊家駱編：《歷代人物年里通譜》，頁622。

〔註231〕錢坫，字獻之，號十蘭，江蘇嘉定人，清朝文學家，擅刻印、書法。錢大昕侄子。事蹟詳見《清史稿・卷八百四十一》。

〔註232〕程恩澤（1785～1837年），字雲芬，號春海，安徽歙縣人，嘉慶十六年（1811年）進士。清代學者，工篆法，精古文字學、金石考證。事蹟詳見《清史稿・卷三百七十六》。參楊家駱編：《歷代人物年里通譜》，頁668。

〔註233〕〔清〕畢沅等撰：《秦漢瓦當圖》，《石刻史料新編・第四輯》第10冊，頁700。

〔註234〕敷腴，喜悅貌。汧隴，指汧水隴山一帶。汧水，江水名，出自陝西隴縣。康衢，大路。〔清〕畢沅等撰：《秦漢瓦當圖》，《石刻史料新編・第四輯》第10冊，頁700。

甘泉林光，索隱共注。甘林之名，足儔掌故。勿敗永珎，邵樹同賦。

〔註235〕

圓形，二字篆書，上下排列正讀，雙欄橫格界，爲宮殿用瓦。「甘林」即甘泉宮，「林光」即林光宮。出土於陝西。

05、蘭池宮當

蘭池之宮，祖龍之宅。洸洸將軍，裹足不適。秦與漢與，將佔是釋。

〔註236〕

圓形，四字篆書，右左上下正讀，單線十字格界，每格一字，爲宮殿用瓦。畢沅云：「蘭池宮遺址，今亦在咸陽。」〔註237〕蘭池宮，秦代宮名，《史記・秦始皇本紀》：「始皇爲微行咸陽，與武士四人俱，夜出逢盜蘭池，見窘，武士擊殺盜。」始皇曾於此遊宿並遇盜賊。又《正義》引《括地志》：「蘭池陂，即古之蘭池，在咸陽縣界。」後建宮時，以此池爲名。曾於漢武帝時重修。此瓦結構方整，方筆、圓筆兼用，稍有隸意。出土於陝西咸陽。錢泳云：「此瓦晉齋得之咸陽。」〔註238〕可見此瓦是由趙魏蒐羅而來。

06、上林

猗與孝武，上林迺開。彌山亘谷，蕘蕘不來。主詞譎諫，司馬奇瓌。

〔註239〕

圓形，二字篆書，上下正讀，單線橫格界，爲宮殿用瓦。「上林」即上林苑，漢代宮苑、園林名，見載於《史記・秦始皇本紀》、《漢書・揚雄傳》、〈東方朔傳〉。出土於陝西西安。錢泳云：「此瓦錢、申、俞三君皆有之。」〔註240〕此類瓦當數量較多，錢坫、申兆定〔註241〕、俞肇修〔註242〕皆有蒐藏。

07、嬰桃轉舍

嘗㤅羞桃，先薦寢廟。不匱孝思，吉蠲焜燿。傳舍迺營，詎供清眺。

〔註235〕珎同珍。同上注。

〔註236〕同上注。

〔註237〕〔清〕畢沅撰：《關中金石記・卷一》，《叢書集成初編》，頁2。

〔註238〕〔清〕錢泳著：孟裴校點：《履園叢話》，頁26。

〔註239〕〔清〕畢沅等撰：《秦漢瓦當圖》，《石刻史料新編・第四輯》第10冊，頁701。

〔註240〕〔清〕錢泳著：孟裴校點：《履園叢話》，頁28。

〔註241〕申兆定（？～？），字圓南，號繩齋、鐵蟾，山西陽曲（今太原）人。曾任陝西定邊縣、湖南衡陽縣知縣，精通金石學，長於書法、篆刻。著有《涵真閣漢碑文字跋》等。事蹟詳見《湖海詩傳・卷二十三》。

〔註242〕生平事蹟不詳，乾隆時著名金石學家。

〔註243〕

　　圓形，四字篆書，旋讀，中心圓突，外雙欄十字四格界，每格一字，爲官署用瓦。「嬰」爲「櫻」之假借，「轉」爲「傳」之假借，故又稱「櫻桃轉舍」。傳舍似今日旅社，而櫻桃爲傳舍之名，出土於陝西咸陽。關於此瓦當，鈕樹玉有一首押先韻的《嬰桃瓦當歌》：

> 嬰桃轉舍最後出，甘泉平樂紛流傳。
> 慚予昔箸新附考，謬以含鳥箋青編。
> 嬰之爲義乃言小，當春特薦登豆籩。
> 木旁增益起後世，轉使正義生纏牽。
> 陳君一跋特明暢，掃除異說歸眞詮。
> 皲冰積雪臨歲杪，故鄉景物偏流連。
> 靈威大文不可見，韓陵片石頻磨研。
> 古來篆籀日漫漶，賴有金石餘雕鐫。
> 幸矣斯器藏大雅，豈令過日同雲煙。〔註244〕

鈕氏說明此瓦當相較「甘泉」、「平樂」等，出土得較晚，其《說文新附考》一書，曾有謬解。次而說明「嬰」、「桃」二字的字義與演變。歌末則提及篆籀等文字逐漸消失，幸賴金石、瓦當流傳，尚得以保存，說明古物的價值。

08、八風壽存當

> 八風之臺，壽存之堂。新氏所經，甄豐所述。厥數惟五，黃中是律。

〔註245〕

　　圓形，五字篆書，旋讀，中心圓突，周有乳釘紋圍繞，雙欄十字四格界，八風合文同格，另三格，每格一字，爲宮殿用瓦。出土於陝西西安。《漢書・郊祀志下》：「莽篡位二年，興神僊事，以方士蘇樂言，起八風臺於宮中。」王莽以萬金建成此臺，供其享樂。此瓦當應屬八風臺建築。字體緊湊，展現篆書隨體詰屈的特性。錢泳云：「此瓦程彝齋得之漢城長樂鐘室舊阯南百步埃塵之間。」〔註246〕說明了這個瓦當的發現處。

〔註243〕〔清〕畢沅等撰：《秦漢瓦當圖》，《石刻史料新編・第四輯》第 10 冊，頁 701。

〔註244〕〔清〕徐世昌編；聞石點校：《晚晴簃詩滙・卷一百十五・嬰桃瓦當歌》（北京：中華書局，1990 年 10 月），頁 4916。

〔註245〕〔清〕畢沅等撰：《秦漢瓦當圖》，《石刻史料新編・第四輯》第 10 冊，頁 701。

〔註246〕〔清〕錢泳著；孟裴校點：《履園叢話》，頁 29。

09、維天降靈延元萬年天下康寧

維天降靈，延元萬年。詞偕春永，蒙挾華妍。藏則玉韞，言叭金塡。

〔註247〕

圓形，十二字篆書，分三行直列正讀，行間及四周以乳釘紋飾，四方則是葉紋，一名「十二字瓦」，為吉語之瓦。出土於陝西西安。字體兼融方、圓二篆，畫面協調，紋飾隨圓而變。此瓦是帝王以自然現象附會君權「神授」之兆，亦為「警示」之意，以求王朝永恆，錢泳云：「此宋芝山、趙晉齋得于長安市中者，諸君斷為秦瓦。」〔註248〕正呼應了秦始皇欲長生不老、千秋萬世的思想。

10、與天無極

封禪有詞，與天無極。心民蕃息，天祿永得。文麗西京，頌諧帝力。

〔註249〕

圓形，四字篆書，右左上下正讀，中心圓突，外雙欄十字四格界，每格一字，為吉語之瓦。「與天無極」與「長生無極」同意，皆是頌禱之語，表示吉祥。出土於陝西韓城。

11、右空

少府之屬，曰右司空。山海池澤，懋昭熙豐。沃土千里，寅亮天工。

〔註250〕

圓形，二字篆書，上下排列正讀，左右各一直欄格界，內飾菱格狀之網紋，為官署用瓦。《漢書・百官公卿表上》：「少府，秦官，掌山海池澤之稅，以給共養，有六丞。屬官有尚書……左右司空……。」「右空」即是「右司空」，秦代便已設置，是少府底下從事磚瓦燒製的地方。錢泳云：「此趙文學得之長安市中。」〔註251〕

〔註247〕「叭」即「以」字。〔清〕畢沅等撰：《秦漢瓦當圖》，《石刻史料新編・第四輯》第 10 冊，頁 701。

〔註248〕宋葆淳（1748～？），字帥初，號芝山，晚號倦陬，山西安邑（今山西運城）人。長於金石考據，是清代著名的書畫家、金石學家。見〔清〕錢泳著；孟裴校點：《履園叢話》，頁 26。

〔註249〕〔清〕畢沅等撰：《秦漢瓦當圖》，《石刻史料新編・第四輯》第 10 冊，頁 702。

〔註250〕同上注。

〔註251〕〔清〕錢泳著；孟裴校點：《履園叢話》，頁 29。

12、大

　　未央大廄，自黃圖塞。淵之頌騍，牝于于遺。遺文僅覯，三輔傳呼。

〔註252〕

　　圓形，一字「大」，篆書，字置圓中，外雙欄十字四格界，每格中有一雲紋裝飾，爲宮殿用瓦。據畢沅所云，此爲「未央宮」瓦，《三輔黃圖・卷三》即有「未央宮」紀錄，爲漢代宮殿。應出土於陝西西安。錢泳云：「此瓦俞太學得之漢城。」〔註253〕

13、甲天下

　　瞻彼甡甡，用昭廣廈。甲觀之遺，眾鹿非馬。天祿辟邪，皾徵淵雅。

〔註254〕

　　圓形，三字篆書，左至右，甲天二字正讀，下字反讀，中心圓突，上有二鹿之圖飾，又名「鹿甲天下」，爲吉語之瓦。《文選・張衡・西京賦》：「北闕甲第，當道直啓。」甲即第一，所以「甲天下」顯示地位崇高。一說此瓦乃「天鹿閣瓦」，錢泳反駁云：

　　　乃俞太學于淳化友人處索得者，不知其所由來，或謂天鹿閣瓦，非

　　　也。〔註255〕

可知此瓦乃是俞太學朋友所贈而來。錢氏以爲此瓦並非是未央宮內之「天鹿（祿）閣」用瓦。

14、宗正官當

　　赫赫炎劉，九族維敘。迺展懿親。乃鋤諸呂，宗正是彰，成周之緒。

〔註256〕

　　圓形，四字篆書，右左上下正讀，十字形格界，外方框，構成四個方格，每格一字，爲官署用瓦。出土於陝西西安。整體構圖方正，字體嚴整，外圈直角方格，極富裝飾性。《漢書・高帝紀・七年二月》：「初置宗正官，以序九族。」《漢書・百官公卿表》：「宗正，秦官，掌親屬。」足見此瓦是宗正官署用瓦。錢泳云：「此瓦申大令得于漢城。」〔註257〕

〔註252〕　〔清〕畢沅等撰：《秦漢瓦當圖》，《石刻史料新編・第四輯》第 10 冊，頁 702。
〔註253〕　〔清〕錢泳著；孟裴校點：《履園叢話》，頁 29。
〔註254〕　〔清〕畢沅等撰：《秦漢瓦當圖》，《石刻史料新編・第四輯》第 10 冊，頁 702。
〔註255〕　〔清〕錢泳著；孟裴校點：《履園叢話》，頁 28。
〔註256〕　「赤」即「赫」字。〔清〕畢沅等撰：《秦漢瓦當圖》，《石刻史料新編・第四輯》第 10 冊，頁 703。
〔註257〕　〔清〕錢泳著；孟裴校點：《履園叢話》，頁 28。

15、右將

中郎三將，五官左右。郎中三將，車戶騎守。漢官之儀，如列戶牖。

〔註258〕

圓形，二字篆書，右左旋讀，中心圓突，二字圍繞中心，字外再一圈飾，為官署用瓦，出土於陝西咸陽。《漢書·百官公卿表》：「平帝元始元年更名虎賁郎，置中郎將，秩比二千石。」右將即是「右中郎將」簡稱。

16、丰

文王伯邑，漢有新豐。爰及五季，酆宮迺崇。迺哉蒙古，誰氏之風？

〔註259〕

圓形，一字「丰」，篆書，四周有神形裝飾，為宮殿用瓦。酆為周文王所都。新豐為古地名，漢高祖為解其父思念而設。錢泳云：「此瓦嘉定錢既勤所得，上下左右作四神形，甚奇古。阮雲臺先生定為『豐』字瓦。」〔註260〕阮芸臺即阮元，其隸定此「丰」為「豐」字，所言可信。

17、延年

長樂既築，鴻臺亦儲。或云秦始，觀宇凌空。圖形紀頌，霞思蓬蓬。

〔註261〕

圓形，二字篆書，右左正讀。二字在上，下為一延頸展翅飛鳥圖，字、圖間以乳釘紋飾，一名「飛鴻延年」，為宮殿用瓦。出土於陝西西安。字體處於篆隸之間。《三輔黃圖》：「長樂宮有鴻台，秦始皇二十七年築，高四十丈，上起觀宇，帝嘗射飛鴻於台上，故號鴻台。」據畢沅之說及《三輔黃圖》，可知此為秦代鴻台觀用瓦。

18、都司空瓦

惟都司空，宗正之庭。迺繩邪枉，迺理渭涇。水行用協，期于無刑。

〔註262〕

圓形，四字篆書，右左上下正讀，十字形格界，外方框，構成四個方格，每格一字，為官署用瓦。出土於陝西西安。整體構圖方正，字體嚴整。《漢書·

〔註258〕〔清〕畢沅等撰：《秦漢瓦當圖》，《石刻史料新編·第四輯》第10冊，頁703。
〔註259〕同上注。
〔註260〕〔清〕錢泳著；孟裴校點：《履園叢話》，頁29。
〔註261〕〔清〕畢沅等撰：《秦漢瓦當圖》，《石刻史料新編·第四輯》第10冊，頁703。
〔註262〕〔清〕畢沅等撰：《秦漢瓦當圖》，《石刻史料新編·第四輯》第10冊，頁704。

百官公卿表》云：「宗正，秦官，掌親屬……屬官有都司空令丞。」如淳注曰：「律，司空主水及罪人。」所以此爲都司空之官署用瓦。錢泳云：「此瓦趙文學得于漢城。」〔註263〕

19、長樂萬歲

萬歲之墼，三輔是圖。萬歲之宮，長安志模。皇哉長樂，星拱階符。

〔註264〕

圓形，四字篆書，右左上下旋讀，中心圓突，周有乳釘紋圍繞，雙欄十字四格界，每格一字，爲宮殿用瓦，出土於陝西西安。《三輔黃圖·卷三》：「萬歲宮，武帝造。汾陰有萬歲宮。」此爲萬歲宮用瓦。

20、延年益壽

或曰延年，或曰益壽。秦皇所經，漢武所侯。仙人樓新，秋風客舊。

〔註265〕

圓形，四字篆書，右左上下正讀，中心圓突，外雙欄十字四格界，每格一字，爲宮殿用瓦，出土於陝西西安。錢泳云：「此瓦趙、錢、俞、申諸君俱有之，亦得于長安市上。當是甘泉宮益壽觀瓦。」〔註266〕此瓦應是益壽觀之瓦。「延年」與「益壽」皆是「延長壽命」之意，用在宮殿建築，以示吉祥。

21、永受嘉福

念茲嘉福，皇永受之。蟲書虎爪，斯邈所垂。遐哉秦璽，媲美交馳。

〔註267〕

圓形，四字蟲篆書，右左上下正讀，爲吉語之瓦，出土於陝西西安。《漢書·禮樂志》：「承帝明德，師象山則。雲施稱民，永受厥福。承容之常，承帝之明。下民安樂，受福無疆。」可知「永受嘉福」爲祈福之語。此瓦字體均勻，線條流暢、行雲流水。錢泳云：

俞太學得于長安肆中，引〈董賢傳〉爲「椒風嘉祥」，或又引〈揚雄傳〉爲「迎風嘉祥」。細審之，實是「永受嘉福」四字耳。〔註268〕

據此，可知俞肇修曾有另二種解釋，但均非。

〔註263〕〔清〕錢泳著；孟裴校點：《履園叢話》，頁29。
〔註264〕〔清〕畢沅等撰：《秦漢瓦當圖》，《石刻史料新編·第四輯》第10冊，頁704。
〔註265〕同上注。
〔註266〕〔清〕錢泳著；孟裴校點：《履園叢話》，頁27。
〔註267〕〔清〕畢沅等撰：《秦漢瓦當圖》，《石刻史料新編·第四輯》第10冊，頁704。
〔註268〕〔清〕錢泳著；孟裴校點：《履園叢話》，頁27。

22、長樂未央

漢都關中，始營長樂。父老苦秦，三章法約。於萬斯年，羽翯鐘鎛。

〔註269〕

圓形，四字篆書，右左上下旋讀，中心圓突，周有乳釘紋圍繞，雙欄十字四格界，每格一字，字體處於篆隸之間，爲吉語之瓦，出土於陝西西安。《漢書·高帝紀》：「後九月，徙諸侯子關中。治長樂宮。」、「二月，至長安。蕭何治未央宮。」長樂、未央本來是兩宮名，此瓦文合而爲一。錢泳云：「取吉祥語意配合成文耳，未必某宮即用某字瓦也。」〔註270〕意即，長樂未央是古人常用的吉祥話，表示「長久快樂，永無盡期」，而並非專指長樂、未央二宮。此類的瓦當數量眾多，版式繁複，字法多變。「張、宋、趙、錢諸君俱有之」〔註271〕，清代諸位收藏家也都有此瓦當。

23、永奉無彊（疆）

欽哉永奉，弈禩無彊。其流怲緯。眾說荒唐，卜祀五百，當塗迺將。

〔註272〕

圓形，四字篆書，右左上下旋讀，中心圓突，周有乳釘紋圍繞，雙欄十字四格界，每格一字，爲宮殿用瓦，出土於陝西咸陽。「永奉無彊」爲吉語，整體樸拙又不失大氣，應爲技術較高之宮中工匠所做，錢泳云：「此瓦錢、俞、申三君俱有之，皆得于漢城。錢別駕定爲漢太廟上所施。」〔註273〕如此看來，應爲太廟之瓦。

24、宜富貴千金當

長命當貴，出人千金。吉祥止止，老氏所葳。垂戒盛滿，欹器同斟。

〔註274〕

圓形，六字篆書，旋讀，中心圓，雙欄十字四格界。千金合文置中，外四格，每格一字，爲吉語之瓦，又名「宜富貴當」。出土於陝西咸陽。瓦當中有「富貴」、「嚴氏富貴」、「萬歲宜富安世」、「千萬歲富貴宜子孫」、「千金宜富貴當」、「富貴毋央」等相似用語，足見「富貴」是時人思想重心。錢泳云：

〔註269〕〔清〕畢沅等撰：《秦漢瓦當圖》，《石刻史料新編·第四輯》第 10 冊，頁 705。

〔註270〕〔清〕錢泳著；孟裴校點：《履園叢話》，頁 27。

〔註271〕同上注。

〔註272〕〔清〕畢沅等撰：《秦漢瓦當圖》，《石刻史料新編·第四輯》第 10 冊，頁 705。

〔註273〕〔清〕錢泳著；孟裴校點：《履園叢話》，頁 27。

〔註274〕〔清〕畢沅等撰：《秦漢瓦當圖》，《石刻史料新編·第四輯》第 10 冊，頁 705。

「中有二小字，或說金旁作刃爲劉字，非也。余嘗見古鏡上有小印曰千金。細審之，實是『千金』二字。」〔註275〕中心二字確爲「千金」無誤。

25、延壽萬歲

孝武甘泉，延壽館著。孝平之年，延壽門署。二千餘年，用深記疏。

〔註276〕

圓形，四字篆書，右左上下旋讀，中心圓突，外雙欄十字四格界，每格一字，爲宮殿用瓦，出土於陝西西安。錢泳云：「此瓦俞太學所得，當亦萬歲殿或延壽觀瓦也。」〔註277〕錢氏以爲此瓦是萬歲殿或延壽觀所用，畢沅則判定此爲「延壽館」用瓦。「延壽」與「萬歲」皆示「長壽」之意，用在宮殿建築，以示吉祥。

26、千秋萬歲

韓非有言，千秋萬歲。載瞻西京，斯甓實制。聒耳可徵，三呼罔替。

〔註278〕

圓形，四字篆書，右左上下正讀，中心圓突，外雙欄十字四格界，每格一字，爲宮殿用瓦，出土於陝西西安。此瓦風格自然質樸。錢泳云：「此瓦亦諸君所有，出于漢城者。《長安志》引《三輔黃圖》，謂未央宮有萬歲殿。此即其殿瓦歟？」〔註279〕錢氏推測與畢沅所云相同，此瓦應是宮殿建築用瓦，以示吉祥。

27、仁義自成

懋哉帝德，仁義自成。丹書戶牖。目擊心營，函德宣德，用銘高閟。

〔註280〕

圓形，四字篆書，右左上下正讀，中心圓突，外雙欄十字四格界，圓外無寬紋，每格一字，爲吉語之瓦，出土於陝西西安。錢泳云：「此瓦程彝齋所得。」〔註281〕

28、萬有憙

〔註275〕〔清〕錢泳著；孟裴校點：《履園叢話》，頁29。
〔註276〕〔清〕畢沅等撰：《秦漢瓦當圖》，《石刻史料新編‧第四輯》第10冊，頁705。
〔註277〕〔清〕錢泳著；孟裴校點：《履園叢話》，頁27。
〔註278〕〔清〕畢沅等撰：《秦漢瓦當圖》，《石刻史料新編‧第四輯》第10冊，頁706。
〔註279〕〔清〕錢泳著；孟裴校點：《履園叢話》，頁27。
〔註280〕〔清〕畢沅等撰：《秦漢瓦當圖》，《石刻史料新編‧第四輯》第10冊，頁706。
〔註281〕〔清〕錢泳著；孟裴校點：《履園叢話》，頁29。

龍門有言，天心獨熹。曰萬有之。胡不克紀，德至八方，祥風戾止。

〔註282〕

圓形，三字篆書，萬字置圓中，外雙欄十字四格界，左右格爲「有熹」二字，上下以捲雲紋裝飾，爲吉語之瓦。錢泳云：

> 錢別駕于漢城得一殘瓦，惟「萬熹」二字。後申大令在長安市亦獲瓦半片，惟一「有」字，合而觀之，上下文藻相合，實「有萬熹」三字耳。漢碑「熹」、「喜」二字通用。〔註283〕

此瓦本碎成二半，而後有幸拼回。熹即「喜」字。

29、億年無疆

五福首壽，億年迺書。長年步壽。詞不厭譽，無疆之祝，昭示渠渠。

〔註284〕

圓形，四字篆書，右左上下正讀，中心圓突，周有乳釘紋圍繞，雙欄十字四格界，每格一字，爲吉語之瓦，出土於陝西咸陽。「億年無疆」爲吉語。錢泳云：「此俞太學得于長安市上，不知所施。或謂王莽妻陵瓦，非也。攷秦、漢宮殿以年壽命名者甚多，率取頌禱之辭耳。」〔註285〕有人認爲是王莽妻孝睦后之「億年陵」用瓦，但錢泳以爲不是，因爲秦、漢的宮殿常有類似的命名。

30、長生未央

鄭矦功寂，迺征未央。覃思三月，蕭籀孔彰。庭燎之義，爲天子光。

〔註286〕

圓形，四字篆書，右左上下正讀，中心圓突，外雙欄十字四格界，每格一字，爲宮殿用瓦，出土於陝西西安。錢泳云：「此瓦最多，諸君俱有之，皆出于漢城。蓋亦未央宮瓦，亦取『長生』二字，配合成文也。」〔註287〕畢沅曾與其他文人唱和，題爲《漢未央宮瓦》，詩云：

〔註282〕〔清〕畢沅等撰：《秦漢瓦當圖》，《石刻史料新編・第四輯》第 10 冊，頁 706。
〔註283〕〔清〕錢泳著；孟裴校點：《履園叢話》，頁 29。
〔註284〕「步」即「步」。〔清〕畢沅等撰：《秦漢瓦當圖》，《石刻史料新編・第四輯》第 10 冊，頁 706。
〔註285〕〔清〕錢泳著；孟裴校點：《履園叢話》，頁 27。
〔註286〕「寂」即「最」。〔清〕畢沅等撰：《秦漢瓦當圖》，《石刻史料新編・第四輯》第 10 冊，頁 707。
〔註287〕〔清〕錢泳著；孟裴校點：《履園叢話》，頁 27。

紫微宮闕久荒涼，（未央一名紫微宮。竹嶼）片玉仍題字未央。曾共朝陽
麗鵁鶄，（道甫）不隨夢雨化鴛鴦。繁華幾見承椒寢，（穉存）詩句猶
思讔柏梁。安得青禽爲主客，（季逑）再來清夜話滄桑。（秋帆）〔註288〕
由未央宮而引出諸多想像，在宮中看見窗外閃耀的太陽、眾鳥的飛翔，至夜
裡冷靜，嘆出身居宮中的無奈，好似詩人們都曾生活在宮中，意象飽滿，如
在眼前般。

31、萬物咸成

穆穆長秋，取義成訊。后德乃昭，坤靈是淑。萬物芸芸，養吪之福。

〔註289〕

圓形，四字篆書，右左上下正讀，中心圓突，外雙欄十字四格界，每格
一字，字體端莊秀麗，爲宮殿用瓦，出土於陝西西安。錢泳云：「此瓦申大令
得于長安市肆。攷《三輔黃圖》云：『后宮在西，秋之象也。秋主信，故以
長秋、長信爲名。』今云『萬物咸成』者，當是長秋殿瓦。」〔註290〕由錢氏
之說，可見此瓦當是「長秋殿」所用。

32、長生無極

文曰長生，釐吪無極。阿房之基，所在充塞。爲漢爲秦，苔封蘚蝕。

〔註291〕

圓形，四字篆書，右左上下旋讀，中心圓突，周有乳釘紋圍繞，雙欄十
字四格界，每格一字，爲宮殿用瓦，出土於陝西咸陽。此瓦數量眾多，款式
多樣、字法多變。長生無極代表「長壽、永久」，是非常常見的吉祥話。畢沅
認爲這是秦漢時的宮瓦，錢泳亦云：「當是未央、長樂宮瓦也。」〔註292〕

33、平樂阿宮

平樂之館，民觀角抵。有卷者阿，輪奐邐迤。春滿上林，嬉遊帝里。

〔註293〕

〔註288〕〔清〕畢沅等撰：楊焄點校：《畢沅詩集·樂游聯唱集》，《乾嘉詩文名家叢刊》，
　　　　　頁1004〜1005。
〔註289〕〔清〕畢沅等撰：《秦漢瓦當圖》，《石刻史料新編·第四輯》第10冊，頁707。
〔註290〕〔清〕錢泳著；孟裴校點：《履園叢話》，頁28。
〔註291〕「吪」即「以」字，「釐」即「繼」字。〔清〕畢沅等撰：《秦漢瓦當圖》，《石
　　　　　刻史料新編·第四輯》第10冊，頁707。
〔註292〕〔清〕錢泳著；孟裴校點：《履園叢話》，頁27。
〔註293〕〔清〕畢沅等撰：《秦漢瓦當圖》，《石刻史料新編·第四輯》第10冊，頁707。

　　圓形，四字篆書，右上、左下、右下、左上旋讀，中心圓突，雙欄十字四格界，每格一字，爲宮殿用瓦，出土於陝西咸陽。「阿宮」就是「阿房宮」，是秦始皇在統一六國後修建的豪華宮殿。畢沅曾與其他文人唱和，題爲《秦阿房宮鏡》，詩云：

　　　　十二金人鑄未完，(秋帆) 銷兵仍復寫團圞。幾經焦土塵光掩。(竹嶼)
　　　　曾並離宮月影寒。嶺翠似鬟愁更照，(道甫) 苑花如面記嘗看。若教
　　　　應語還多憶，(周穆王有應語鏡。稱存) 合共銅仙泣露盤。(季逑) 〔註294〕

由阿房宮而帶出諸多畫面，以兵事之亂、祝融之禍等作爲發想的主題內容，帶有窺視歷史災禍的無奈與悲涼。

34、黃山

　　　　鬱鬱黃山，寔惟槐里。有宮歸然，孝惠所履。經始秦苑，斜臨渭水。

　　　　　〔註295〕

　　圓形，二字篆書，上下正讀，中心圓突，字體圓轉，筆畫曲折柔美，爲宮殿用瓦，出土於陝西西安。《漢書·地理志》：「槐里，周曰犬丘，懿王都之。秦更名廢丘。高祖三年更名。有黃山宮。」《長安志·卷四》：「右扶風槐里縣有黃山宮。」二書記載相同，此瓦當爲黃山宮用瓦。錢泳云：「此瓦惟黃山二字，俞太學得自興平。」〔註296〕

35、上林農官

　　　　上林五丞，其屬十六。緡錢既盈，水衡並瀆。楊可之告，農官乃卜。

　　　　　〔註297〕

　　圓形，四字篆書，右左上下正讀，中心圓突，外雙欄十字四格界，四欄中有一條紋，每格一字，爲官署用瓦，出土於陝西西安。字體柔和，筆畫流暢。秦代即有上林苑，是皇家苑囿，但秦末時毀於戰火，至漢武帝時，重建上林苑，面積規模遠超過秦代。《漢書·百官公卿表》：「水衡都尉，武帝元鼎二年初置，掌上林苑，有五丞。屬官有上林……農倉。」農官爲上林苑中負責管理農倉事之官名，所以此瓦即農官官署之瓦。錢泳云：「此瓦錢別駕得于

〔註294〕　〔清〕畢沅等撰；楊焄點校：《畢沅詩集·樂游聯唱集》，《乾嘉詩文名家叢刊》，
　　　　　頁 1004。
〔註295〕　〔清〕畢沅等撰：《秦漢瓦當圖》，《石刻史料新編·第四輯》第 10 冊，頁 708。
〔註296〕　〔清〕錢泳著；孟裴校點：《履園叢話》，頁 28。
〔註297〕　〔清〕畢沅等撰：《秦漢瓦當圖》，《石刻史料新編·第四輯》第 10 冊，頁 708。

長安市中。」〔註298〕

36、高安萬世

翩翩聖卿，高安第榮。洞門重墅，衣綈緌。昔者瓦解，今復瓦鳴。

〔註299〕

圓形，四字篆書，右左上下旋讀，中心圓突，周有乳釘紋圍繞，外雙欄十字四格界，每格一字，爲宮殿用瓦，出土於陝西咸陽。字體隨圓就勢，富有變化，尤其「萬」字形體特殊。《漢書・佞幸傳》：「董賢字聖卿，雲陽人也。……乃以其功下詔封賢爲高安侯，躬宜陵侯，寵方陽侯，食邑各千戶。」董賢受封爲高安侯，皇上爲其蓋大宮殿，極有可能爲此殿用瓦。錢泳云：「此錢別駕得自漢城。」〔註300〕

37、便

小顏有言，便叺就安。元成所注，諸妙承懷。爰叺嘗祭，俎豆不刊。

〔註301〕

圓形，一字「便」位於中心四方框內，篆書，無格界，方框直角處伸出四條單線欄格，每格以捲雲紋及乳釘裝飾，爲《秦漢瓦當圖》中唯一收錄之「陰文」瓦當，爲宮殿用瓦，出土於陝西西安。《漢書・武帝紀》：「六年春二月乙未，遼東高廟災。夏四月壬子，高園便殿火。」顏師古注云：「凡言便殿、便室、便坐者，皆非正大之處，所以就便安也。」據此可知此瓦乃出自「便殿」。

錢泳云：「申大令得于長安市。」〔註302〕

38、甘泉上林

宸遊之所，是曰上林。南山既闢，甘泉亦臨。青蔥玉樹，王度惜惜。

〔註303〕

圓形，四字篆書，右左上下旋讀，中心圓突，外雙欄十字四格界，每格一字，爲宮殿用瓦，出土於陝西咸陽。「甘泉」即甘泉宮，與上林苑聯稱。此

〔註298〕〔清〕錢泳著；孟裴校點：《履園叢話》，頁29。
〔註299〕〔清〕畢沅等撰：《秦漢瓦當圖》，《石刻史料新編・第四輯》第10冊，頁708。
〔註300〕〔清〕錢泳著；孟裴校點：《履園叢話》，頁29。
〔註301〕「叺」即「以」字，〔清〕畢沅等撰：《秦漢瓦當圖》，《石刻史料新編・第四輯》第10冊，頁708。
〔註302〕〔清〕錢泳著；孟裴校點：《履園叢話》，頁29。
〔註303〕〔清〕畢沅等撰：《秦漢瓦當圖》，《石刻史料新編・第四輯》第10冊，頁709。

聯稱見《漢書・百官公卿表》:「上林有八丞十二尉……甘泉上林四丞。」

39、長毋相忘

嵯峨雲陽,鬱鬱霾香。爰有遺瓦,長毋相忘。是邪非邪,蹢躅彷徉。

〔註304〕

圓形,四字篆書,右左上下正讀,中心圓突,外雙欄十字四格界,每格一字,爲吉語之瓦,出土於陝西咸陽。「毋」同「無」,所以「長毋相忘」表示「永不忘記」。錢泳云:「此張舍人所得,亦出自漢城。」〔註305〕

40、金

熠熠金華,未央之廄。十二天閑,數馬之富。協彼金行,爲我奇邁。

〔註306〕

圓形,一字「金」置中,篆書,無格界,據畢沅所云,爲吉語之瓦,出土於陝西咸陽。一說此瓦爲金氏私家用瓦,因爲漢代有金日磾,字叔翁,匈奴休屠王太子,後歸漢,爲西漢侍中駙馬都尉、車騎將軍,病逝後諡曰敬侯,可能爲其代表用瓦。

(三)數字分析

全書收錄四十個瓦當及畢沅贊詞,以下將此書所有瓦當依序排列,詳細記錄其名稱、字數、形狀、花紋、特徵、朝代、種類及贊詞,並依各類統計其數字於表下。

表七:《秦漢瓦當圖》瓦當紀錄表

	名　稱	字數	形狀、花紋、特徵	朝代	種類	贊　詞
01	衛	1	圓形,一字「衛」置中,篆書,外一圈網紋。	秦	宮殿	六國既滅,咸來于秦。寫仿宮室,將將渭濱。有楚有衛,聞見同珎。
02	狼干萬延	4	圓形,四字篆書,旋讀,中心圓突,外雙欄十字四格界,每格一字。	漢	吉語	狼池之干,萬延之觀。遺文可索,奧義特刊。我來西陂,田遊用歡。

〔註304〕「蹢」即「躅」。同上注。
〔註305〕〔清〕錢泳著;孟裴校點:《履園叢話》,頁27。
〔註306〕〔清〕畢沅等撰:《秦漢瓦當圖》,《石刻史料新編・第四輯》第10冊,頁709。

03	大萬樂當	4	圓形，四字篆書，依左右上下正讀，中心圓突接雙欄十字四格界，每格一字。	漢	吉語	日樂上樂，古意盤紆。十千大萬，古語敷腴。我遊汧隴，我憶康衢。
04	甘林	2	圓形，二字篆書，上下排列正讀，雙欄橫格界。	漢	宮殿	甘泉林光，索隱共注。甘林之名，足俻掌故。勿敗永珎，邵樹同賦。
05	蘭池宮當	4	圓形，四字篆書，右左上下正讀，單線十字格界，每格一字。	秦	宮殿	蘭池之宮，祖龍之宅。洸洸將軍，裹足不適。秦與漢與，將佔是釋。
06	上林	2	圓形，二字篆書，依上下正讀，單線橫格界。	漢	宮殿	猗與孝武，上林迺開。彌山亘谷，蓻蕘不來。主詞譎諫，司馬奇瓌。
07	嬰桃轉舍	4	圓形，四字篆書，旋讀，中心圓突，外雙欄十字四格界，每格一字。	漢	官署	嘗爻羞桃，先薦寢廟。不匱孝思，吉蠲焜燿。傳舍迺營，詎供清眺。
08	八風壽存當	4	圓形，五字篆書，旋讀，中心圓突，周有乳釘紋圍繞，雙欄十字四格界，八風合文同格，另三格，每格一字。	漢	宮殿	八風之臺，壽存之堂。新氏所經，甄豐所述。厥數惟五，黃中是律。
09	維天降靈延元萬年天下康寧	12	圓形，十二字篆書，分三行直列正讀，行間及四周以乳釘紋飾，四方則是葉紋。	秦	吉語	維天降靈，延元萬年。詞偕春永，蒙挾華妍。藏則玉韞，昌叺金塤。
10	與天無極	4	圓形，四字篆書，右左上下正讀，中心圓突，外雙欄十字四格界，每格一字。	漢	吉語	封禪有詞，與天無極。心民蕃息，天祿永得。文麗西京，頌諧帝力。
11	右空	2	圓形，二字篆書，上下排列正讀，左右各一直欄格界，內飾菱格狀之網紋。	漢	官署	少府之屬，曰右司空。山海池澤，懋昭熙豐。沃土千里，寅亮天工。
12	大	1	圓形，一字「大」，篆書，字置圓中，外雙欄十字四格界，每格中有一雲紋裝飾。	漢	宮殿	未央大廄，自黃圖塞。淵之頌騏，牝于于遺。遺文僅覯，三輔傳呼。

13	甲天下	3	圓形，三字篆書，左至右，甲天二字正讀，下字反讀，中心圓突，上有二鹿之圖飾。	漢	吉語	瞻彼狌狌，用昭廣廈。甲觀之遺，眾鹿非馬。天祿辟邪，歐徵淵雅。
14	宗正官當	4	圓形，四字篆書，右左上下正讀，十字形格界，外方框，構成四個方格，每格一字。	漢	官署	赫赫炎劉，九族維敘。酒展懿親。乃鋤諸呂，宗正是彰，成周之緒。
15	右將	2	圓形，二字篆書，右左旋讀，中心圓突，二字圍繞中心，字外再一圈飾。	漢	官署	中郎三將，五官左右。郎中三將，車戶騎守。漢官之儀，如列戶牖。
16	拜	1	圓形，一字「拜」，篆書，四周有神形裝飾。	漢	宮殿	文王伯邑，漢有新豐。爰及五季，酆宮洒崇。遐哉蒙古，誰氏之風？
17	延年	2	圓形，二字篆書，右左正讀。二字在上，下為一延頸展翅飛鳥圖，字、圖間以乳釘紋飾。	秦	宮殿	長樂既築，鴻臺亦儲。或云秦始，觀宇淩空。圖形紀頌，霞思蓬蓬。
18	都司空瓦	4	圓形，四字篆書，右左上下正讀，十字形格界，外方框，構成四個方格，每格一字。	漢	官署	惟都司空，宗正之庭。迺繩邪枉，迺理渭涇。水行用協，期于無刑。
19	長樂萬歲	4	圓形，四字篆書，右左上下旋讀，中心圓突，周有乳釘紋圍繞，雙欄十字四格界，每格一字。	漢	宮殿	萬歲之甍，三輔是圖。萬歲之宮，長安志模。皇哉長樂，星拱階符。
20	延年益壽	4	圓形，四字篆書，右左上下正讀，中心圓突，外雙欄十字四格界，每格一字。	漢	宮殿	或曰延年，或曰益壽。秦皇所經，漢武所侯。仙人樓新，秋風客舊。
21	永受嘉福	4	圓形，四字蟲篆書，右左上下正讀。	漢	吉語	念茲嘉福，皇永受之。蟲書虎爪，斯邈所垂。遐哉秦璽，媲美交馳。
22	長樂未央	4	圓形，四字篆書，右左上下旋讀，中心圓突，周有乳釘紋圍繞，雙欄十字四格界，每格一字，字體處於篆隸之間。	漢	吉語	漢都關中，始營長樂。父老苦秦，三章法約。於萬斯年，羽蘥鐘鏄。

23	永奉無彊	4	圓形，四字篆書，右左上下旋讀，中心圓突，周有乳釘紋圍繞，雙欄十字四格界，每格一字。	漢	宮殿	欽哉永奉，弈禩無彊。其流毖緯。眾說荒唐，卜祀五百，當塗迺將。
24	宜富貴千金當	6	圓形，六字篆書，旋讀，中心圓，雙欄十字四格界。千金合文置中，外四格，每格一字。	漢	吉語	長命當貴，出人千金。吉祥止止，老氏所蔵。垂戒盛滿，欹器同斟。
25	延壽萬歲	4	圓形，四字篆書，右左上下旋讀，中心圓突，外雙欄十字四格界，每格一字。	漢	宮殿	孝武甘泉，延壽館著。孝平之年，延壽門署。二千餘年，用深記疏。
26	千秋萬歲	4	圓形，四字篆書，右左上下正讀，中心圓突，外雙欄十字四格界，每格一字。	漢	宮殿	韓非有言，千秋萬歲。載瞻西京，斯壁實制。聒耳可徵，三呼罔替。
27	仁義自成	4	圓形，四字篆書，右左上下正讀，中心圓突，外雙欄十字四格界，圓外無寬紋，每格一字。	漢	吉語	懋哉帝德，仁義自成。丹書戶牖。目擊心營，函德宣德，用銘高閎。
28	萬有憙	3	圓形，三字篆書，萬字置圓中，外雙欄十字四格界，左右格爲「有憙」二字，上下以捲雲紋裝飾。	漢	吉語	龍門有言，天心獨憙。曰萬有之。胡不克紀，德至八方，祥風戾止。
29	億年無彊	4	圓形，四字篆書，右左上下正讀，中心圓突，周有乳釘紋圍繞，雙欄十字四格界，每格一字。	漢	吉語	五福首壽，億年迺書。長年步壽。詞不厭譽，無彊之祝，昭示渠渠。
30	長生未央	4	圓形，四字篆書，右左上下正讀，中心圓突，外雙欄十字四格界，每格一字。	漢	宮殿	鄭俟功寂，迺征未央。覃思三月，蕭籀孔彰。庭燎之義，爲天子光。
31	萬物咸成	4	圓形，四字篆書，右左上下正讀，中心圓突，外雙欄十字四格界，每格一字。	漢	宮殿	穆穆長秋，取義咸訊。后德乃昭，坤靈是淑。萬物芸芸，養叺之福。

32	長生無極	4	圓形，四字篆書，右左上下旋讀，中心圓突，周有乳釘紋圍繞，雙欄十字四格界，每格一字。	漢	宮殿	文曰長生，亾以無極。阿房之基，所在充塞。爲漢爲秦，苔封蘚蝕。
33	平樂阿宮	4	圓形，四字篆書，右上、左下、右下、左上旋讀，中心圓突，雙欄十字四格界，每格一字。	漢	宮殿	平樂之館，民觀角抵。有卷者阿，輪奐邐迤。春滿上林，嬉遊帝里。
34	黃山	2	圓形，二字篆書，上下正讀，中心圓突，字體圓轉，筆畫曲折柔美。	漢	宮殿	鬱鬱黃山，寔惟槐里。有宮歸然，孝惠所履。經始秦苑，斜臨渭水。
35	上林農官	4	圓形，四字篆書，右左上下正讀，中心圓突，外雙欄十字四格界，四欄中有一條紋，每格一字。	漢	官署	上林五丞，其屬十六。緡錢既盈，水衡並瀆。楊可之告，農官乃卜。
36	高安萬世	4	圓形，四字篆書，右左上下旋讀，中心圓突，周有乳釘紋圍繞，外雙欄十字四格界，每格一字。	漢	宮殿	翩翩聖卿，高安第榮。洞門重壂，衣絑蕃纓。昔者瓦解，今復瓦鳴。
37	便	1	圓形，一字「便」位於中心四方框內，篆書，無格界，方框直角處伸出四條單線欄格，每格以捲雲紋及乳釘紋裝飾。「陰文」。	漢	宮殿	小顏有言，便亾就安。元成所注，諸妙承懷。爰亾嘗祭，俎豆不刊。
38	甘泉上林	4	圓形，四字篆書，右左上下旋讀，中心圓突，外雙欄十字四格界，每格一字。	漢	宮殿	宸遊之所，是曰上林。南山既闢，甘泉亦臨。青蔥玉樹，王度悾悾。
39	長毋相忘	4	圓形，四字篆書，右左上下正讀，中心圓突，外雙欄十字四格界，每格一字。	漢	吉語	嵯峨雲陽，鬱鬱霾香。爰有遺瓦，長毋相忘。是邪非邪，躑躅彷徉。
40	金	1	圓形，一字「金」置中，篆書，無格界。	漢	吉語	熠熠金華，未央之廏。十二天閑，數馬之富。協彼金行，爲我奇邁。

1、依「種類」區分

瓦當文字因著人們心理及文化喜愛好事的習慣，所以幾乎是「吉祥話」，而依使用的處所，可以概分為「宮殿、官署、陵墓、祠堂」等類，但也有部分是單純的「吉語」或「記事」，間有少數的雜類。全書瓦當依種類區分，計有宮殿 21 個，官署 6 個，吉語 13 個。由此可知，瓦當仍是社會階層較高的人物使用，以皇宮建築最多，次而為官署。

2、依「字數」區分

全書瓦當依字數區分，計有一字的 5 個，二字的 6 個，三字的 2 個，四字的 25 個，六字的 1 個，十二字的 1 個。由此可知，四字瓦當是最常見的一種，除了人們習慣使用四字句外，許多的吉祥話亦是四字成語。還有可能是版面較易畫分為四部分，所以以四字居多。

3、依「朝代」區分

書名既稱「秦漢」瓦當圖，則全書瓦當依朝代區分，計有秦代的 4 個，漢代的 36 個。何以如此？俗有「秦磚漢瓦」之稱，漢代使用瓦當，算是最頻繁的時候。

4、依「字體」區分

全書瓦當依字體區分，其實全部都算是「篆書」，在篆體上做各式的變化，其中有 1 個是「蟲篆」。為何以篆書為主？由秦代統一天下後，車同軌、書同文，以小篆為全國統一之字體，而到了漢代，隸書漸漸成為通行字體，也就是說，瓦當處於秦漢間常見的建築用品，上頭以文字裝飾，當然也受著時代風尚的影響，而以篆書為主，部分篆體還帶有隸書意味。此外，隸書經歷隸變過成，文字由圖畫轉為線條，在藝術呈現上，較篆體少了點變化空間，是故以篆書為主，在形象呈現上，才能有較大的揮灑。

5、依「陰陽」區分

全書瓦當依陰陽區分，僅有 1 個陰文「便」，其餘 39 個皆是陽文。拓本既以陽文占多數，推測在在當時瓦當以「陰刻」為主。

6、依「形狀」區分

全書瓦當依形狀區分，40 個全都是圓形，未見半圓形的瓦當。

7、依「紋路」區分

瓦當中，文字本身就是一種裝飾，既可用字義呈現，亦可以本身的形體

爲圖。全書瓦當，計有乳釘紋 9 個，雲紋 3 個，網紋 2 個，葉紋 1 個，鹿紋 1 個，神形紋 1 個，其他兼有各式的直或豎之條紋。

四、學術價值

綜合前三部分對於瓦當及本書的探析，可以知道《秦漢瓦當圖》當有以下幾點價值，足供後人參考：

（一）管窺秦漢建築的風貌

瓦當既爲秦漢建築常見建材，是爲實用之物，且上面的花紋、文字等，不同的樣貌，具有藝術價值，井鳴子崔〈序〉云：

> 此瓦圖狀高古而文殊，絕足以觀秦漢之制，補許賈之遺，而禪益於
> 學不鮮鮮者乎，所謂娛情利物兩得之者。〔註307〕

文字瓦當從圖象來看是「高古」，自文字而觀是「特殊」，而且可以補許慎、賈誼之遺漏，對於學術的價值很大，還兼有「娛情」、「利物」兩項優點。

（二）可補古史收錄的不足

瓦當文字雖然囿於版面，字數載錄多半較少，但是上面所記之文字，對於古史之撰述或是考證，有其歷史價值，「斯知古器，以廣見聞。益於學者，知言不誣」〔註308〕，如今日所言「二重證據法」，學者考證時，除依傳世文獻外，就須依出土文物，方才能雙重證明。又「可以識炎運之西隆，窺劉祚之東替也矣。」〔註309〕，可從瓦當看到西漢之興起以及轉替至東漢的過程。是故，瓦當文字之存在，就是一種活古物，可以補古史之不足。

（三）可作文字研究的材料

仔細觀察瓦當，「觀其體，皆深習八體六技者之所爲，非盡陶師之爲也」〔註310〕，文字書寫者，多半不是一般工匠個人所爲，應是有熟悉不同字體的士人指導，或是士人先寫，再請工匠製作。又「後漢祠墓之刻碑，皆石工書；而前漢瓦文，乃兼大小篆」〔註311〕東漢的碑文多是刻石的工匠所寫、鐫刻，

〔註307〕〔清〕畢沅等撰：《秦漢瓦當圖》，《石刻史料新編·第四輯》第 10 冊，頁 698。
〔註308〕〔清〕畢沅等撰：《秦漢瓦當圖》，《石刻史料新編·第四輯》第 10 冊，頁 699。
〔註309〕〔清〕龔自珍撰：《龔定庵全集類編·卷三·瓦錄序》（臺北：世界書局，2009
年 5 月），頁 46。
〔註310〕〔清〕龔自珍撰：《龔定庵全集類編·卷三·瓦錄序》，頁 46。
〔註311〕同上註。

但是西漢的瓦當文字，可是兼容大篆、小篆的風格而成，所以瓦當文字在文字學中，包括字形、字樣等，具有重要的時代意義，因爲可見當時的書寫習慣或是運筆風格等。

每個時代都有其最具代表的文物，「觀物知敺」〔註312〕，如甲骨代表殷商文化，銅器銘文代表西周文化，而「瓦當」可能就是漢代相當具代表性的文物。對於《秦漢瓦當圖》一書，日人綾瀨龜田十分讚許，其云：「此編宜與林佶《漢甘泉宮瓦記》俱稱案頭雙璧也。」〔註313〕非常中肯的說法，恰如其分。

第五節　《經訓堂法帖》析論

在畢沅的金石學著作《關中金石記》、《中州金石記》、《秦漢瓦當圖》以外，有一本比較特別的作品，名爲《經訓堂法帖》，又稱《經訓堂法書》。此書雖非畢沅所寫成，但是其親自揀選編冊的書，能展現其對於書法作品的評選眼光，因爲他「性恬淡，無他嗜好，獨愛鑒別名人手跡。凡晉魏以來法書名畫、秘文秘簡暨金石之文，抉別蒐羅，吳下儲藏家群推第一。」〔註314〕對古器的蒐藏，舊物的搜羅，可說是如癡如狂，但又並非隨意收集，而是具有相當的眼光。

《經訓堂法帖》共有十二卷，是畢沅挑選、審定而成的「歷代書法名家作品拓本選」，由他三弟畢瀓之獨子畢裕曾編目。因爲畢瀓早逝，畢裕曾由畢沅資助長大，方才能在乾隆三十年（1765 年）恩科舉人，後受任爲直隸州豐潤縣知縣。〔註315〕鐫刻此法帖的人則是畢沅幕賓錢泳，他喜好書法，亦擅長碑刻、鐫帖，其云：

> 余生平無所嗜好，最喜閱古法帖，而又喜看古人墨跡，見有佳札輒
> 爲雙鉤入石，以存古人面目，亦如戴安道總角刻碑，似有來因也。

〔註312〕「敺」同「驅」。〔清〕畢沅等撰：《秦漢瓦當圖》，《石刻史料新編・第四輯》
　　　　第 10 冊，頁 698。

〔註313〕同上注。

〔註314〕〔清〕史善長編：《弇山畢公年譜》，《乾嘉名儒年譜》第 5 冊，頁 598。

〔註315〕畢沅曾作《武陵行館得裕曾姪秋闈捷報詩以誌喜》詩，記錄畢裕曾中舉捷報，
　　　　詩云：「江南驛使遞文鱗，桂籍標題姓氏真。餘慶早鳴金鷟鷟，鳳根元降石麒
　　　　麟。芸箱責重思先子，蓉鏡姑深照替人。叢菊花逢開口笑，羽觴斟酌過三巡。」
　　　　參見〔清〕畢沅等撰；楊君點校：《畢沅詩集・樂游聯唱集》，《乾嘉詩文名家
　　　　叢刊》，頁 1025。

乾隆五十三、四年間始出門負米，初爲畢秋帆尚書刻《經訓堂帖》
十二卷，又自臨漢碑數種，刻《攀雲閣帖》二冊，便爲海內風行。
〔註316〕

如此觀之，《經訓堂法帖》開始鐫刻是在乾隆五十三年（1788年），「公命先生選刻晉唐宋元諸墨蹟爲《經訓堂帖》，將欲上石，公已往楚北矣。先生因館於樂圃中治其事。」〔註317〕是畢沅託錢泳所刻，歷時三年方成。錢泳云：

乾隆庚戌歲三月三日，余寓畢秋帆尚書樂圃之賜閒堂，時正爲尚書刻《經訓堂帖》，遂取松雪齋所藏《蘭亭》五字未損本，及唐懷素《小草千文》、徐季海《朱巨川告》、蔡君謨自書詩稿、蘇東坡《橘頌》、陳簡齋詩卷、朱晦庵《城南詩》、虞伯生《誅蚊賦》、趙松雪《枯樹賦》諸墨跡，置諸案頭，同觀者爲彭尺木進士，潘榕臯農部，張東畬大令，郭鮑雅、陸謹庭兩孝廉，彈琴賦詩，歡敘竟日，爲一時佳話。〔註318〕

乾隆庚戌年乃乾隆五十五年（1790年）。足見錢氏自乾隆五十三年（1788年）開始鐫刻，到五十五年才完成，且此帖竣工後，「海內風行至今，子孫尚食其利云。」〔註319〕畢沅逝世不久即被抄家，也靠著此帖養活不少子孫，因爲「尚書歿後，家產蕩然，家人輩拓之爲餬口計」〔註320〕若非此帖頗有價值，焉能「拓之爲餬口計」！

一、法帖概述

在了解《經訓堂法帖》前，必須先了解什麼是法帖？又法帖的歷史發展爲何？首先，所謂的「法帖」，「是摹刻在石版或木版上的法書經傳拓後，可供人效法和欣賞者。」〔註321〕「『帖』指在古人墨迹前加上題署，例見於六朝，於是與書法掛鉤。」〔註322〕足見法帖最早出現在六朝，而且與金石、書法的

〔註316〕〔清〕錢泳著：孟裴校點：《履園叢話》，頁173。
〔註317〕〔清〕某穎編；〔清〕錢泳校訂：《梅溪先生年譜・乾隆五十三年》，《乾嘉名儒年譜》第10冊（北京：北京圖書館出版社，2006年7月），頁346。
〔註318〕〔清〕錢泳著：孟裴校點：《履園叢話》，頁425。
〔註319〕〔清〕錢泳著：孟裴校點：《履園叢話》，頁100。
〔註320〕〔清〕錢泳著：孟裴校點：《履園叢話》，頁425。
〔註321〕徐自強、吳夢麟著：《古代石刻通論》（北京：紫禁城出版社，2003年7月），頁182。
〔註322〕毛遠明著：《碑刻文獻學通論》（北京：中華書局，2009年12月），頁407。

關係非常密切，武平一在《徐氏法書記》中曾提及，其云：

> 魏太和中，韋誕自武都太守以善書至侍郎，宮觀寶器，皆誕之跡，
> 嘗登凌雲臺題榜，下而白首。太尉鍾繇，一時之妙，冠於前，垂於
> 後。繇子會，晉太保衛瓘父子，吳人皇象。晉征西司馬索靖，中書
> 郎李克母衛夫人，並得鍾、張之楷，擅價當時。中興後，王丞相茂
> 宏父子、庾征西稚恭兄弟，咸著盛名於江西，其窮神極變，龍翔天
> 逸。今古獨立者，見乎晉會稽內史右將軍琅琊王羲之。羲之子獻之，
> 亦傳其妙，而不之逮也。先賢所評子敬之比逸少，猶士季之比元常，
> 言去之遠矣。故二王之跡，歷代寶之。宋文、齊高，洎梁武父子、
> 湘東、邵陵、咸以爲師楷。梁大同中，武帝敕周興嗣撰《千字文》，
> 使殷鐵石模次羲之之迹，以賜八王。右軍之書，咸歸梁室。屬侯景
> 亂，兵火之後，多從湮闕，而西臺諸宮，尚積餘寶，元帝之死，一
> 皆自焚，可爲悲也！歷周至隋，初并天下，大業之始，後主頗求其
> 書，往往有獻者。〔註323〕

由武氏之說可以清楚知道，在六朝當時，在士紳階級的這些達官貴人們，對
於書法的要求與喜愛，大家都想效法鍾繇、張芝、王羲之等人，且對他們的
墨寶更是珍藏。南朝各代的帝王，也都也想師法這些書法名家，到了梁武帝
時，便敕令周興嗣挑選王右軍的書法千字，鑴刻成石文，再發給以下的八位
王侯，作爲書學的楷模。此類因帝王喜愛而下令輯刻的情形，唐代亦然，到
了宋代，更是活躍，秦觀云：「法帖者，太宗皇帝時，遣使購摹前代法書，集
爲十卷，刻於木板，藏之業中，大臣初登二府者，詔以一本賜之，其後不復
賜，世號法帖。」〔註324〕在宋太宗時，派人會匯整歷代名家書法墨蹟，再將
之鑴刻在石板或木板上，而後拓成墨本並編成冊的刻帖，這種刻帖使古人的
書法作品得以流傳，亦是學習書法的楷模，所以稱之爲「法帖」。

　　宋代著名的法帖不少，如南宋曹之格所摹刻的《寶晉齋法帖》十卷，此
法帖最早是因爲北宋米芾得到東晉王羲之《王略帖》、王獻之《十二月帖》及
謝安《八月五日帖》的墨跡，故對其書齋取迷作「寶晉」，後米氏於崇寧三年
（1104 年）時，刻三帖於石上，經過幾番波折，南宋曹之格再重新摹刻，並

〔註323〕〔清〕董誥等編；孫映逵等點校《全唐文·卷二百六十八·徐氏法書記》，（太
　　　　原：山西教育出版社，2002 年 12 月），頁 1620。
〔註324〕〔宋〕秦觀撰：《法帖通解》，《法帖考》（臺北：世界書局，2013 年 11 月），
　　　　頁 1。

加入私藏之《晉帖》與米芾之書多種而成。法帖發展到了清代，已有近千年的歷史，洋洋巨制者不少，如乾隆時《三希堂法帖》三十二冊，是高宗敕令梁詩正等人，編次並鐫刻內府所藏的魏晉至明代的書法作品，當中包含王羲之《快雪時晴帖》、王獻之《中秋帖》、王珣《伯遠帖》三帖，乾隆珍藏於「三希堂」中，故以之爲名，是法帖中的巨製。

　　金石學中，碑刻或法帖均是很重要的研究素材，不過碑與帖仍有差異，毛遠明曾說：

> 世人一般碑帖連稱，其實碑與帖本是兩種不同的概念，表示兩種不同的事物。碑是豎石，或刻石之文；帖則是書法墨迹。從書法史的角度考察，書法藝術與文字伴生。雖然文字作爲語言的書寫符號系統，本質功能是記錄語言，但書者總是在使用過程中追求文字的形式美。〔註325〕

由毛氏之說，可知碑較重要的是其實用性，而帖雖亦有實用性，但其有較高的價值，是在藝術方面，因爲書家在書寫中，常是追求其形式美感，所以會有較多的形體變化，展生不同角度的觀感，亦有不同層面的內涵。

二、輯刻背景

　　畢沅並未在《經訓堂法帖》中寫序說明其輯錄的原因，畢裕曾未說明，錢泳亦未解釋，那要如何得知畢沅的用意？就此法帖的目錄來看，上有印作「婁東畢氏家藏」，目錄後亦有一頁拓本，上有三個方印，第一個是「靈巖山人祕笈之印」，第二個是「婁東畢沅鑑藏」，第三個是「畢瀧審定」，從此四個印鑑看來，可知此法帖是畢家相傳而承，經畢沅及畢瀧兄弟品鑑、審定後，由錢泳鐫刻，才傳至畢裕曾手上，所以可說是畢家的傳家之寶。那麼，畢家流傳此法帖的目的是？廖新田曾說：

> 法帖乃以一法書爲宗，經翻刻後得其複本，以廣流傳之用。值得注意的有一、原始法書必是可信度高或極有價值的眞蹟；二、法帖的產生最主要的用意是能廣爲流傳，其翻刻失眞不是其初衷。〔註326〕

意即，對外而言，《經訓堂法帖》的流傳，最主要是代表著畢沅及畢瀧兄弟對於書中這些拓本眞僞的的鑑定，「必是可信度高或極有價值的眞蹟」，他們才

〔註325〕毛遠明著：《碑刻文獻學通論》，頁406。
〔註326〕廖新田著：《清代碑學書法研究》，頁48。

會翻刻、拓印，不是行家之跡，又何必家傳！再者，廣爲流傳，亦是爲這些行家的墨寶傳承，貢獻一番心力，不僅在金石學是重要的文獻，更是書法史研究的關鍵；對內而言，因爲法帖的性質，如《古代石刻通論》所說：

> 它與碑的區別不只是在文字內容、書體、形制、刻法等方面，關鍵是在它們的性質和用途。一般法帖是選刻摹勒歷代帝王、名臣和名人等，以爲師法的墨跡，供人臨摹和欣賞。換言之：法帖具有「欣賞性」和「可效法性」。〔註327〕

就畢家而言，世世代代都將受其家學淵源影響，因此對於這些行家墨跡，子子孫孫都應要有鑑賞的能力，還能保存，此外，在習寫書法上，更是要效法這些名家，方才有良好的教育，成爲畢家的人才。雖然畢沅、畢瀧、錢泳、畢裕曾等人並未明說，但就法帖的性質與目的來看，大抵畢沅審定《經訓堂法帖》的用心，已是不言可喻。

三、內容述論

《經訓堂法帖》原本分作十二卷，收錄有晉、唐、宋、元、明五個朝代的名家書帖，包括四十一位書家的五十五個字帖，卷一收東晉王羲之，卷二收唐人，卷三、卷四收宋人，卷五、卷六收元人，卷九、十、十一、十二則是明人。其中，有十八個字帖後有歷代名家作跋，在此同一字帖中，作跋者少之一位，多則七位，還有一帖《里社按樂詩》，後收有題畫詩。若以字帖的文體區分，則以詩最大宗，有十七帖，札居次，有十三帖，賦者再次，有五帖，包含其他各類，共有十八類文體。本法帖之相關統計，見下方二表：

表八：《經訓堂法帖》朝代統計表

朝　代	數　量	書　家
晉	2	1
唐	4	4
宋	10	8
元	21	15
明	18	13
總共	55 帖	41 位書家

〔註327〕徐自強、吳夢麟著：《古代石刻通論》，頁182。

表九：《經訓堂法帖》文體統計表

文　體	數　量	備　　註
詩	17	包括五絕 2、七絕 1、或名爲「作」1
札	13	
賦	5	
頌	3	
經	2	
記	2	
實	1	
銘	1	
詞	1	
告	1	
文	1	
詠	1	
贊	1	
辭	1	
歌	1	
說	1	
字帖	1	
墓誌	1	

　　畢沅在《經訓堂法帖》中，僅在第一帖《黃庭內景經》後寫跋，其云：

> 此帖高古奇宕，具雲鶴遊翔之勢，結字用筆迥異常蹊，摹勒之家，
> 輒憚爲之。余悉心參究，又得王夢樓同年共相商確，屬劉君次山摹
> 勒之，頗得筆外之意，持以冠諸刻者。董文敏鴻堂例也。鎭洋畢沅
> 識。〔註328〕

此字帖是晉代王羲之所書，帖前有清代張照寫的「引首」與宋徽宗書「標題」，
末有畢沅作跋。《黃庭內景經》，全稱《上清黃庭內景經》，是著名的道教經
典，亦是養生學名著，作者、成書年代不詳。全經共有二百三十九句七言韻
語，分作三十六章，每章各取首句二字爲題，講解養生之道。晉代王羲之曾

〔註328〕〔清〕畢沅審定；〔清〕畢裕曾編次：《經訓堂法帖・第一冊・畢弇山跋》第
　　　　1 冊（北京：北京古籍出版社，1996 年 12 月）。

以小楷書寫全文，是書法界的珍寶。畢跋先從字帖整體氣勢論起，評此帖「高古奇宕」，再就用字結構分析，稱「迴異常蹊」，所以歷來的書家、刻手，忌憚模仿，畢氏也是仔細思考，再與王文治商討後，這才確定此帖是宋代羅公升所摹刻，功巧精湛，頗有「筆外之意」。畢沅對於此帖有著相當高的評價，所以才會收錄。

畢沅與其弟畢瀧對於墨寶的鑑賞力頗佳，因為這些字帖後之作跋者，亦是各代書畫名家，如第二帖王羲之《二十字帖》，後有吳寬跋。吳寬，號匏庵，明代成化時人，會試、廷試皆第一，官至禮部尚書，為當時著名官員、文人；第三帖虞永興《汝南公主墓誌》，後有李西涯、王世貞二人跋。李西涯亦是明代成化時人，官拜文淵閣大學士，自幼便是聞名京城的神童，王世貞，字元美，號鳳洲，明代蘇州太倉人，為「後七子」之一，亦是著名的官員、文人；第四帖唐明皇《鶺鴒頌》，後有蔡京跋。蔡京，字元長，北宋宰香，更是著名的書法家。其他如元代趙孟頫、明代文徵明、文嘉父子、董其昌等人，都是著名的書畫家。《經訓堂法帖》所收錄字帖，記其目錄如下，以作參考：

表十：《經訓堂法帖》目錄表

No	朝代	書者	帖名	跋者		
01	晉	王右軍	黃庭內景經	張得天（書引首）	宋徽宗（標題）	畢弇山
02	晉	王右軍	二十字帖	吳匏菴		
03	唐	虞永興	汝南公主墓誌	李西涯	王鳳洲	
04	唐	唐明皇	鶺鴒頌	蔡元長	蔡元度	
05	唐	徐季海	書朱巨川告	鮮于伯幾	張可與	董思白
06	唐	釋懷素	小草千文	文衡山	文休承	宋牧仲
07	宋	蔡忠惠	自書詩之三	楊延平	張正民	蔣燦
				向若冰	張天雨	
08	宋	陳簡齋	自書所作九首	朱晦菴	危太樸	
09	宋	朱文公	城南二十詠	干文傳	謝在杍	
10	宋	黃晉卿	城南齋記			
11	宋	蘇文忠	橘頌	曾君錫	趙松雪	張東海
				董思白	歸文修	

12	宋	蘇文忠	送安國教授詩	陳石碼	高江村	
13	宋	黃文節	六書五言一絕			
14	宋	黃文節	梵志詩			
15	宋	米南宮	札			
16	宋	白真人	札			
17	元	趙文敏	洛神賦	張天雨		
18	元	趙文敏	太湖石贊	王鳳洲	董思白	文文肅
19	元	趙文敏	札五			
20	元	趙文敏	枯樹賦	孟淳	白湛淵	陳深
				窑古	龔子敬	王鳳洲
				董思白		
21	元	趙文敏	歸去來辭	宋元禧		
22	元	鮮于伯幾	七絕二首			
23	元	康里子	山札			
24	元	饒借之	蕉池積雪詩	金恥菴	姚雲東	
25	元	陳敬初	札			
26	元	顧定之	和張士行詩			
27	元	張伯雨	與覺海上人詩			
28	元	張伯雨	里社按樂詩	（題畫詩）		
29	元	倪雲林	懶遊窩記			
30	元	楊鐵崖	書張南軒城南詩	自題	孫退谷	
31	元	楊鐵崖	三雲所志詩			
32	元	錢惟善	札			
33	元	陸宅之	札			
34	元	鄧善之	札			
35	元	虞雍公	誅蚊賦刻石疏			
36	元	白湛淵	小圃五絕			
37	元	沙門大祐	七寶泉行實			
38	明	姚少師	七寶泉塔銘			
39	明	錢東湖	題七寶泉遺蹟詩			
40	明	吳匏菴	錄舊作九首			
41	明	吳匏菴	札二			

42	明	楊三南	志感詩			
43	明	唐六如	詞二十四首			
44	明	祝京兆	黃庭經			
45	明	祝京兆	鵬賦			
46	明	陳魯南	南朝古寺詩			
47	明	王雅宜	五噫歌			
48	明	文衡山	聖主得賢臣頌			
49	明	文衡山	赤壁賦			
50	明	文衡山	札二			
51	明	文山橋	臨蘇書禱塔詩			
52	明	文山橋	札二			
53	明	文休承	札			
54	明	王繩武	札			
55	明	董文敏	骨董十三說			

四、學術價值

《經訓堂法帖》是畢沅對於書畫鑑賞的一大指標，其價值有以下：

（一）保存重要書帖

法帖不僅是金石學中石刻的一類，更是重要的文字史料，是研究金石學、文字學、書學、藝術等學問的重要文物，更是學習書法不可多得的極佳範本，所以《經訓堂法帖》之價值，誠如錢泳所云：「忽忽三十年，諸公半皆凋謝，卷冊亦已散亡，惟《經訓堂帖》巋然獨存，金石之可貴如此。」〔註329〕

（二）保存重要帖跋

這些重要的書帖，不僅是難得的藝術佳品，其後，書家們所作之「跋」，更是研究書學重要的素材，所以《經訓堂法帖》，本身就是一部有價值的書法文獻，爲今後的研究，提供了寶貴資料。

（三）保存書學藝術

一部好的法帖，必是收錄許多馳名的書法作品，《經訓堂法帖》即是如

〔註329〕〔清〕錢泳著；孟裴校點：《履園叢話》，頁425。

此，收錄包括東晉王羲之、唐代懷素、宋代蘇東坡、元代趙文敏、明代唐伯虎等人書作，因為「法帖收羅了無數名家，不同風格的墨迹，就書法而言，自是豐富多彩，尤其是諸多名人墨迹，原本已佚，只靠法帖得以流傳。」〔註330〕對於書學的影響甚是鉅大。

畢沅此帖確實為清代的書學、帖學及書學藝術有著不少的貢獻，不僅在乾嘉時期，乃擴至整個清代，都是不可多得之成就，誠如劉維波所說：「《經訓堂法帖》在清代乾隆年間眾多的私人刻帖中品質上乘，可與乾隆皇帝之子成親王永瑆所刻的《詒晉齋法帖》，孔繼涑的《玉虹鑒真帖》等相提並論。」〔註331〕，所言當是非常公允。

第六節　《山左金石志》析論

《山左金石志》二十四卷，畢沅、阮元同撰，是第一本具有完整體例的山東地區之古代金石文獻彙編，資料蒐羅豐富，其所著錄之刻石是《關中金石志》、《中州金石記》的數倍，全書共錄有殷商至元代的碑版、鏡印、彝器、錢幣等一千三百多物。歷來對此書的編纂者有許多討論，包括《清史稿》、《清朝續文獻通考》與《書目答問》等書，均稱此書為畢沅與阮元同撰，但亦有不同意之說。以下將先說明撰述背景及作者，次論是書內容精華，最後再將全書特色與價值闡明。

一、撰述背景

阮元會動念要撰寫金石書，第一個原因是因為山東地區自古即有許多的金石寶物，其云：

> 元以乾隆五十八年秋，奉命視學山左，首謁闕里，觀乾隆欽頒周器及鼎、幣、戈、尺諸古金，又摩挲兩漢石刻，移亭長府門卒二石人於釁相圍。次登泰岱，觀唐摩崖碑，得從臣銜名及宋趙德甫諸題名。次過濟寧學，觀戟門諸碑及黃小松司馬易所得漢祠石象，歸而始有勒成一書之志。〔註332〕

〔註330〕徐自強、吳夢麟著：《古代石刻通論》，頁184。
〔註331〕劉維波撰：《畢沅與金石學研究——以《關中金石記》為中心》，頁24。
〔註332〕〔清〕畢沅、阮元撰：《山左金石志·阮元序》，《續修四庫全書》第909冊，

在乾隆五十八年（1793 年）的秋天，阮元奉旨擔任山東學政，掌管山東地區的教育行政及各省學校等事務，首先他就去拜謁了孔子的故鄉曲阜，在當地觀看許多皇帝御賜的寶物，像是鼎、幣、戈、尺等古代金屬，而且還用手撫摩兩漢石刻。再登上泰山，察看唐《摩崖碑》上的題名。接著到濟寧府學，觀察戟門諸碑及漢祠的石像。因為這樣的一回古物巡視，讓阮元起了纂修《山左金石志》的想法。第二個原因正是畢沅影響。阮元云：

> 五十九年，畢秋帆先生奉命巡撫山東。先是，先生撫陝西、河南時，
> 曾修《關中》、《中州》金石二志，元欲以《山左》之志屬之先生，
> 先生曰：「吾老矣，且政繁，精力不及此，願學使者為之也。」元曰：
> 「諾。」〔註333〕

就在阮元視學山東的第二年，畢沅被貶，到任山東巡撫，兩人同鄉又有相同志趣——熱愛金石，於是阮元便將欲編纂金石書的目的告訴畢沅，邀請他一同撰寫，畢沅雖以公事繁忙、年紀大、體力不夠等原因推辭，但其實非常認同阮元的想法，所以還是給予阮元許多幫助，「先生遂檢《關中》、《中州》二志付元，且為商定條例暨搜訪諸事。」〔註334〕因畢沅之前在陝西曾撰《關中金石志》，在河南纂過《中州金石志》，有著先前的經驗，便先將兩本自己的著作交付給阮元，並且與他討論撰書的條例，以及如何去查找資料。於是就在畢沅的指導與幫助下，阮元便在整個山東地區，「萃十一府兩州之碑碣，又各出所藏彝器、錢幣、官私印章，彙而編之」〔註335〕，收集了許多碑石拓片、彝器、錢、印等物，開始了撰寫的工作，「公務之暇，諮訪者舊，廣為搜索」〔註336〕公忙之外亦不釋卷，努力纂寫，使得《山左金石志》的規模甚大，所收拓本有一千三百多件，比「《關中》、《中州》多至三倍」〔註337〕。

　　不久後，畢沅到湖廣任總督，離開了山東，而阮元繼續撰寫。到了乾隆六十年（1795 年）的冬季，是書「草稿稟斯定，元復奉命視學兩浙，舟車餘

　　　　頁 368。
〔註333〕同上注。
〔註334〕同上注。
〔註335〕〔清〕畢沅、阮元撰：《山左金石志・錢大昕序》，《續修四庫全書》第 909
　　　　冊，頁 367。
〔註336〕同上注。
〔註337〕〔清〕畢沅、阮元撰：《山左金石志・阮元序》，《續修四庫全書》第 909 冊，
　　　　頁 368。

閒，重爲釐訂，更屬仁和趙晉齋魏校勘」〔註338〕，就在阮元將書大抵完成後，他被派任到兩浙，公忙之餘，並沒有忘記修改，「携其稿南來，手自刪訂」〔註339〕。是書「修飾潤色」的工作是由阮元所做，所以今日有些學者認爲是阮元與其幕友所撰，〔註340〕但「是書本與先生商訂分纂，先生菑楚雖羽檄紛馳，而郵筒往復指證頗多」〔註341〕，也就是說，畢沅不僅是提供編輯體例，更是參與了校正的工作，而且萬事起頭難，要憑空撰述不是易事，若沒有畢沅的參與，該書也不易完成，所以阮元將此書署爲二人合做，其實並不爲過。「阮侍郎旣刻《山左金石書》，以成督部之志」〔註342〕，撰寫這本《山左金石志》是他和畢沅共同的努力，所以他才會有「今寫付板削，戔然成卷秩，而先生竟未及一顧也。噫！是可悲已」〔註343〕的感嘆。

此書之撰寫，除了畢沅與阮元兩位主力外，其實也有不少幕友的幫助，阮元云：

> 元在山左卷牘之暇，即事考覽，引仁和朱朗齋、錢唐何夢華元錫、偃師武虛穀億、益都段赤亭松苓爲助〔註344〕

包括朱文藻〔註345〕、何元錫〔註346〕、武億〔註347〕、段松苓〔註348〕以及負

〔註338〕〔清〕畢沅、阮元撰：《山左金石志‧阮元序》，《續修四庫全書》第909冊，頁369。

〔註339〕〔清〕畢沅、阮元撰：《山左金石志‧錢大昕序》，《續修四庫全書》第909冊，頁367。

〔註340〕如孟凡港、王文超，見孟凡港撰：〈《山左金石志》纂修者述論——兼對「畢沅、阮元同撰」的辨正〉，《古籍整理研究學刊》（2012年7月第4期）及王文超撰：〈從何紹基與山左北朝石刻之關係看其北碑觀〉《全國第九屆書學討論會論文集》（北京：中國書法家協會，2012年）。

〔註341〕〔清〕畢沅、阮元撰：《山左金石志‧阮元序》，《續修四庫全書》第909冊，頁369。

〔註342〕〔清〕嚴觀撰：《湖北金石詩》，頁43。

〔註343〕〔清〕畢沅、阮元撰：《山左金石志‧阮元序》，《續修四庫全書》第909冊，頁369。

〔註344〕〔清〕畢沅、阮元撰：《山左金石志‧阮元序》，《續修四庫全書》第909冊，頁368。

〔註345〕朱文藻（1735～1806年），字映漘，號朗齋，浙江仁和（今杭州）人，精六書，通史學。

〔註346〕何元錫（1766～1806年），字夢華，又字敬祉，號蜨隱，浙江錢塘（今杭州）人，好古學，富收藏，喜金石蒐藏。

〔註347〕武億（1745～1799年），字虛穀，一字小石，自號半石山人，河南偃師（今偃師）人，擅金石學。

責校勘的趙魏〔註349〕。朱氏精通六書、史學，何、武、段、趙等人，皆酷嗜金石學，在他們的協助下，而能成就此書。一本良好的著作，往往是集眾家之大成，《山左金石志》即是如此。

二、內容述論

　　《山左金石志》是一本綜合前書優點並有眾人幫助而完成的一部著作，此處將自收錄範圍、編輯體例依序而論，次而將書中精彩的長處列舉，並附例證說明。

（一）收錄範圍

　　此書最主要收錄山東地區的碑碣拓片、彝器、錢幣、印章等物。阮元云：

> 金石之多，無如中原，然雍豫無西漢以前石刻，而山左有秦碑三，西漢三，雍豫二記，著錄僅七八百種。此編多至千有七百，昔歐趙兩家，集海內奇文，歐目僅千，趙纔倍之，今以一省而若是其多，誰謂今人不如古哉。〔註350〕

自古以來中原是國家首都「雍豫」所在，但是無論長安或洛陽，都不見西漢之前的石刻，此書卻有秦代、西漢碑石各三座，而且著錄的碑石有一千多種，遠超過歐陽脩或是趙明誠所錄的規模。歐、趙二人已是遍尋周訪，蒐羅全天下的奇文，方才有那樣的成果，但《山左金石志》，僅在山東一省境內，就找到這麼多，如此豐富的材料，絕對不輸古代，包括《武梁畫象》，是「元明人目所未睹，而今乃盡出」〔註351〕，或《任城夫人碑》，「出于洪文惠之外者」、「歐趙之所失收」〔註352〕，都是非常珍貴的石刻材料。

（二）編輯體例

　　全書二十四卷，在編輯體例上，「仿洪丞相之例，錄其全文，附以辨證，記其廣修尺寸，字徑大小，行數多少」〔註353〕，不僅是將器上文字全寫下，

〔註348〕段松苓（1745～1800年），字勁伯，亦字赤亭，青州益都（今山東青州）人，熱愛金石。
〔註349〕趙魏（1746～1825年），字晉齋，號菉森，浙江仁和（今杭州）人，喜金石之學。
〔註350〕〔清〕畢沅、阮元撰：《山左金石志》，《續修四庫全書》第909冊，頁367～368。
〔註351〕〔清〕畢沅、阮元撰：《山左金石志》，《續修四庫全書》第909冊，頁367。
〔註352〕同上注。
〔註353〕〔清〕畢沅、阮元撰：《山左金石志・阮元序》，《續修四庫全書》第909冊，

對於金石的來歷、保存情形、摹本、拓本等情況皆有交代，若有銘文則摹錄於器名後；若有銅器、刀布、印章、鏡子等物，也繪以實圖參考，力求達到「俾讀之者，瞭然如指諸掌，既博且精」〔註354〕的完美狀態。

此書的體例，係畢沅與阮元二人「商定條例」而成，編排上同《關中金石記》、《中州金石記》，依朝代而分卷，而且會依金、石、幣、印、布等不同類別排列。卷一收錄「欽頒闕里周范銅器十事」、「周金」、「商金」；卷二收錄「周金」、「秦金」、「西漢金」、「東漢金」；卷三收錄「魏金」、「晉金」、「北魏金」、「北齊金」、「隋金」、「唐金」、「宋金」、「金金」、「元金」；卷四收錄「刀布」；卷五收錄「鏡」；卷六收錄「印」；卷七收錄「秦石」、「西漢石」、「東漢石」；卷八收錄「東漢石」、「魏石」；卷九收錄「西魏石」、「東魏石」；卷十收錄「北齊石」、「北周石」、「隋石」；卷十一至十三收錄「唐石」；卷十四收錄「後梁石」、「後唐石」、「後晉石」、「後漢石」、「後周石」；卷十五至十八收錄「宋石」、「後唐石」、「後晉石」、「後漢石」、「後周石」；卷十九至二十收錄「金石」；卷二十一至二十四收錄「元石」。

因有前賢的纂書經驗幫助，再加上些許的改良，使得《山左金石志》算是體例十分完備的金石書。

（三）碑刻審美

碑刻與書法係有密切的關係，因為一個碑刻的形成，通常會有兩人以上的牽涉，包括最早書寫字體的人，以及鐫刻上石的工匠。撰寫字體的人，多半都是書學的名家，由他們先書寫，再付由工匠摹刻於石，所以石刻文字，往往兼備了實用與美感的雙重成分，尤其在美學的角度看來，碑刻具有其特殊美感，碑刻的文字更有充滿藝術性，所以應著時代的發展，清代形成了一股碑學書法與金石的審美風潮。對於碑帖二者，阮元撰有〈南北書派論〉與〈北碑南帖論〉二篇重要的文章，述說他個人對於北碑南帖的看法。因為他是金石學家、考據學家，有其深厚的學術背景，因而對於北碑南帖的看法是採取對立的，喜歡北碑，認為北碑是拘謹拙陋、方嚴遒勁、方正挺拔、格法勁正、勁正遒秀、界格方嚴、質秀；南帖是疏放妍妙、輕浮、飄逸、妍態、意態揮灑。在《山左金石志》中，就有許多關於碑刻文字的品評。

頁368。
〔註354〕同上注。

1、《魯郡太守張猛龍碑》

案猛龍《魏書》無傳……碑文儁永，開齊梁風致。〔註355〕

「正光」是北魏孝明帝元詡的第三個年號，此碑立於正光三年（522 年）正月，碑文的藝術特色是「儁永」，也影響了南朝齊、梁的書風。

2、《高植墓誌》

碑存者，字體精整，鋒穎猶新，爲顏魯公所祖，洵可珍也。〔註356〕

對於此碑的字體，給予正面的評價，精整即精緻、整齊，筆端帶有銳氣，充滿新意。這樣的筆鋒，係唐代書法大師顏眞卿所師法的，值得好好珍藏。

3、《曹望憘造象記》

……碑字秀勁，已開唐人法脈。〔註357〕

此碑立於北魏，描寫曹望憘所造之佛像，該像四面刊刻，三面畫像，一面題記。畫像的筆觸細膩，線條流暢，文字書法更是「秀勁」，影響了唐代書學派別的流傳，具有很高的藝術美感。

4、《贈齊州刺史高湛墓誌銘》

碑字秀勁，爲唐時虞、褚諸家所本。〔註358〕

「秀勁」是此書品評碑體文字常用的詞彙，因爲阮元論字，特別喜「勁」，「遒勁」、「勁正」等均是。此碑文字清麗、俊美且充滿力量。習書者，重視字的運筆，控制字畫的力道，甚是重要，所以此碑字影響唐代虞世南與褚遂良二位重要的書法家。

5、《比邱道朏造象記》

右造象記八行，字徑七分，頗秀勁。〔註359〕

同《曹望憘造象記》、《贈齊州刺史高湛墓誌銘》之字體，有「秀勁」的風格，值得珍藏、品味。

〔註355〕〔清〕畢沅、阮元撰：《山左金石志・卷九》，《續修四庫全書》第 909 冊，頁 507～508。
〔註356〕〔清〕畢沅、阮元撰：《山左金石志・卷九》，《續修四庫全書》第 909 冊，頁 505。
〔註357〕〔清〕畢沅、阮元撰：《山左金石志・卷九》，《續修四庫全書》第 909 冊，頁 508。
〔註358〕〔清〕畢沅、阮元撰：《山左金石志・卷九》，《續修四庫全書》第 909 冊，頁 509。
〔註359〕〔清〕畢沅、阮元撰：《山左金石志・卷十》，《續修四庫全書》第 909 冊，頁 512。

6、《法王院金剛經殘石》

……右經文拓本四紙未全，楷法精整，極似率更，惜無年代可考。
〔註360〕

「精整」同是此書常用的品評書體之詞彙。在鑑賞外，也就字體的姿態，猜測此字也許是歐陽詢所書。「率更」，即指歐陽詢，唐代著名的書法家，因其曾任率更令，尤精於楷法。

7、《禪社首壇頌碑》

右碑文及題銜凡五十一行，……而書體甚精整。〔註361〕

同《高植墓誌》、《法王院金剛經殘石》之字體，有「精整」的風格，值得後人效法。

8、《宮苑副使趙公墓志》

書法秀勁，有唐人風度，殊可法也。〔註362〕

此碑係自乾隆六年（1741年）出土，不著刻者等，但就碑字的書法而觀，有唐人書體之風采、儀態，所以仍是可師法的碑字。

9、《文書訥書大靈巖寺額碑》

按文書訥，史志皆不詳，其人筆法整嚴，神采秀勁，元碑之完善者。
〔註363〕

此碑書者為「文書訥」，雖然不知其為何人，但就字體觀之，可知他的筆法整齊一致，充滿精神，筆鋒遒勁。此碑是元代碑石中保存完整的。

《山左金石志》中有著許多撰跋者的評鑑眼光與評語，多係阮元所撰，見微之著，就此數例中，已可窺見阮元對於碑字的評價與要求。因著對於碑、帖等的評判各有標準，阮元後也撰有專文論述，如〈北碑南帖論〉，其云：

前後漢隸碑盛興，書家輩出。東漢山川廟墓，無不刊石勒銘，最有
矩法。降及西晉、北朝，中原漢碑林立，學者慕之，轉相摩習。唐

〔註360〕〔清〕畢沅、阮元撰：《山左金石志·卷十三》，《續修四庫全書》第909冊，頁601。

〔註361〕〔清〕畢沅、阮元撰：《山左金石志·卷十五》，《續修四庫全書》第909冊，頁646。

〔註362〕〔清〕畢沅、阮元撰：《山左金石志·卷十六》，《續修四庫全書》第909冊，頁663。

〔註363〕〔清〕畢沅、阮元撰：《山左金石志·卷二十四》，《續修四庫全書》第910冊（上海：上海古籍出版社，2002年10月），頁158。

人修《晉書》、《南》、《北》史傳，于名家書法，或曰「善隸書」或曰「善隸草」，或曰「善正書」、「善楷書」、「善行草」，而皆以善隸書爲尊。當年風尚若曰不善隸，是不成書家矣。故唐太宗心折王羲之，尤在《蘭亭敍》等帖，而御撰《羲之傳》惟曰：「善隸書，爲古今之冠」而已，絕無一語及于正書、行草。蓋太宗亦不能不沿史家書法以爲品題。《晉書》具在，可以覆案，而羲之隸書，世間未見也。〔註364〕

他將隸書與碑刻的關係自漢代而論。漢代隸碑盛行，無論是山川旁、廟觀中，皆常立碑刻石，到了北朝，更多學者仰慕中原的漢碑，不斷觀摩、學習。唐代時修前數代之史，亦常提及前代之各種書體，無論如何論述，仍以隸體爲尊，就連唐太宗如此欣賞王右軍之君主，亦不能不尊隸書。又云：

隸字書丹于石最難。北魏、周、齊、隋、唐，變隸爲眞，漸失其本，而其書碑也，必有波磔，雜以隸意，古人遺法，猶多存者，重隸故也。隋、唐人碑畫末出鋒，猶存隸體者，指不勝屈。褚遂良，唐初人，宜多正書，乃今所存褚蹟，則隸體爲多。〔註365〕

要將隸書刻於石上最是困難。在經歷南北朝及隋、唐的遞嬗後，隸體逐漸轉爲楷書。不過，書刻於碑時，仍是帶有隸體的風貌，就是因爲自古以來，人們重視隸書，因此，唐人碑刻，仍是帶有濃厚隸體感，如唐初著名書家褚遂良，就常書寫隸字，與當代流行的風尚不同。幾經論辨後，阮元總結自己的觀點，其云：

要之，漢、唐碑版之法盛，而鐘鼎文字微。宋、元鐘鼎之學興，而字帖之風盛。若其商榷古今，步趨流派，擬議金石，名家復起，其誰與歸？〔註366〕

漢、唐二代重碑輕鐘鼎，宋元鍾鼎復興，字帖亦盛，諸多的金石、書學名家，又該如何分派？由此可知，不論碑帖、金石，其與書體的關係均是密不可分。不過，在北方多碑石而少書帖的情形下，北方碑石常是受到忽視的，因而阮

〔註364〕〔清〕阮元撰；鄧經元點校：《揅經室集・三集卷一・北碑南帖論》（北京：中華書局，1993 年 5 月），頁 596。
〔註365〕〔清〕阮元撰；鄧經元點校：《揅經室集・三集卷一・北碑南帖論》，頁 596～597。
〔註366〕〔清〕阮元撰；鄧經元點校：《揅經室集・三集卷一・北碑南帖論》，頁 598。

元成爲首位提倡者，在〈南北書派論〉有論云：

> 南派乃江左風流，疏放妍妙，長於啓牘，減筆至不可識。而篆隸遺
> 法，東晉已多改變，無論宋、齊矣。北派則是中原古法，拘謹拙陋，
> 長於碑榜。而蔡邕、韋誕、邯鄲淳、衛覬、張芝、杜度篆隸、八分、
> 草書遺法，至隋末唐初猶有存者。兩派判若江河，南北世族不相通
> 習。至唐初，太宗獨善王羲之書，虞世南最爲親近，始令王氏一家
> 兼掩南北矣。然此時王派雖顯，縑楮無多，世間所習猶爲北派。趙
> 宋《閣帖》盛行，不重中原碑版，於是北派愈微矣。〔註367〕

此說是中國書法史上第一次將書法明確分爲兩大流派，具有十分重要的意
義，北碑與南帖的書派觀點，可以當作書風依地而論的肇端，是書學史的重
大創新，阮元以二元對立的方式來品評碑、帖，尤其是以藝術的眼光看代北
碑，不再以「實用性」來束縛，重碑抑帖，〈北碑南帖論〉亦有相同論述：

> 是故短箋長卷，意態揮灑，則帖擅其長，界格方嚴，法書深刻，則
> 碑據其勝。宋蔡襄能得北法，元趙孟頫書摹擬李邕，明董其昌楷書
> 脫跡歐陽詢，蓋端書正畫之時，非此則筆力無立卓之地，自然入於
> 北派也。〔註368〕

他闡明帖之長爲「界格方嚴」，而碑是「法書深刻」，並舉不少書法家爲例證。
如此看來，阮元似乎是分述兩者的長處，但就當代風尚而論，在那重視字帖
的時代，能將碑文的地位升高，與字帖相提並論，已是對碑文最大的肯定。

「碑」係將原石上的文字搨下，「帖」則是將墨跡刻於石再拓下，甚至廣
義的說，凡是把書家的字跡勒於石上或雕板，再翻印，都可以稱帖。因爲帖
勒上石後，再拓下，便與碑幾乎沒有差別，造成二者相混。雖然碑帖常相提
並論，二者看似相近，其實不盡相同，必須釐清。

（四）重視字樣

1、《魯郡太守張猛龍碑》

> 其中俗字，如囷作囶、族作挨、嶬作峩、緝作緝、渠作渠、稟作稟、
> 禽作禽……及從彳作彳皆是。至以磬爲罄、宵爲宵、仭爲刃，乃通

〔註367〕〔清〕阮元撰：《揅經室集・三集卷一・南北書派論》，《續修四庫全書》第
　　　　1479冊（上海：上海古籍出版社，2002年10月），頁188。

〔註368〕〔清〕阮元撰；鄧經元點校：《揅經室集・三集卷一・北碑南帖論》，頁598。

借字也。〔註369〕

此碑乃立於北魏，當中有不少的俗字，諸如「囻」、「挨」、「峓」、「緝」、「淶」、「稟」、「禽」、「彳」等，其共通點皆是因字形相近，點畫之間過於類似，書者不察便寫作另種字體。由此可知，可能有兩種情形：一是北魏時，此類字體形近而混用的情況很普遍，所以鐫刻時自然就刻成俗字；二是刻者自身的文字學概念不佳，所以誤刻成了俗字。另外，也有一些字是音同或音近的通假字，如「以磬爲罄、霄爲宵、仞爲刃」。

2、《李仲琁脩孔子廟碑》

> 書兼篆隸，如扶疏作获疏，赫作**恭**，營作**蒼**……皆別體。以潭爲覃，以嬋爲蟬，以百刃爲百仞，以良木爲梁木，以熟爲孰，以啚爲圖，皆通用字。〔註370〕

在此碑上，可以看到書體兼有篆書與隸書的特徵，用字上則是呈現有不少別字的出現。所謂別字係指「因形音相似而寫錯的字」，在字樣不明的時代裡，或是不重視正字使用的載體上，就很常出現俗字或別字。

3、《李仲琁脩孔子廟碑》

> ……至煥爛之爛乃正字，今省作爛。雕素之素，或以爲壊之別體，不知壊本俗字，古祇作素。錢辛楣少詹云：「唐青蓮寺碑有素畫彌勒佛之語。」是其證也。沅案：字體之變莫甚于六朝，然其中有用古字處，未可盡非。余昔以文字異同，著爲《辨證》一書，意在糾正時譌，間有未備，今更詳之。〔註371〕

此段出處同前碑跋，亦舉出幾個正字與別字的關係，如其一，「煥爛」以「爛」爲正字，省體作「爛」。「爛」見於《說文・火部》，爲小篆直接隸定之形，而「爛」則是隸變後簡省之形；其二，有人以爲「雕素」以「壊」爲正字，視「素」爲別字，其實「素」早見於《說文・素部》，小篆作「𧰨」，而「壊」形較早的字書記錄則見於《集韻・去聲・暮韻》：「塑壊，埏土象物也。或从素，通作素。」〔註372〕還引用錢大昕說法，認爲更早見於唐代，

〔註369〕〔清〕畢沅、阮元撰：《山左金石志・卷九》，《續修四庫全書》第 909 冊，頁 507～508。

〔註370〕〔清〕畢沅、阮元撰：《山左金石志・卷九》，《續修四庫全書》第 909 冊，頁 511。

〔註371〕同上註。

〔註372〕〔宋〕丁度等著：《集韻》，《中華漢語工具書書庫》第 59 冊（合肥：安徽教

就有碑字作「素畫」，是故，藉書證與其他學者看法，雙重證明用「素」方爲正字。

在跋末，還有畢沅案語，其以爲「六朝」是字體使用變化最大的朝代，俗字、別字、譌字等，交互混用，但仍有部分使用古字，不可全盤否定。更舉出自己曾經撰寫過《經典文字辨證書》，就是爲了要將當時混亂的用字矯正。此案語更是畢沅有參與此書編纂的明證，並非僅是阮元一人完成。

（五）考史辨證

在金石學中，藉由金之體製，或是銘文，以及石刻之形態，或是文字，皆可與傳世文獻比較。尤其藉金石之文字，可比對史書，以求其明。阮元云：「古石刻紀帝王功德或爲卿士銘德位，以佐史學，是以古人書法未有不托金石以傳者，秦石刻曰金石刻，明白是也。」〔註 373〕因爲石刻文字常是記錄帝王功德或是士子德位等的載體，所以上頭的文字，往往就是會說話的證據。此類出土文字的價值，就在於可與傳世文獻互校，有時傳世文獻會因傳本的不同，或是傳抄的過程有了意外，而導致文獻的眞實性產生錯誤，拿石刻比對，可以正其譌物。反過來而言，史書亦可對石刻文字的眞實性驗證，對於認識這些文字或是內容，有著極大的幫助，《山左金石志》中不乏這樣的例子。

1、《魯郡太守張猛龍碑》

碑陰姓名，自郡縣曹掾、曹佐以逮諸縣士望族，望凡十一列，每列人數多寡不齊，其中，異姓官名多史書所未見，故並載之。〔註 374〕

此碑立於北魏，碑中載錄曹掾、曹佐等同縣的士人、望族，計有十一列的人名與官名等記錄。特別處乃是有「異姓官名」是《北魏書》所缺的，此碑文正巧可資研究北魏官制或是歷史的人參考，係重要的文獻。

2、《李仲琁脩孔子廟碑》

碑陰，列銜中有稱泰山郡孝及魯郡省事，皆史書所畧，碑側一條，尤爲著錄家所未見也。〔註 375〕

育出版社，2002 年 6 月，據民國聚珍仿宋本影印），頁 278。

〔註 373〕〔清〕阮元撰；鄧經元點校：《揅經室集・三集卷一・北碑南帖論》，頁 596。

〔註 374〕〔清〕畢沅、阮元撰：《山左金石志・卷九》，《續修四庫全書》第 909 冊，頁 507～508。

〔註 375〕〔清〕畢沅、阮元撰：《山左金石志・卷九》，《續修四庫全書》第 909 冊，頁

此碑的背面，有提及「泰山郡」孝子及「魯郡」的事情，是史書未載錄的，尤其是側面的事蹟，更是歷代金石家所未看過的。因為可能是史上少數的記錄，所以此碑於史學的重要性就更高了。

3、《禪社首壇頌碑》

> 右碑文及題銜凡五十一行，字徑五分，王欽若撰文，系銜皆與《宋史》本傳合，惟封太原郡開國公傳未載也。封祀朝覲，諸碑皆有書人姓名，此碑獨無，而書體甚精整。〔註376〕

一般而言，碑上都會記錄撰文者、書刻者，但此碑僅錄撰文者為「王欽若」，對於書人姓名卻未載，是很特別的石碑。

4、《宮苑副使趙公墓志》

> 右刻文二十一行，字徑六分。縣志云：此碑自乾隆六年出土，為邨民椎鑿，故有闕字。趙公失名，惟存其三子晉卿、徽卿、端卿之名。〔註377〕

此碑因為湮沒於土中多年，被發現時受到挖掘的破壞而有部分字體闕漏，所以不知此碑主「趙公」究竟為何人，還好仍有趙公的三位兒子名字留存。藉此碑，以後若有人找到關於趙晉卿、徽卿、端卿之父的資料，恰可互證。

5、《張汝為靈岩寺題記》

> 正隆元年五月刻，正書，石高一尺八寸，廣二尺九寸，在長清縣靈岩寺。……案《金史·張浩傳》子名汝，為浩籍遼陽渤海，故汝為單舉其郡名也。汝為歷官，史書不載，惟《中州集》稱為河北東路轉運使，未知其先曾官同知東平總尹矣。武虛谷云：《地理志》東平府以府尹兼總管，此結銜稱總尹者，殆并二官名為一與。〔註378〕

此碑記錄了「張汝」為靈岩寺題名的事蹟，但查考《金史》，僅知其為張浩之子，係遼陽渤海人。又據元好問所編之《中州集》，知其曾任河北東路轉

511。

〔註376〕〔清〕畢沅、阮元撰：《山左金石志·卷十五》，《續修四庫全書》第909冊，頁646。

〔註377〕〔清〕畢沅、阮元撰：《山左金石志·卷十六》，《續修四庫全書》第909冊，頁663。

〔註378〕〔清〕畢沅、阮元撰：《山左金石志·卷十九》，《續修四庫全書》第910冊，頁45。

運使，而不知其曾任歷官。藉此碑所錄，可補史書載錄張汝生平之不足，亦可知當代官制的改變。

6、《文書訥書大靈巖寺額碑》

> 至正四年四月立，正書，碑高七尺廣二尺三寸，在長清縣靈巖寺方山神祠之東。……右題奉直大夫山東東西道肅政廉訪副使文書訥雙泉書，至正四年四月十有九日立。按文書訥，史志皆不詳，其人筆法整嚴，神采秀勁，元碑之完善者。〔註379〕

此碑記錄了「文書訥」為大靈巖寺書額的事蹟。《元史》未載其人，但可就此碑看出他在書學上是頗具能力之人，字體精正且充滿力道，是元代書碑者中的佼佼者。

（六）補強前著

關於瓦當，畢沅有纂集了一本《秦漢瓦當圖》，該書載錄了四十個瓦當，並於其下作跋，而於《山左金石志》中，仍可見其對於瓦當的一點看法，見《濟寧兩城山畫象十六石》，跋云：「無題字，俱在濟寧州兩城山。一高二尺五寸，廣四尺，上層堂室一楹有臺，簷角綴以人物異鳥，簷下圓圈卽瓦當也。當下錯綜之文卽罘罳也。……」〔註380〕畢沅在此簡單說明了瓦當的意義，也解釋了瓦當上的花紋是「罘罳」。罘罳，音同服司，指宮闕中花格似網或有孔的屏風，此處指網狀的花紋。

三、學術價值

（一）珍貴史料之載錄

誠如本節「內容述論」所說，書中載錄之金石，上頭記錄的內容，有許多是傳世文獻所未見的，如卷九《魯郡太守張猛龍碑》補《北魏書》之官制。又如同卷《李仲琁脩孔子廟碑》補《東魏書》略錄之「泰山郡孝及魯郡省事」。誠如阮元云：「凡二十四卷，所可以資經史篆隸證據者甚多。」〔註381〕有許多珍貴的史料就在這些碑石上，因著本書的存在，而獲得補充或是應證，有

〔註379〕〔清〕畢沅、阮元撰：《山左金石志・卷二十四》，《續修四庫全書》第910冊，頁158。

〔註380〕〔清〕畢沅、阮元撰：《山左金石志・卷八》，《續修四庫全書》第909冊，頁490。

〔註381〕〔清〕畢沅、阮元撰：《山左金石志・阮元序》，《續修四庫全書》第909冊，頁369。

錯誤之處，更可因此糾正。此外，書中收錄不少西漢前的器物，如卷一收有
周代的「永年匜」，卷二有周平王時的「宋戴公戈」等，亦可透過它們，對
古代的政治、文化、風俗、經濟、制度、宗教、文字進行考訂。錢大昕亦云：

> 蓋嘗論書契以還風移俗易，後人恒有不及見古人之嘆。文籍傳寫久
> 而踳訛，唯吉金樂石流轉人間，雖千百年之後，猶能辨其點畫而審
> 其異同。金石之壽實大有助于經史焉，而且神物護持，往往晦于古
> 而顯于今。〔註382〕

錢氏將傳世文獻與金石的功能比對，因文獻久經傳抄，可能會因著抄者的書
寫習慣不同，或是不慎寫錯、抄錯，甚至錯簡，而使內容產生謬誤，但金石
文物不同，只要尚能辨視，就能藉金石比對經書、史書，特別是金石的保存
壽命，遠比書籍長，再加上金石常常是身處寺廟、道觀等地，所以愈經時間
流傳，亦能彰顯價值。

（二）豐富字樣之寶庫

字樣學是一門在唐代漸成系統的專家學問，係中國文字學中成立較晚，
但非常重要的學門，其代表典籍為顏元孫之《干祿字書》，書中分「正、俗、
通」三體。自《干祿字書》後，歷朝皆有具代表性的字樣書，如宋代有《類
篇》、《復古編》，元代有《字鑑》、明代有《字彙》、《正字通》，清代有《康
熙字典》等書。自唐至清，已是經過近千年的進化，許多字學觀念已較古代
進步，所以也有更多的學者關注到這個問題。其中，要先確立「正字」的定
義，有一般係以《說文》為主要標準，另有隨時而變之標準，二者皆有代表
著作。隨著「正字」的確立，其他非正字的俗字、別字、通字、訛字，亦是
通行於世上，所以各種載體，只要能夠載錄文字的，都有可能是俗字、別字、
通字、訛字的來源，所以碑刻文字，就是一個很珍貴的寶庫，尤其《山左金
石志》，將碑銘全文抄錄而下，載有不少俗字，如「圎」、「嶢」、「縉」、「淥」、
「稾」、「禽」、等；亦有不少別字，如「爛」、「壌」，此些珍貴的字形，對於
後代研究「字樣」的學者而言，甚是珍貴。

（三）書學藝術之品評

碑刻文字是書學的重要部分，此書在記錄山東地區的金石同時，其實也

〔註382〕〔清〕畢沅、阮元撰：《山左金石志・錢大昕序》，《續修四庫全書》第 909
　　　　冊，頁 367。

對上頭的文字，作了許多評論，尤其喜歡使用「勁」字，因為「勁」即是「力道」，表示字體線條的力量，書者的能量，透過文字傳達於每一筆畫之中，能稱為「勁」者，不會有輕浮虛飄感，而呈現一種厚實質樸的視覺效果。如何呈現「勁」？關鍵在運筆時，使筆心常點畫中行，讓墨自點線中心向周圍透出，運筆所至，都是渾圓飽滿，充滿立體風味，讓「勁」自然透出。書中常用「秀勁」、「精整」、「遒勁」、「勁正」等詞形容碑刻文字的風格，皆為後代書學家評論或是欣賞的指標。

（四）分區金石之確立

錢大昕云：

> 金石之學始于宋，錄金石而分地，亦始于宋。有統天下而錄之者，王象之之碑目，陳思之叢編是也；有即一道而錄之者，崔君授之于京兆，劉涇之于成都是也。國朝右文協古，度越前代，而一時諸鉅公博學而善著書，于是畢秋帆尚書鎮撫雍豫，翁覃谿學士視學粵東，皆薈萃翠墨，次弟成編，獨山左，聖人故里，秦漢魏晉，六朝之刻，所在多有，曲阜之林廟，任城之學宮，岱宗靈巖之磨厓，好事者偶津逮焉，猶挹水于河而取火于燧矣，近時黃小松、李南澗、聶劍光、段赤亭輩，雖各有編錄，祇就一方，未賅全省，是誠藝林一闕事也。
> 〔註383〕

從錢氏此番言論可以看出幾個重點：第一、金石學肇始於宋，分地摘錄金石也是從宋代開始。第二、王象之、陳思的書籍是收集全天下金石而編，也有就一個城市而纂，比如崔君授寫「京兆」，劉涇寫「成都」。第三、清代金石學鼎盛，畢沅、翁方岡皆是當代撰述有成的金石學家。第四、雖然山東一直以來是文化的重鎮，也有黃小松、李南澗、聶劍光、段赤亭等人著錄當地的金石，但他們都僅是針對其中一個小範圍，沒有人將整個山東研究。

第一位將整個山東地區的金石納為撰寫範圍的書是《山左金石志》，因為有畢沅的《關中金石記》、《中州金石記》體例參考，加上阮元「……使車所至，好問好察，采獲尤勤，又有博聞之彥，各舉所知，故能收之極其博」〔註384〕，非常用心地到處搜集材料，四處詢問，再加上幕友們協助，提供

〔註383〕〔清〕畢沅、阮元撰：《山左金石志‧錢大昕序》，《續修四庫全書》第 909 冊，頁 367。

〔註384〕〔清〕畢沅、阮元撰：《山左金石志‧錢大昕序》，《續修四庫全書》第 909

材料或是看法，甚至幫忙校訂、勘正，所以才能成就這本書，流傳永久，也因著此書的撰成，而使阮元幕府逐漸形成並茁壯，對於清代的學術史嘉惠甚多。

第七節　畢沅金石學之評價

　　本章從金石學的介紹開始論起，而後各節分別以《關中金石記》、《中州金石記》、《秦漢瓦當圖》、《經訓堂法帖》、《山左金石志》、此五本金石著作爲探討的範疇，深究各書之撰述背景、編輯體例，並仔細分析書中內容，以明其學術價值。金石學與小學的關係乍看不深，其實匪淺。錢泳云：

> 金石文字，雖小學之一門，而有裨於文獻者不少，如山川、城郭、宮室、陵墓、學校、寺觀、祠廟，以及古跡、名勝、第宅、園林、輿圖、考索，全賴以傳，爲功甚巨。而每見修誌秉筆者，往往視爲土苴而棄之，眞不可解也。〔註385〕

從錢氏的觀點看來，金石文字是小學中的一類，雖然僅是一部分，但此部分涵括的範圍不小，而且對於文獻的貢獻很大，從「山川、城郭、宮室、陵墓、學校、寺觀、祠廟」，到「古跡、名勝、第宅、園林、輿圖、考索」，諸如此類的影響很大，尤其許多古物，若非上有載錄文字，可能早已成爲廢物，爲人所輕視，所以金石學與小學當是密不可分。畢沅在金石學上的作風，是乾嘉考據學者的楷模之一，汪中即評云：「及爲考古之學，惟實事求是，不尚墨守。」〔註386〕考據學也好、考古學也好、金石學也好，其方向一致，就是要讓古物「說話」，藉由此類文物，對照傳世文獻，將能讓古物千垂不朽。畢沅因是重要的地方政治領袖，所以他能見到許多第一手的資料，第一手的古物，不僅因其嗜古，亦是其對地方的建設與幫助，像是整茸西安碑林，如孫星衍云：「若公惠政之列，國勳之章，方與往刻共不朽焉，非所及也。」〔註387〕可知畢氏對於政事，對於國家的功勞，就有如這些千古流傳的金石一般。錢大昕曾在拿到《關中金石記》後，讚揚畢沅，其云：

　　　　冊，頁368。
〔註385〕〔清〕錢泳著；孟裴校點：《履園叢話》，頁415～416。
〔註386〕〔清〕汪中撰：《述學・卷六・別錄・十七・與巡撫畢侍郎書》（臺北：世界書局，1962年12月）。
〔註387〕〔清〕畢沅撰：《關中金石記》，《叢書集成初編》，頁175。

> 大昕於茲事，篤嗜有年，嘗恨見聞淺尟，讀公新製，如獲異珍，它
> 日桉籍而求，以補藏弆之闕，則是編爲西道主人矣。〔註388〕

藉著《關中金石記》，讓同樣對金石很感興趣的錢氏獲益良多。同是幕賓的孫
星衍亦云：

> 今陝西巡撫畢公，江左之望，蔚矣儒風，漢庭之才，褎然舉首。逮
> 乎爲政，其學益敦。開府乎咸林，攝節乎涼肅。外傳有云：「夕而序
> 業，周公之美，讀書百篇，公其體之，斯爲大矣！」時則鄭白之沃，
> 互有泛塞；公廝渠所及，則有隨便。〔註389〕

孫星衍此說對於畢沅更是崇拜，從其外表、政治、治學、讀書等處，無不讚
許。有人會質疑，因爲孫氏、錢氏等人是幕賓，或多或少較美化了畢沅的貢
獻，但以上五書，多爲畢沅直接寫作，或是以其爲主，帶領其他幕賓撰寫，
就其內容之收錄與編排，以及於金石後之跋語的撰寫，可知畢沅肯定對於金
石學用力甚深，耗費非常多的體力、金錢與心力，退而言之，就算僅是指揮，
也不是三言兩語就可成書，何況不僅是命令，更多的是親身參與及付出，所
以畢沅對於金石學歷史來說，當是承先啓後的重要人物。

〔註388〕〔清〕畢沅撰：《關中金石記‧錢序》，《叢書集成初編》，頁3。
〔註389〕〔清〕畢沅撰：《關中金石記》，《叢書集成初編》，頁174。

第五章　畢沅之訓詁學研究

　　本論文定為「小學」研究，概括文字學中的文字學（字形學）、聲韻學、金石學、訓詁學，這是因為畢沅對於「小學」的研究，也有其發展順序。其最早在陝西為官時，係對《說文解字》投以較大的關注，所以率先撰寫的三部著作──《說文解字舊音》、《經典文字辨證書》、《音同音義辨》，皆是與《說文》密不可分的著作，《說文解字舊音》輯錄了唐人關於《說文》字音的資料，著重在「音」；《經典文字辨證書》以《說文》為正字之源，勘正各種的俗體、別體等用字；《音同音義辨》則是揀出《說文》中同音字的資料，並加以分辨、別類，此書與《經典文字辨證書》皆著重在「形」的辨識。

　　除與《說文》相關的三部著作外，次而畢沅因著地利及職務之便，開始搜集金石，對金石上的文字進行分析、研究，因而產生《關中金石記》、《中州金石記》、《山左金石志》、《秦漢瓦當圖》等書，展現其對於金石文字的熱衷，也充分表現了他對古物的熱愛。其諸金石著作，較多的探討還是在字形上，因而其往往能夠在挑出不同《說文》或是當代通行正字的別體、俗體字，指明此類非正字的錯誤。隨著畢沅離開河南，到任湖廣總督一職後，畢沅對於學問的鑽研也就轉向往「訓詁學」發展。林尹說：

　　　　中國的文字，有字形，有字音，有字義。說明字形的我們現在稱為
　　　　文字學，說明字音的稱為聲韻學，說明字義的就是訓詁學。〔註1〕
中國文字學裡，訓詁學就是以「義」為主的學問，不過要能夠通訓詁學，則先必須了解文字學與聲韻學，所以畢沅在撰寫以「字形」、「字音」為主的說

〔註1〕林尹著：《訓詁學概要》（臺北：正中書局，1972年3月），頁1。

文、金石文字相關書籍後，最後將研究的主題指向訓詁學。黃侃說：

> 眞正之訓詁學，即以語言解釋語言。初無時地之限制，且論其法式，
> 明其義例，以求語言文字之系統與根源是也。〔註2〕

畢沅對於訓詁學的研究，最重視的是《釋名》，此書採用「聲訓」的方式，是古代著名的聲訓書籍，爲研究聲韻學、訓詁學的學者看重，而畢沅發現了此書的價值，其云：

> 其書參校方俗，考合古今，晰名物之殊，辨典禮之異，洵爲《爾雅》、
> 《說文》以後不可少之書。〔註3〕

說明《釋名》是一本考察自古以來各種日常的生活用品以及典章制度、禮法的書籍，係《爾雅》、《說文》後，絕對不可以缺少的重要文獻。畢沅云：

> 爰自書契之作，先有聲音而後有訓詁。《易》曰：「乾，健也。坎，
> 陷也。兌，說也。」《禮記》曰：「仁者，人也。誼者，宜也。」皆
> 以聲音相近爲訓。《釋名》一書，盡取此意，故顏之推《家訓》云：
> 「楊雄著《方言》，考名物之同異，不顯聲讀之是非。逮鄭康成注六
> 經，高誘解《呂覽》、《淮南》，許愼造《說文》，劉熙製《釋名》，始
> 有譬況、叚喈以證音字。」則《釋名》之於小學禆益甚多，如：「江，
> 公也，諸水流入其中，所公共也」，知古讀江如工矣；「能，該也，
> 無物不兼該也」，知古讀能如台矣；「巳，已也，陽氣畢布已也」，知
> 古辰巳之巳與已止之已通矣。至其論述，按之古籍，多與符合，可
> 偁善矣。〔註4〕

提及關鍵——「先有聲音而後有訓詁」，說明聲音與訓詁的關係實是密不可分，並舉《易經》、《禮記》二處聲訓爲例，證明聲訓亦是一種不錯的訓詁方式，也強調《釋名》對小學的研究是「禆益甚多」。除了《釋名》的重要性外，還有另個外在因素，使畢沅開展其訓詁，其云：

> 今之學者，聲音、訓故之不講，名物、象數之不知，藉是足以明古
> 字之通喈、音均、古制之規模、儀濩，其可忽乎哉！顧俗本流傳，
> 魯魚亥豕，學者不察，轉生駁議，如「羹，汪也，汁汪郎也」，羹誤

〔註2〕黃季剛口述；黃焯編：《文字聲韻訓詁筆記》（臺北：木鐸出版社，1984 年 9 月），頁 181。

〔註3〕〔清〕畢沅疏證：《釋名疏證・序》（臺北：廣文書局，1979 年 4 月），頁 2。

〔註4〕〔清〕畢沅撰：《篆字釋名疏證・敘》，《叢書集成簡編》第 384 冊（臺北：臺灣商務印書館，1966 年 6 月）。

　　爲歎，遂疑〈釋飲食〉不當缺羹；「碑，本葬時所設」，葬譌爲莽，

　　後人強羼王字，反引「公室視豐碑」，謂碑不始于王莽。若斯之類，

　　不勝枚舉。〔註5〕

當時的學者對於聲音、訓詁之學皆是輕忽，所以讓各種俗本流傳，文字亂寫誤用，妄自解釋的情況愈加嚴重，諸如將羹誤寫作歎，進而懷疑〈釋飲食〉不當缺羹，反而怪起書來了，所以其藉由對此書的「疏」與「證」，開展其訓詁之學，亦是發揚《釋名》價值。疏之價值何在？林尹又說：

　　凡後世的注、疏、正義，莫非訓詁，因爲都是順釋疏通故字故言，

　　使無疑滯。因此可說，凡研究前人的注疏，古時的解釋，加以分析

　　歸納，以明白其源流，辨析其要指，更進而說明其方法，演繹其系

　　統，而作一有條理的闡釋。使人能根據文字的形體與聲音，進而確

　　切地明瞭文字意義的學問，就是訓詁學。〔註6〕

無論是注、疏、正義，都屬於訓詁的範圍，詮釋「故字故言，使無疑滯」，是最重要的目的，而畢沅撰《釋名疏證》，亦是這樣的用心。

　　本章除在第一節析論《釋名》作者及《釋名疏證》之作者、寫作動機、目的、內容、學術價值外，還針對在《釋名疏證》之後撰成的《釋名補遺》與《續釋名》，以第二節專節探究其內容，以明此二書究竟補了何「遺」，又「續」了什麼。不僅於此，還將王先謙撰之《釋名疏證補》置於本節中，一併探討，因爲《釋名疏證補》是在畢沅之後，對於《釋名》很重要的一本書籍，其將畢沅一些待改進處，補正得完善，讓畢沅的疏證處價值提高，也使《釋名》的地位提升，誠可謂是功不可沒。

　　本章第三節以一本很特別的書作爲此節的論述範疇——《山海經新校正》，因爲此書無論是從撰述的時間，或從該書的分類，以及書中的內容而觀，置於此節是相對特殊的，將於後節仔細分析。

第一節　《釋名疏證》析論

　　《釋名》八卷，二十七篇，是一部成書於東漢末年的詞源學專著。中國的小學研究裡有四本重要的書籍：一是《爾雅》是最早詮釋語義的專著，爲

〔註 5〕同上注。

〔註 6〕林尹著：《訓詁學概要》，頁 5～6。

義類型字書的典範；二是《說文》則是漢語文字學與傳統語言學的重要典籍；三是《方言》，為方言學的奠基之作；四是《釋名》，係首以「聲訓」為主要訓詁方式的詞源學專著，其與《爾雅》、《說文》、《方言》同為中國重要的訓詁學著作，但它卻不似其他三書那樣受到重視。歷代雖有諸多的類書、字書、音書引用，但研究專門《釋名》的人卻甚少，直到清代才漸漸有所改變。

《釋名》內容在探討的是當時各種的日常生活用品，如〈釋名序〉云：

> 熙以為，自古造化制器立象有物以來，迄于近代，或典禮所制、或出自民庶名號雅俗。各方名殊、聖人於時就而弗改，以成其器，著於既往。哲夫巧士，以為之名，故興於其用，而不易其舊，所以崇易簡、省事功也。夫名之於實，各有義類，百姓日稱，而不知其所以之意，故撰天地、陰陽、四時、邦國、都鄙、車服、喪紀，下及民庶應用之器，論敘指歸，謂之《釋名》，凡二十七篇。至於事類，未能究備。凡所不載，亦欲智者以類求之。博物君子，其於答難解惑，王父幼孫，朝夕侍問，以塞可謂之士，聊可省諸。〔註7〕

劉熙認為從天地開創，自其所處時代，各種的事物名稱，包括天地、四時、邦國、都鄙、車服、喪紀及百姓們所使用的各種生活用品，都是他想要解釋的範疇，只是他個人的能力有限，也許有其他能者，能依循著他的分類與解釋方法，再進一步為此書補強，那是再好不過的事。

自清代開始，對於《釋名》的研究者漸多，已然形成一股「釋名學」的風潮，然諸多學者對《釋名》開展研究時，必定參考畢沅《釋名疏證》，因為此書乃是第一部專對《釋名》疏解與補證的書，而畢沅之所以會這麼做，主要是因為他見著當時的刻本闕誤不少，於是下定決心要勘正此書。本節專對《釋名疏證》中重要的內容討論，探究是書的價值。

一、疏證作者考論

在研究《釋名疏證》此書的體例、內容、價值、缺失等處之前，必須先廓清疑義，釐清此書的作者究竟是誰？舊說係畢沅所撰。對於這個問題，清儒張之洞（1837～1909 年）在《書目答問》中這麼記錄：

> 釋名疏證八卷，補遺一卷。漢劉熙。江聲疏補。經訓堂叢書、正書

〔註7〕〔東漢〕劉熙撰：〈釋名序〉。參見〔清〕畢沅疏證：《釋名疏證‧釋名序》（臺北：廣文書局，1979 年 4 月），頁 1。

　　兩本，又璜川書屋本、小學彙函本，無疏證。

　　續釋名一卷。江聲。經訓堂本。〔註8〕

張之洞認爲《釋名疏證》的疏補者是江聲，連同續錄的《續釋名》亦是江聲所撰，而後梁啓超（1873～1929年），他在《中國近三百年學術史》中論及清代學者整理舊學之總成績時，其云：

　　釋名疏證八卷・補遺一卷・續釋名一卷・鎮洋畢沅秋帆著。

　　釋名爲漢末劉熙撰，時代較說文稍晚，這書體例和爾雅略同，但專
　　以同音爲訓，爲以音韵治小學之祖。釋名疏證，題畢秋帆著，實則
　　全出江艮庭聲之手，舊本譌脫甚多，畢江據各經史注唐宋類書及道
　　釋二藏校正之，復雜引爾雅以下諸訓詁書證成其義，雖尚簡略，然
　　此二書自是可讀。其最博洽精覈者則。〔註9〕

梁啓超同張之洞，都認爲係江聲代寫。再較梁氏更晚的黃侃（1886～1935年），對於畢沅疏證一事則顯得相當不以爲然，其云：

　　《釋名》以《四部叢刊》本爲佳，異於畢沅輩所妄改。（原書實江聲
　　艮庭所代爲。）《小學彙函》本尤不可信。此書在今日必須再下一番
　　理董之功。〔註10〕

其批判畢沅是「妄改」，而且認爲「原書實江聲艮庭所代爲」，先是否定該書價值，再批評此書根本不是畢沅所撰，對作者的看法，與張之洞、梁啓超持相同見解。

　　要考證一書之作者，可以從其體例、用語、遣詞、用字、行文等處判斷。若爲抄本，則有手寫的筆勢、墨跡、書體等可觀；若爲刻本，刻者、版式、字體、刻版時間等可看。傳統的說法當然不一定正確，我們可以從諸多證據推翻前人舊說，但要推翻舊說前，勢必要有確切的證據足以證明，方才能斷定前說並不正確。張、梁、黃三人都認爲《釋名疏證》是江聲代撰，而他們都沒有說明他們下此判斷的依據爲何，這是相當可惜的地方。民國後，胡楚生曾撰〈釋名考〉一文，該文援引了《釋名疏證》正書本與篆書本的〈敘〉，介紹該書的內容，並且引用梁啓超的說法。胡楚生說：

〔註8〕〔清〕張之洞著：《書目答問》，《張之洞全集》第12冊（武漢：武漢出版社，2008年11月），頁242。

〔註9〕〔清〕梁啓超著：《中國近三百年學術史》（臺北：華正書局，1994年8月），頁229。

〔註10〕〔清〕黃侃述：黃焯編：《文字聲韻訓詁筆記》，頁265。

江聲字叔澐，號艮庭，清元和人，嘉慶初舉孝廉方正，擅尚書及小
學，嘗略畢沅幕，此書爲江氏代畢氏所著，自屬無疑，蓋秋帆顯臣，
招致士人，升列叢書，雖云性有所好，亦不無釣譽沽名之嫌，其正
書疏證序，亦係清人代筆者（說詳後），獨怪江氏通人，其疏證而以
篆文書之，亦云玩物喪志之極矣。〔註11〕

胡氏認爲江聲是擅長小學的學者，也曾在畢沅的幕府中服務過，所以代撰一
事，「自屬無疑」，而且畢沅是著名的大臣，底下幕賓眾多，不免有「釣譽沽
名之嫌」。接著胡氏舉葉德輝（1864～1927 年）之說：

近來畢沅經訓堂刻江聲疏證本，改作篆文，未免近于好事，不知此
書之外，於《方言》、《廣雅》之字，皆不與《說文解字》訓詁相同，
固徒拘首其篆書，殊爲鑿枘，是亦適形其不通而已矣。〔註12〕

葉氏提及江聲將《釋名疏證》正書本以篆書再抄錄一遍之事，認爲其「未免
近于好事」，覺得根本是多此一舉，對江聲過於喜愛篆書一事甚不以爲然。胡
氏對於葉氏此說，認爲「所評甚是」，也就據此判斷江聲代撰《疏證》。清代
士人喜掛名著作以「沽名釣譽」，確有此類情形，紀果庵曾撰〈談清人竊書〉，
其中談到畢沅撰述《續資治通鑑》，認爲該書實是邵晉涵所撰，其云：

後人多謂畢氏欲以邵書攘爲己作者。夫達官貴人，欲以著作沽名，
如不韋、淮南，要亦無損，特不可故作狡辭，掩人之功而不著耳。
〔註13〕

該文之正確與否留待觀者自評，但可知代撰的情形的確有可能。

　　先從時間來看，畢沅歿於西元 1797 年，江聲歿於 1799 年，而認爲是江
聲撰寫的張之洞生於 1837 年，認爲是代撰的梁啓超生於 1873 年，黃侃生於
1886 年，三人中最接近畢沅時代的是張之洞，但也晚了整整四十年，梁、黃
二人就又距離更遙遠。既然時間相差了數十年，他們何以得知該書「實江聲
艮庭所代爲」，又怎知畢沅並未撰寫？次而從內容來看，畢沅曾撰有《經典文
字辨證書》，該書對於文字的辨析甚爲詳細，所舉之書證亦多而詳實，代表畢
沅對於小學也有不小的功力，不論是還原書證，或是檢校內容，對他而言都

〔註11〕胡楚生撰：〈釋名考〉，《臺灣省立師範大學國文研究所集刊》第 8 期（1964
　　　　年 6 月），頁 170。
〔註12〕〔清〕葉德輝著：《郋園讀書志・郋志二・釋名八卷》，《古書題跋叢刊》第 25
　　　　冊（北京：學苑出版社，2009 年 6 月），頁 115～116。
〔註13〕紀果庵撰：〈談清人竊書〉，《古今》第 49 期（1944 年 6 月），頁 13。

不會是件難事，若僅因爲江聲的音學底子深厚，就說是他代撰，亦不免有點牽強。三就撰述的標準而觀，怎樣才算是別人代撰，有無可能是各出一部分力？前章曾論及《山左金石志》一書的撰寫，舊說係畢沅與阮元合撰，今日有不少學者皆主張該書係阮元一人所撰，僅因阮元感念畢沅幫助，所以署名爲合撰，但從該書敘文與內容看來，畢沅並非全無參與，他在體例與部分內容上，的的確確有留下撰寫的跡證，要全盤否認他的功勞，則又不甚恰當。當然，並非所有人都認爲是江聲代撰，也有人持舊說。清代著名藏書家周中孚（1768～1831 年）云：

> 然則江氏字學不甚精核，故畢秋帆尚書于其欲將《釋名疏證》篆書
> 付刻，竟不從之。(見疏證自序) 後再四相請，姑許其別書一本刊行焉。
> (見篆書疏證自序)。〔註14〕

周氏的說法與胡楚生恰巧相反，胡氏以爲江聲精尚書、小學，所以是其代撰，但周氏反而批判「江氏字學不甚精核」，是江聲欲向畢沅借書，再以篆書刻行別本，畢沅還是百般不情願，江氏商借再三後才得到允許。此外，王先謙（1842～1917 年）曾對《釋名疏證》進行補注而撰成《釋名疏證補》，序云：

> ……自《說文》離析形聲，字有定義，無假譬況，功用大顯，於是
> 《釋名》流派漸微。其言聲之學，乃沿爲雙聲疊韻，而《說文》從
> 聲之法亦生直音。故吾以謂：《說文》直音之肇祖，而《釋名》者
> 反切之統宗也。舊本闕訛特甚，得鎮洋畢氏校訂，然後是書可讀。

〔註15〕

王氏先是肯定《說文》的功勞，稱《說文》是「直音之肇祖」，而後提到《釋名》，認爲《釋名》是「反切之統宗」，對於二書都給予相當高的評價。在流傳許久後，《釋名》的各種傳本有許多訛誤與闕漏，幸虧有「鎮洋畢氏」校正該書，方才使「是書可讀」。王先謙的說法正與舊說吻合。

　　假定江聲或畢沅曾留下紀錄或是口傳相關資訊給後人，而張之洞剛好見過那些紀錄，或是聽過類似的傳聞，所以張氏判斷該書是江聲所撰，那麼與張氏生存在差不多時代的王先謙，或是曾與畢沅同存世上的周中孚，二人理應也有很大的機會接觸到這樣的資料、聽到類似的傳聞，尤其王氏要爲《釋

〔註14〕　〔清〕周中孚撰：《鄭堂札記・卷二》，《叢書集成初編》（北京：中華書局，1985 年），頁 15。
〔註15〕　〔東漢〕劉熙撰；〔清〕畢沅疏證；王先謙補：《釋名疏證補・序》（北京：中華書局，2008 年 6 月），頁 2。

名疏證》補強，在他開始撰寫前，一定會先廣泛蒐羅所有的資料，然後才開始動工，所以眞要有這種可能的話，王氏也不會稱是「鎭洋畢氏校訂」。

當然，一個人的精力有限，時間亦非無窮，所以要憑一己之力就寫出眾多的著作，絕不是件容易的事，但若有許多人協助蒐集資料、整理文獻，事半功倍並非不可能的事，好比許愼撰寫《說文》十四卷，內容所涉及的主題廣闊、內容眾多，又是身處在以竹簡記錄爲主的時代，若沒有一個強大的團隊協助資料管理，則該書斷不可能順利完成，但也不會有人因而說該書並非許愼所寫，而是某某人之功勞。總結以上，用持平且公允的角度來看，最有可能的情況是撰寫《釋名疏證》之事，畢沅與江聲皆有其付出與功勞，而畢沅爲幕主，因而以他的名字爲署，但撰寫的比例，何人出力較多，則成爲公案，無從得知，更不能因此否定畢沅撰寫《釋名疏證》一事。

以下筆者整理了十四位較早提及《釋名疏證》作者及近代較有代表性的訓詁書籍說法，揀選諸家的說法之精華，並將其主要的依據於後欄說明：

表十一：《釋名疏證》作者之各家說法統整表

	著 作	說 法	依 據
周中孚	《鄭堂札記》頁 15。	然則江氏字學不甚精核，故畢秋帆尙書于其欲將《釋名疏證》篆書付刻，竟不從之。(見疏證自序)後再四相請，姑許其別書一本刊行焉。(見篆書疏證自序)。	畢沅撰。依原有說法。
張之洞	《書目答問》頁 242。	釋名疏證八卷，補遺一卷。漢劉熙。江聲疏補。經訓堂篆書、正書兩本，又璜川書屋本、小學彙函本，無疏證。 續釋名一卷。江聲。經訓堂本。	江聲疏補。無特別證據。
王先謙	《釋名疏證補》頁 2～3。	……自《說文》離析形聲，字有定義，無假譬況，功用大顯，於是《釋名》流派漸微。其言聲之學，乃沿爲雙聲疊韵，而《說文》從聲之法亦生直音。故吾以謂：《說文》直音之肇祖，而《釋名》者反切之統宗也。舊本闕訛特甚，得鎭洋畢氏校訂，然後是書可讀。	畢沅撰。依原有說法。
梁啓超	《中國近三百年學術史》頁 229。	釋名疏證，題畢秋帆著，實則全出江艮庭聲之手，舊本譌脫甚多，畢江據各經史注唐宋類書及道釋二藏校正之，復雜引爾雅以下諸訓詁書證成其義，雖尙簡略，然此二書自是可讀。	江聲代撰。無特別證據。

黃侃	《文字聲韻訓詁筆記》頁 265。	《釋名》以《四部叢刊》本爲佳，異於畢沅輩所妄改。（原書實江聲艮庭所代爲。）《小學彙函》本尤不可信。此書在今日必須再下一番理董之功。	江聲代撰。無特別證據。
林尹	《訓詁學槩要》頁 300～301。	畢沅《釋名疏證》（清）。 畢氏《釋名疏證》八卷，……梁任公……全出江艮庭之手……。 畢沅釋名補遺（清）。 畢沅續釋名（清）。	江聲代撰。依梁啓超說法。
齊佩瑢	《訓詁學概論》頁 293。	釋名之學似乎不大受人注意。……畢沅作《釋名疏證》（江聲代作），詳加校讐，又輯補遺及續釋名二種附刊於後，自此始有善本可讀。	江聲代撰。無特別證據。
胡楚生	〈釋名考〉頁 170～171；頁 182。	釋名疏證八卷，清畢沅撰。 又其釋名疏證敍（按此敍原爲篆文所書，置於篆書本疏證前）云：「顧俗本流傳，……題曰釋名疏證，刊印寄歸，屬江君聲審正其字，江君謂必用篆文字，……。」 按梁任公中國近三百年學術史云：「釋名疏證，題畢秋帆著，實則全出江艮庭（聲）之手，……自是可讀。」 江聲字叔澐，號艮庭，清元和人，嘉慶初舉孝廉方正，擅尚書及小學，嘗略畢沅幕，此書爲江氏代畢氏所著，自屬無疑，蓋秋帆顯臣，招致士人，升列叢書，雖云性有所好，亦不無鈞譽沽名之嫌，其正書疏證序，亦係清人代筆者（說詳後），獨怪江氏通人，其疏證而以篆文書之，亦云玩物喪志之極矣，故葉德輝氏譏之曰：「近來畢沅經訓堂刻江聲疏證本，改作篆文，未免近于好事，不知此書之外，如方言廣雅之字，皆不與說文解字訓詁相同，固徒拘守其篆書，殊爲鑿枘，是亦適形其不通而已矣。」（郋園讀書志）所評甚是。 釋名補遺一卷　清畢沅撰。 續釋名一卷　清畢沅撰。 釋名疏證序　清洪亮吉撰。 洪亮吉……。此序原爲代畢氏秋帆所撰，故刊於釋名疏證卷首，又收入洪氏卷施閣文甲集卷十。	認爲《疏證》是江聲代撰，〈敍〉是洪亮吉代撰。 1、依梁啓超說法。 2、認爲江聲擅長小學，而畢沅有鈞譽沽名之嫌，所以代作「無疑」。

		釋名疏證敘　清畢沅撰。 ……畢氏之作多假乎他人,此敘刊於篆字釋名疏證卷首,不審其果出他人手比?抑畢氏自作?或亦出於江艮庭氏之手乎?	
徐芳敏	《釋名研究》頁 20;頁 37。	「畢沅釋名疏證序」有注 1,注云:此序實爲洪亮吉所作,見卷施閣集冊三卷十 10。	〈序〉是洪亮吉代寫,疏證是誰撰則未論及。
方俊吉	《釋名考釋》頁 127~129。	釋名疏證八卷,清畢沅撰。……按梁任公中國近三百年學術史云:「釋名疏證,題畢秋帆著,實則全出江良庭(聲)之手……。	江聲代撰。依梁啓超說法。方氏此處內容同胡楚生〈釋名考〉。
李維棻	《釋名研究》頁 19~20。	就序中之言,此書似爲其自作,實乃由江聲所著,而題畢沅之名。作序在清乾隆五十四年,此書初刻,標明乾隆己酉,亦即此年。……張之洞書目答問中,於釋名一類:……	江聲所著。依張之洞說法。
陳建初	《《釋名》考論》頁 21~22。	一是畢沅的《釋名疏證》。……題署「畢沅疏證」,實則江聲代撰。	江聲代撰。無特別證據。
王國珍	《釋名語源疏證》頁 6 下注 2。	《釋名疏證》的作者有爭議。有人認爲是洪亮吉代作。	洪亮吉代撰。無特別證據。
李多鵑	《《釋名》新證》	「畢沅《釋名疏證》」有注 11 梁啓超《中國近三百年學術史》認爲此書實爲江聲所作。由於其書題畢沅撰,本書從之,仍稱畢氏。	並陳二種說法,暫依舊說。

說明:此處所引書目之版本項,皆同本論文後之參考文獻。

二、《釋名》作者考論

　　畢沅《釋名・序》考論《釋名》之「作者」,其云:

> 劉熙《釋名》其自序云:「二十七篇」。案《後漢書・文苑傳》:「劉珍字秋孫,一名寶,撰《釋名》三十篇,以辯萬物之稱號。」而韋曜、顏之推等皆云「劉熙制釋名」,熙或作熹。案《三國・吳志・曜傳》曜在獄中,上辭有云:「見劉熙所作《釋名》,信多佳者。然物

類眾多，難得詳究，故時有得失，而爵位之事，又有非是」云云。

玩曜之語，則熙之書吳末乃始流布，是熙之去曜，年代必當不遠，

一也。〔註16〕

畢沅先從劉熙〈敘〉言開始探討，其言「二十七篇」，而後考《後漢書》說明撰者是「劉珍」，《釋名》的篇幅有「三十篇」。再考年代距離劉熙較近的韋曜說法，在《三國志・吳志》其云「見劉熙所作《釋名》」，顏之推的看法亦同。根據這些史料，畢沅判斷《釋名》一書在三國之吳國末年時便已流傳，這是第一個證明。畢沅又舉第二點來考證，其云：

舊本題「安南太守劉熙撰」，近時校者以二漢無安南郡，或云當作南安。今考劉昭注《續漢書》稱《三秦記》曰：「中平五年，分漢陽，置南安郡。」《元和郡縣志》亦云：「漢靈帝立是郡」，已在漢末，二也。〔註17〕

因為流傳的舊本上有載錄劉熙的官職為「安南太守」，畢沅即據此爬梳劉昭注解的《續漢書》與《元和郡縣志》二書，先確認當時有南安郡的存在，認為也許「安南」是「南安」的誤植。第三再從《釋名》書中的用語來考察，其云：

此書〈釋州國篇〉有「司州」，案《魏志》及《晉書・地理志》，魏以漢司隸所部河南、河東、河內、宏農，幷冀州之平陽，合五郡置司州，是建安以前無「司州」之名，三也。〔註18〕

是書中出現「司州」一詞，對比《魏志》與《晉書・地理志》卻未載，則可以此判斷劉熙應當是漢末之人。第四個考察的是同在〈釋州國篇〉的另個用語，其云：

又云：「西海郡，海在其西。」據劉昭注，則西海郡亦獻帝建安末立，其時去魏受禪不遠，四也。〔註19〕

該篇又出現「西海郡」一詞，據劉昭注解的《續漢書》中所寫，可以確定劉熙是魏文王曹丕受禪稱帝前的人。第五個點則是自「文獻避諱」的角度判斷，其云：

〈釋天〉等篇於光武列宗之諱均不避，五也。以此而推，則熙為漢

〔註16〕〔清〕畢沅疏證：《釋名疏證・序》，頁2。

〔註17〕〔清〕畢沅疏證：《釋名疏證・序》，頁2。

〔註18〕同上注。

〔註19〕同上注。

　　末或魏受禪以後之人無疑。〔註20〕

以古人撰書的習慣，當會於行文中避當世皇帝之名諱，若全然未避，則或可
據以判斷非此時代，所以在〈釋天〉等多篇中，行文都沒有避漢光武帝等諸
皇的名諱，再次確定劉熙是「漢末或魏受禪以後的人」。至於篇目的差別，其
云：

　　又自序云：「二十七篇」，而《文苑・劉珍傳》云：「三十篇」，篇目
　　亦不甚縣遠，疑此書兆于劉珍，踵成于熙，至韋曜又補官職之缺也。
　　〔註21〕

劉熙自序說是二十七篇，《後漢書》則是三十篇，明顯有差異。畢沅以爲，差
距不算大，推測該書是由劉珍開始撰寫，在劉熙手上完成，而韋曜補上不足
的官職部分。畢沅以此五點書證爲憑，做出這樣的結論。不過，就在正書本
的《釋名疏證》完成不久後，將書交給江聲審訂，江聲提出要再用篆文抄錄
該書變成篆文本，畢沅記錄此事而云：

　　……屬江君聲審正其字。江君謂必用篆文字乃克正，請手錄之，別
　　刊一本。余時依違未許，既而覆視所刻，輒復刪改。適江君又以書
　　請，遂以刪改定本屬之鈔寫，竝述前叙未竟之意，復爲叙以記之。
　　〔註22〕

可知這本篆字本是江聲重新以篆書手寫而成，略有些微的刪改，大體未加變
動。完成後，江聲請求畢沅爲書撰叙，在叙文中，畢沅修正自己前次考證《釋
名》作者的說法。其云：

　　《隋書・經籍志》云：「《釋名》八卷，劉熙撰。」又《大戴禮記》
　　十三卷下注云：「梁有《謚灋》三卷，後漢安南太守劉熙注，亡。」
　　檢《後漢書》無〈劉熙傳〉，又〈郡國志〉無安南郡，唯漢陽郡注引
　　〈秦州記〉云：「中平五年，分置南安郡。」則安南或南安之誤與？
　　〔註23〕

此舉《隋書・經籍志》、《大戴禮記》之說，二書皆寫作者爲「劉熙」，而《大
戴禮記》與劉昭注《續漢書》皆有提及劉熙的官位係「安南太守」，檢查《後
漢書》後，畢沅同正書本〈叙〉一樣懷疑「安南或南安之誤」。畢沅再舉諸多

〔註20〕同上注。
〔註21〕〔清〕畢沅疏證：《釋名疏證・序》，頁2。
〔註22〕同上注。
〔註23〕〔清〕畢沅撰：《篆字釋名疏證・叙》，《叢書集成簡編》第384冊。

書證，其云：

> 晉李石《續博物志》云：「漢博士劉熙。」宋陳振孫《書錄解題》、
> 馬端臨《文獻通考》并云：「漢徵士北海劉熙，字成國」，不知何本。
> 或《釋名》古本所題，相傳如此。胡爲與《續博物志》、《隋書·經
> 籍志》又各不同？皆無明文可證。《後漢書·劉珍傳》言珍纂《釋名》
> 三十篇，以辯萬物之偁號。」今《釋名》二十七篇，見有亡篇，安
> 知非本三十篇也？或劉珍別有《釋名》而已亡與？抑或蔚宗聞之不
> 審而誤以劉熙爲劉珍與？〔註24〕

晉代李石認爲是「漢博士劉熙」所撰，宋代陳振孫與元代馬端臨都記載爲「漢
徵士北海劉熙」，雖都認爲作者是劉熙，但官位並不相同。再者，范曄《後
漢書》著錄的作者是「劉珍」，且篇數爲三十篇。綜合這些書證，畢沅認爲，
也許是劉珍與劉熙都撰有《釋名》，但兩本並非同一本，所以篇數也不同，
又或是范曄沒有弄清楚而將劉熙誤寫爲劉珍？

　　如此複雜的考證過程還不能滿足畢沅的疑惑，於是他進一步翻閱《三國
志》，其云：

> 《三國志·吳志·韋昭傳》「昭言：『見劉熙所作《釋名》，信多佳者。
> 然物類眾多，難得詳究，時有得失，因作《辯釋名》一卷。』」
> 案《吳志·程秉傳》言：「秉避亂交州，與劉熙考論大誼。」
> 又〈薛綜傳〉言：「綜避墬交州，從劉熙學。」交州，孫吳之墬也。
> 計吳之立國才五十二年，而韋昭下獄時年已七十，則昭少壯時與劉
> 熙竝世而同國，或嘗見熙，亦未可知。其謂《釋名》爲熙所作，審
> 矣。范史之言可弗計也。〔註25〕

〈韋昭傳〉、〈程秉傳〉、〈薛綜傳〉三傳皆言及傳主與劉熙的交往，因爲韋昭
的年紀大於吳國立國的時間，所以關於韋昭曾見過劉熙一事，畢沅不置可否，
但從三傳看來，他認爲作者是劉熙的機會非常大，范曄的說法可以忽略。

　　正書本時畢沅的說法——今本篇數二十七，古本可能三十，但該書作者
應是劉珍與劉熙皆有，乃二人相繼完成，可在篆書本，畢沅修正爲劉熙所撰，
劉珍是訛傳。因爲《篆字釋名疏證》全書以「篆體」寫成，若非長於篆文者，
往往會忽略該書內容，也就有人忽略的畢沅曾修正他的說法。關於《釋名》

〔註24〕〔清〕畢沅撰：《篆字釋名疏證·敍》，《叢書集成簡編》第 384 冊。
〔註25〕同上註。

的作者，除前述畢沅判斷過的兩種看法，還有其他說法，包括「劉熙、劉珍為同一人」、「劉珍別有《釋名一書》」〔註26〕，不過時至今日，仍未有完全肯定是劉熙所撰，但畢沅修正後的說法已是今日通行之說。〔註27〕

三、疏證動機及目的

要對《釋名》展開進一步的注疏與補證，當有其動機與目的，畢沅在〈敘〉中曾提及：

> 其書參校方俗，考合古今，晰名物之殊，辨典禮之異，洵為《爾雅》、《說文》以後不可少之書。今分觀其所釋，亦時有與《爾雅》、《說文》諸書異者。爾雅曰：「齊日營州」，而此云「營州，齊衛之地。」《爾雅》云：「石戴土謂之崔嵬，土戴石為岨。」而此依《毛傳》立，文曰：「石載土曰岨，土載石曰崔嵬。」正與相反是也。《說文》：「錦，從帛金聲。」凡為聲者皆無義，而此云：「錦，金也，作之用功，其價如金，故其制字從帛與金。」是以諧聲之字為會意。又《說文》：「平土有叢木曰林」，而此云：「山中叢木為林。」亦皆異義，且其字體出《說文》外十之三，益信熙之時去叔重已遠，其聲讀輕重、名物異同，與安順前，又迥別也。〔註28〕

動機有二。第一，是畢沅對於認為《釋名》有「參校方俗」、「考合古今」、「晰名物之殊」、「辨典禮之異」四個優點，其係《爾雅》、《說文》後非常重要的書籍，不可闕收；第二，最重要的一點——「今分觀其所釋，亦時有與《爾雅》、《說文》諸書異者」，在釋義上與《爾雅》、《說文》等書不一樣，對於畢沅而言，《說文》是至高無上的典籍，一直以來皆以《說文》為圭臬，所以凡是有與《說文》牴觸的說法，或「字體出《說文》外十之三」，都會是他積極勘正的重點，所以他要疏證《釋名》。對於疏證的具體做法是：

〔註26〕 詳參莊美琪著：《《釋名》研究》（臺北：臺北市立教育大學中國語文學系碩士論文，2007年6月），頁5～9。

〔註27〕 畢沅《篆字釋名疏證·敘》一文，與錢大昕《潛研堂文集·卷二十七·跋釋名》十分雷同，細較二文所引書證幾乎相同，思考的脈絡、立論的基礎也差不多，但究竟是畢沅轉錄錢大昕之文而竊以為己說，又或是錢大昕抄錄畢沅敘文於自己的文集中視為己撰，又是另一件歷史公案，在缺乏直接證據的情況下，並存而不斷言。

〔註28〕 〔清〕畢沅疏證：《釋名疏證·序》，頁2。

　　　　循覽載籍，凡經傳子史有與是書相表裏者，皆援引以爲左證。又取

　　　　唐宋人書有引是書者，會萃以相參校，表其異同，正其紕繆。〔註29〕

廣泛地閱讀各種典籍，比較與典籍不同的地方，將兩者的差異標明，並將錯

誤處改正。參考的典籍擴及經、史、子、集，唐、宋的類書，甚至是「道釋

二藏」〔註30〕，幾乎各種看得見的文獻都盡量包括其中。

四、書證與統計

　　《釋名疏證》，既要疏，更要證，所以畢沅在寫作時，閱讀了大量的古籍，

尤其是唐、宋各種類書，像是《說文》、《爾雅》、《廣韻》、《玉篇》、《白虎通》、

《初學記》、《太平御覽》、《藝文類聚》、《北堂書鈔》、《一切經音義》等書，

皆是其查閱的對象，將各種文獻與《釋名》對照，上溯源頭，還原書證，校

訂訛誤處，也爲難解的地方說明清楚。筆者統計全書中常見的書證，分卷計

算後再加總，製成下表：

表十二：《釋名疏證》引用書證次數表

	書　　名	卷一	卷二	卷三	卷四	卷五	卷六	卷七	卷八	總計
01	《說文解字》	96	52	43	111	78	47	128	138	693
02	《太平御覽》	52	28	16	70	39	28	60	20	313
03	《爾雅》	80	11	39	2	23	5	5	6	171
04	《一切經音義》	21	7	22	14	13	6	18	24	125
05	《初學記》	24	1	0	12	14	5	30	8	94
06	《禮記》	7	2	10	18	7	5	11	3	63
07	《廣韻》	8	9	0	9	13	9	6	5	59
08	《玉篇》	3	0	3	3	5	1	6	18	39
09	《考工記》	3	1	1	0	0	2	30	2	39
10	《藝文類聚》	7	2	4	5	4	3	14	0	39
11	《白虎通》	20	0	4	0	1	0	0	9	34
12	《史記》	3	3	4	5	1	2	6	9	33
13	《北堂書鈔》	8	0	0	3	3	8	9	1	32

〔註29〕〔清〕畢沅撰：《篆字釋名疏證・敘》，《叢書集成簡編》第 384 冊。

〔註30〕同上注。

14	《毛詩》	9	0	2	3	3	0	13	0	30
15	《儀禮》	0	1	3	7	4	3	2	3	23
16	《齊民要術》	1	0	0	14	0	0	4	0	19
17	《莊子》	4	1	1	3	1	0	1	1	12
18	《尚書》	5	2	1	2	0	0	1	0	11
19	《逸周書》	1	1	0	0	0	0	0	0	2

　　由此表可看出幾點端倪：第一，《說文解字》的次數最多——疏證時，要對字義進行剖析比較時，必須有個對照，而畢沅心中最正確的文字學楷模當爲《說文》，所以才會援引近七百次，次數是第二名的一倍之多；第二，引用次數第二多的是《太平御覽》，因爲該書是宋代著名的類書，當中包羅萬象，有許多的知識與紀錄可參考，既是一部研究生活用語爲主的書籍，這種近似百科全書的類書，就會是非常好的資料來源，因此引用次數之多，僅次於《說文》；第三，引用次數第三多的是《爾雅》，乃因《釋名》也是一本解釋字義的書籍，用另一本近似的釋詞義書來對照，當是再合理不過。第四，畢沅引用的資料廣泛，並不局限於單一文獻，而採廣闊採集的態度。

五、內容析論

　　全書八卷，分爲〈釋天〉、〈釋地〉、〈釋山〉、〈釋水〉、〈釋丘〉、〈釋道〉、〈釋州國〉、〈釋形體〉、〈釋姿容〉、〈釋長幼〉、〈釋親屬〉、〈釋言語〉、〈釋飮食〉、〈釋采帛〉、〈釋首飾〉、〈釋衣服〉、〈釋宮室〉、〈釋床帳〉、〈釋書契〉、〈釋典藝〉、〈釋用器〉、〈釋樂器〉、〈釋兵〉、〈釋車〉、〈釋船〉、〈釋疾病〉、〈釋喪制〉，共二十七篇。筆者統計全書中畢沅「訓詁」的「條數」及「疏證」的「字數」，按篇計算後再加總，製成下表：

表十三：《釋名疏證》字數統計表

卷數	篇　名	條　數	字　數
01	釋天第一	126	4544
02	釋地第二	20	704
03	釋山第三	29	736
04	釋水第四	48	1243
05	釋丘第五	30	592

06	釋道第六	17	410
07	釋州國第七	59	1779
08	釋形體第八	99	2245
09	釋姿容第九	78	1976
10	釋長幼第十	37	1291
11	釋親屬第十一	92	1851
12	釋言語第十二	103	2359
13	釋飲食第十三	92	2867
14	釋釆帛第十四	38	1161
15	釋首飾第十五	72	2288
16	釋衣服第十六	87	2892
17	釋宮室第十七	97	2575
18	釋床帳第十八	22	674
19	釋書契第十九	45	2187
20	釋典藝第二十	43	1568
21	釋用器第二十一	33	977
22	釋樂器第二十二	37	1335
23	釋兵第二十三	106	3304
24	釋車第二十四	89	3776
25	釋船第二十五	22	780
26	釋疾病第二十六	60	3556
27	釋喪制第二十七	101	7877
總共	27	1682	57547

　　據此表可知，整本《釋名疏證》裡，畢沅總共疏證了一千六百八十二條
的義項，撰寫字數多達五萬七千五百四十七字，雖然有不少部分是引書的文
字，但要能夠整理如此多的書證，再裁剪適當內容以說明，絕非一件易事，
由此看來，此書當不會是畢沅或江聲一人所撰，應是有其他未見其名的人幫
助。以下將《釋名疏證》裡，幾個重要的內容列點分說：

（一）斠正文字

　　畢沅對於文字的熱衷，可從前統計數字看出，援引《說文》六百九十三
次，代表著他對《說文》的看重，更代表著他在此書裡，非常重要的工作是
斠正錯誤的用字，且絕不妄言，必有書證為據，或依行文體例而改。

　　1、〈釋天〉：「……天，坦也，坦然高而遠也。」

　　《疏證》云：「坦，今本訛作垣。《玉篇》、《爾雅釋文》、《莊子釋文》、《初學記》、《太平御覽》、《爾雅疏》皆引作「坦」，據改。」〔註31〕畢沅以《玉篇》等書引錄之文字，校正今本。

　　2、〈釋山〉：「……山上有水曰埒」

　　《疏證》云：「埒，今本誤作埒。《爾雅》曰：『山上有水埒。』據改。」〔註32〕畢沅以《爾雅》引錄之文字，校正今本。

　　3、〈釋姿容〉：「引，演也。使演廣也。」

　　《疏證》云：「使，今本作徒，誤。以上下文例之，是使字。」〔註33〕此處較特別，畢沅未引任何的書證，而是直接從上下文義判斷，應當不作「徒」，當作「使」。

　　4、〈釋長幼〉：「……徐州曰聟聟，忤也。始生時人意不喜，忤忤然也。」

　　《疏證》云：「聟忤，皆俗誤字。《說文》云：『午，牾也。』牾午，當據以改正。」〔註34〕畢沅以《說文》為憑，判定聟忤是訛字，應當改為「牾午」才是。

　　5、〈釋飲食〉：「……烝燥屑使相潤漬餅之也。」

　　《疏證》云：「今本誤作丞。據《太平御覽》引改。」〔註35〕畢沅認為「烝」是「丞」的訛寫，據《太平御覽》改正。

（二）標明音讀

　　《釋名》既以聲訓聞名，「語音」當為其重要樞紐，因此畢沅在疏證時，注重因聲求義，特別注意音讀的標示。

　　1、〈釋天〉：「宿，宿也。星各止宿其處也。」

　　《疏證》云：「息柚反，下皆所彔反。《一切經音義》引作言星各止住其所也。《太平御覽》引作止宿其所。」〔註36〕畢沅對出現三次的「宿」，分別

〔註31〕〔清〕畢沅疏證：《釋名疏證》（臺北：廣文書局，1979年4月），頁1。
〔註32〕〔清〕畢沅疏證：《釋名疏證》，頁7。
〔註33〕〔清〕畢沅疏證：《釋名疏證》，頁18。
〔註34〕〔清〕畢沅疏證：《釋名疏證》，頁20。
〔註35〕〔清〕畢沅疏證：《釋名疏證》，頁1。
〔註36〕同上注。

標音，第一次是「息柚反」，後面二次是「所彔反」。因漢字有一字多音、一字多義的特性，若未標明，可能會有誤認語義的情況發生。

2、〈釋形體〉：「項，确也。堅确，受枕之處也。」

《疏證》云：「确，胡角反。項轉入聲則近确，故曰項确也。《說文》云：『确，磬石也。』『磬，堅也。』故曰堅确。《廣韻》引此确字作石宂甬，譌。」〔註37〕畢沅以爲「項」與「确」的聲音近似，所以用「确」之反切「胡角反」標「項」音。

3、〈釋姿容〉：「徐行曰步。步，捕也。如有所司。」

《疏證》云：「相吏反。俗作伺，非。」〔註38〕畢沅標「司」之音爲「相吏反」，同時也提及俗字「伺」，認爲爲「非」。

4、〈釋首飾〉：「梳，言其齒疏也。數言比，比於梳其齒差數也。比言細相比也。」

《疏證》云：「此貧畀反，俗所謂編箕也。此比字必履反，下二比字皆貧畀反。」〔註39〕畢沅對出現四次的「比」，分別標音，第一次是「貧畀反」，第二次則注「必履反」，第三、四次是「貧畀反」，如此方式，很清楚。

5、〈釋書契〉：「約，約束之也。」

《疏證》云：「上約字一肖反，下約一虐反。《周禮・秋官》有司約。鄭注云：『約，言語之約束。』」〔註40〕畢沅標「約」，分別是「一肖反」，「一虐反」。

（三）考據名義

《釋名》係以聲訓推求事物得名之由來，所以有些名物會因時代的變遷，而產生變化，所以他們疏證時，必須考證名稱的變化、名物的特性、器物的用處等，尋求書證，並比較各書解釋的差異。

1、〈釋天〉：「干飯，飯而暴乾之也。」

《疏證》云：「干與乾音同得相假借。《太平御覽》引卽作乾。」〔註41〕由畢沅疏證可知「干飯」就是「乾飯」，因爲音同假借，「干」、「乾」古今字，

〔註37〕〔清〕畢沅疏證：《釋名疏證》，頁15。
〔註38〕〔清〕畢沅疏證：《釋名疏證》，頁17。
〔註39〕〔清〕畢沅疏證：《釋名疏證》，頁37。
〔註40〕〔清〕畢沅疏證：《釋名疏證》，頁48。
〔註41〕〔清〕畢沅疏證：《釋名疏證》，頁33。

所以不同時代也就產生不同的稱謂。

2、〈釋天〉:「……步搖，上有垂珠，步則搖動也。」

《疏證》云:「今本步搖云云，列於剔刑人之髮爲之也之後，提行別起。《太平御覽》引曰后首飾曰副。副，覆也，以覆於首上有垂珠，步則搖也，無亦言至步搖十五字。案鄭注《周禮·追師職》云:副之言覆，所以覆首爲之飾，其遺象若今步繇矣。然則副與步搖異名同類，當使相從，故移於此，亦言副貳云云。當依今本存之。動字，據《一切經音義》引增。」〔註42〕畢沅引鄭注《周禮》說明「副」與「步搖」是異名同類，「副」就是「步搖」，「步搖」就是「副」，古今的不同稱謂而已。

3、〈釋天〉:「屩，草屨也。屩，蹻也，出行著之，蹻蹻輕便。」

《疏證》云:「《太平御覽》引作『屩，草屨也。出行著之』云云。今本作『屩，蹻也，出行著之』云云。兩者一釋其物，一釋其名義，當備存之乃無歉。」〔註43〕畢沅引《太平御覽》說明屩的兩種解釋都是對的，一個是針對物品而說，另個是解釋其名稱，只是詮釋的角度不一樣。

(四) 鉤沉軼文

畢沅翻查類書、字書及相關文獻曾徵引過《釋名》者，比較今本《釋名》，從而找出今本已不復見者，考證內容合理後，方才補上。

1、〈釋長幼〉:「……或曰眉壽。」

《疏證》云:「今本無此句。據《藝文類聚》引補。案既有此文，下必更有申說。眉壽之名諲云云，惜引者不具引，今不可得聞矣，姑爲證明之。」〔註44〕畢沅引《藝文類聚》補上缺漏的句子。這種在疏證裡直接補上闕文的作法，係《釋名疏證》中常用的方法。

2、〈釋宮室〉:「宗廟，宗尊也。廟，貌也。先祖形貌所在也。」

《疏證》云:「今本無首五字，據《北堂書鈔》、《藝文類聚》、《初學記》引增。宗尊也三字，則兼釋宗廟二字矣。此書之中凡兼釋兩字者，必先總目兩字，乃後析其字而分釋之。〈釋姿容篇〉正多此例，茲依仿之，增宗廟二字。」〔註45〕開頭的「宗廟宗尊也」五字今本是沒有的，畢沅引《北堂

〔註42〕〔清〕畢沅疏證:《釋名疏證》，頁36。
〔註43〕〔清〕畢沅疏證:《釋名疏證》，頁41。
〔註44〕〔清〕畢沅疏證:《釋名疏證》，頁21。
〔註45〕〔清〕畢沅疏證:《釋名疏證》，頁41～42。

書鈔》補上。後則說明該書訓詁常先總釋詞的項目名，再細分其種類於後。

　　3、〈釋兵〉：「鏑，敵也。言可以禦敵也。」

　　《疏證》云：「今本無言字，據《初學記》引增」〔註46〕今本原作「鏑，敵也。可以禦敵也。」畢沅據《初學記》補上「言」字。

六、學術價值

　　自劉熙撰成《釋名》後，中間雖不時有類書、字書引用，但無人對其真正地深入探討，直至清代畢沅等人之投入，方才使《釋名》之價值更加明朗，沿著前人的整理與校勘，是一個不斷積累而進步的學術工作，將使後人愈加明白該書之幫助。

（一）振興《釋名》之研究

　　畢沅疏證是真正重視《釋名》的第一人，對於《釋名》研究是振興，是承先啓後的關鍵人物。清代雖亦有他人對《釋名》校勘，但其功力仍與畢校有不小的差距，劉師培〈釋名書後〉即云：

> 釋名校本以畢氏疏證本爲善，吳校非其匹也。畢校之長在於溯唐宋諸書所引，以更明本之失。今即唐人類書考之，知畢氏所引尚有所遺，如〈釋天〉：列位布散也，《初學記・卷一》引上有言字風氾也。……各篇佚句，嗣有刊正。斯書者，均當據以增入也。
> 〔註47〕

雖然畢沅的斠勘是當代較佳的，比吳志忠之校本更受大眾的認可，可不能否認的是，他的考究與補證仍有不足之處，所以後人其實可以其研究爲墊腳石，繼續深入，並強化相關的研究內容，成果將會更豐碩，亦是補了畢校的不足。

（二）研究《釋名》之寶庫

　　自畢沅疏證《釋名》後，歷來要探討該書者，必須參考畢校的內容，尤其繼畢沅後，王先謙之「補」，引錄畢說並補強許多不足處，更是強化了畢沅的影響。王國珍說：「清代學者對《釋名》進行過逐條校勘和疏證，畢沅的《釋名疏證》和王先謙的《釋名疏證補》是集大成之作。」〔註48〕所以現今投入

〔註46〕〔清〕畢沅疏證：《釋名疏證》，頁53。
〔註47〕〔清〕劉師培撰：《左盦集・卷四・釋名書後》，《清代詩文集彙編》第797冊（上海：上海古籍出版社，2011年1月），頁68～69。
〔註48〕王國珍著：《釋名語源疏證》（上海：上海辭書出版社，2009年8月），頁6。

－279－

《釋名》研究的學者，多參考王氏《釋名疏證補》，而王氏則多參自畢沅《釋名疏證》。陶濬〈重刻《釋名疏證》敍〉亦云：

> 俾有志者可藉此書以識字，嘉惠來學之功甚大。唯經訓堂書不易得，吳氏璜川書屋本亦不多見，近刻《小學彙函》本無疏證，同里徐叔蓓農部爲重刊行世，其正、篆兩本微有異同，它日能覯初印篆字本，令佳工影元書覆刻，俾成完帙。近出大藏《音義》、唐本《玉篇》諸書，有引《釋名》而近本敚者，可續畢氏《補遺》之缺，暇日當輯錄坿之。〔註49〕

陶濬稱「俾有志者可藉此書以識字，嘉惠來學之功甚大」，可藉由此書來識字，那對未來的學者而言，眞是不小的功勞。後人當以此書爲底，再繼續補畢氏之缺，將使這類研究愈臻盡善盡美。

（三）輯補《釋名》之闕失

誠如前處對於《釋名疏證》內容的分析，畢沅對於字形、字音的正確，費盡許多心力，援引《說文》、《一切經音義》等書仔細比對，還會適時補上反切；字義上，則主要參照《爾雅》，並以《太平御覽》、《初學記》、《藝文類聚》等類書作爲詞義補充的參考與來源。既是要疏證《釋名》，則第一件事就是要讓此書的字句正確，所以才對用字如此考究，而其他的闕誤及失收，則進一步補強或是加上。

（四）訓詁成果之展現

疏證《釋名》即是訓詁之具體行爲，當中要參考多種文獻，比對文獻與《釋名》異同，若有不足處則須以案語補充，所以畢沅此書對於《釋名》的加工、補強，當是重要之訓詁學成果。賀知章說：

> 畢沅《釋名疏證》，不論是從徵引文獻來看，還是從採擷條目來看，都是注疏《釋名》中最完備者。畢氏更是利用每條引用材料對《釋名》或校勘、或比較、或疏證，並時加按語，用力頗深。此書成書後很受學者重視。〔註50〕

眞正的翻閱《釋名疏證》後，可以知道在當時有這樣的眼光，看出《釋名》聲訓與考據日常用語有其價值，眞是難得之事，所以賀知章這樣的說法十分

〔註49〕 任繼昉纂：《釋名匯校》（濟南：齊魯書社，2006 年 11 月），頁 497～498。
〔註50〕 賀知章撰：〈王先謙與畢沅《釋名》研究比較〉，《延安大學學報（社會科學版）》（2008 年 10 月第 30 卷第 5 期），頁 105。

合理，恰如其分，爲《釋名疏證》做了最好的注解。

第二節　繼踵之作析論

在撰成《釋名疏證》後，畢沅連帶完成了《釋名補遺》與《續釋名》，「……又益以《補遺》及《續釋名》二卷，凡三閱歲而成。」〔註51〕二書各有一卷，內容不多。自畢沅以降，對於《釋名》研究頗有心得且有具體撰書以爲成果的人，大抵有吳翊寅《釋名疏證校議》、成蓉鏡《釋名補證》、王仁俊《釋名集斠》、王先謙《釋名疏證補》等，而王先謙是當中最具代表性的一位，成就也是最高。

一、《釋名補遺》與《續釋名》

何以撰成《續釋名》、《釋名補遺》，畢沅云：

> 檢閱羣書輒見有引《釋名》，而今《釋名》闕者輯錄以爲補遺，附於卷末，因取韋昭所補之官職訓及辯釋名幷附錄焉。惟是官職訓及辯釋名，據昭自言各一卷，則抒然成秩。今雖亡失，其引見唐宋人書者，當不止於是，而予之所見，僅此而已。黨博雅君子別有采獲，以補予之不逮，則幸甚幸甚。畢沅識。〔註52〕

可知《釋名補遺》是其「輯錄」當時版本遺漏闕收的內容，包括原本即存有內容的〈釋天〉、〈釋姿容〉、〈釋親屬〉、〈釋飲食〉、〈釋衣服〉、〈釋宮室〉、〈釋用器〉、〈釋樂器〉、〈釋疾病〉九篇，以及未曾收錄的「釋爵位」。還一併將韋昭所補的「官職訓」及「辯釋名」附錄於其中，而其來源正是唐、宋時的類書。畢沅覺得內容應當不僅於此，其以爲〈釋爵位〉的內容是當時《釋名》之亡篇，因爲劉熙〈自敘〉說《釋名》有二十七篇，但是《後漢書·文苑傳》卻稱有三十篇，韋昭撰史應有其公信力，不致隨意而論，所以〈釋爵位〉就是亡軼的三篇之一。〔註53〕

畢沅將類書有引用，但不見於今本的條目，一一摘下而成《釋名補遺》。

〔註51〕〔清〕畢沅疏證：《釋名疏證·序》，頁2。
〔註52〕〔清〕畢沅撰：《釋名補遺》，《小爾雅訓纂等六種》（臺北：鼎文書局，1972年9月），頁153。
〔註53〕詳見〈釋爵位〉下小注。〔清〕畢沅撰：《釋名補遺》，《小爾雅訓纂等六種》，頁150。

另外，他輯錄了兩篇亡佚的篇目「釋律呂」與「釋五聲」。律呂即「音律」的統稱，又稱「十二律」，也稱「十二宮」，是依發音高低不同的原理，而定出的聲律準則，可分為陽律「黃鐘、太簇、姑洗、蕤賓、夷則、無射」六種及陰律「林鐘、南呂、應鐘、大呂、夾鐘、中呂」六種。關於〈釋律呂〉，畢沅云：

> 《御覽・時序部》引《釋名》釋律呂之名誼於春，釋太簇夾鐘於夏，釋蕤賓於秋，釋夷則南呂於冬，則先引《風俗通》一條，乃後承之以。又曰：而釋應鐘大呂，然則三時所引《釋名》其果《釋名》文與非與顧，《風俗通》未有。律呂所引，律呂之誼，惟《白虎通・五行篇》有其文，且十二律具備其文法，正與本書相類，或所引實《白虎通》與茲不忍棄置，又不敢羼入，姑就其所引正之，以《白虎通》參之以《史記》、《漢書》別纂一篇，不以列於補遺，而別為《續釋名》云。〔註54〕

可知其自《太平御覽》所引《釋名》的條目，係《風俗通》所未見的，而《白虎通》有收，畢沅觀察文字，發現行文與《釋名》類似，但又不敢隨意收錄，只好另置一篇成《續釋名》。至此，可以分辨出《釋名補遺》與《續釋名》的差異，「補遺」係畢沅認為《釋名》原本就有的內容，而「補遺」則是他覺得文字脈絡與法式很像《釋名》，但又無法斷定就是原本的文字，所以稱之為「續」而非「補」。關於〈釋五聲〉，畢沅云：

> 《周禮》：「太帥掌六律六同，皆文之以五聲。」《國語》曰：「古之神瞽，攷中聲而量之，以制度律均鐘。」然則五聲十二律，相頡為用，因釋律呂，遂釋五聲，其說皆本先儒，不敢臆纂也。〔註55〕

五聲即宮、商、角、徵、羽，與前述之「律呂」皆為古代音樂重要的理論，兩者相輔相成。畢沅此處援引先儒的說法，而不敢自己隨意纂入。

　　總的來看，可以發現畢沅在疏證的過程中，若是發現今本與類書等文獻有版本上的差異，他用了三種方式。第一，直截補於疏證文字裡。此類多是幾字的誤寫或是失收，所以直接在下方更正；第二，摘錄今本未見，認為是原書應收的內容，另撰《釋名補遺》；第三，摘錄今本未見，很有可能是原書有，但又不敢肯定的，另撰《續釋名》。從這裡可知畢沅對於底本的尊重，除

〔註54〕〔清〕畢沅撰：《釋名補遺》，《小爾雅訓纂等六種》，頁147。
〔註55〕同上註。

非是顯著的錯誤，否則不會隨意改動底本。理由很簡單，萬一畢沅的判定有任何偏差，他的改動可能會造成後人的誤判，以爲原本就是這樣寫，那會使《釋名》受到不白之冤，也將讓研究《釋名》變成事倍功半，甚至可能徒勞無功。

　　畢沅撰《續釋名》、《釋名補遺》，最大的功勞就是將他看到的各種與當代《釋名》不同的地方分別記錄下來，並以其個人能力，分判內容，按《釋名疏證》的體例，將相關文字寫下而成二卷，助後人研究時的功勞不小。

二、《釋名疏證補》

　　接著畢沅之後，顧廣圻校勘《釋名》，成蓉鏡撰《釋名補證》、吳翊寅撰《釋名校議》，諸家對對《釋名》研究各有貢獻，然最具代表者是王先謙《釋名疏證補》。王先謙（1842～1917 年）字益吾，號葵園，湖南長沙人，是清代著名的文人，涉獵廣博，用力較深在於經學與《釋名》。陳建初說：

> 是書既充分吸收前人的研究成果，又廣泛地採納了時賢的意見，堪
> 稱集大成之作，它無論是在校勘文字、揭示體例，還是在詮釋原訓、
> 糾正缺失方面，都多有建樹。以《釋名》之原文而論，此書堪稱善
> 本；以校注而言，與畢氏書相比可謂後出轉精。」〔註56〕

的確在畢書之後，王氏的成就是最佳的，頗有長江後浪推前浪之姿。王氏補《釋名疏證》的目的何在？其云：

> 舊本闕訛特甚，得鎭洋畢氏校訂，然後是書可讀。長洲吳氏所栞顧
> 千里校本，是正亦多，其中奧義微文，未盡揮發。〔註57〕

簡言之就是舊本的訛誤仍有未解決，而且有些地方的詮釋還有改進空間，因而補前人之不足。王氏對於《釋名》的地位尊重且崇敬，其云：

> 文字之興，聲先而義後。動植之物，字多純聲，此名無可釋者也。
> 外是則孳乳繁賾，悄趣遞貿。學者緣聲求義，輒舉聲近之字爲釋，
> 取其明白易通而聲義皆定。〔註58〕

他認爲文字是先有聲而後有義，尤其是動物、植物等名稱，多半是取聲成字。

〔註56〕陳建初著：《《釋名》考論》（長沙：湖南師範大學出版社，2007 年 3 月），頁22。
〔註57〕〔東漢〕劉熙撰；〔清〕畢沅疏證；王先謙補：《釋名疏證補》，頁 2。
〔註58〕同上注。

再來，有許多的文字孳乳，學者們往往因聲求義，舉音近字解釋。這樣的情況並非近代才有，早自先聖先賢時已有，其又云：

> 流求珥貳，例啓于周公；乾健坤順，說暢於孔子。仁者人也，誼者
> 宜也，偏旁依聲以起訓；刑者侀也，侀者成也，展轉積聲以求通。
> 此聲教之大凡也。〔註59〕

在周公時已有這樣的例子，而孔子時更是常見。王氏繼續說明了聲訓的開展與歷史，到了漢代，韓嬰、班固、許慎、鄭玄等學者，也常以這樣的方式訓解，「逮劉成國之《釋名》出，以聲爲書，遂爲經說之歸墟，實亦儒門之奧鍵已。」〔註60〕因爲「聲訓」的特別，也因其是很早就有的訓詁方式，所以王先謙才會這麼有興趣研究該書。他也提到了自己的「補」，並非個人之力，其云：

> 與湘潭王啓原、葉德炯、孫楷，善化皮錫瑞，平江蘇輿，從弟先愼
> 覆加詮釋，決疑通滯，歲月既積，簡帙遂充，因合畢氏元本，參酌
> 吳校及寶應成蓉鏡《補證》、陽湖吳翊寅《校議》、瑞安孫詒讓《札
> 迻》，甄錄尤雅，萃爲斯編。剞劂甫成，元和祝秉綱垂示胡、許二君
> 所校，爲芟去重複，別卷坿末，期以補靈岩之漏義，闡北海之精心，
> 大雅宏達，庶匡益之。〔註61〕

得到王啓原、葉德炯、孫楷、皮錫瑞、王先愼等人的協助解釋，又參考了畢氏、成蓉鏡、吳翊寅、孫詒讓等人著作比較，在加上他人的校正、刪修，總算讓他完成《釋名疏證補》的撰寫。

　　《釋名疏證補》的體例依畢沅疏證，常見的方式是以《釋名》正文爲大字，畢沅疏證及其他各家說法以小字注解，有時還在注解中再注解，且會標明注解者的名字，以集注的模式，廣博地集合各家說法，又不失己見，從善而從，去蕪存菁，刪僞留眞，頗具學術價值。

第三節　《山海經新校正》析論

　　《山海經》爲中國先秦典籍中非常特別的一本書，該書所記錄的是關於古代神話、地理、宗教、歷史、動物、植物、礦物、巫術等內容，一直是廣

〔註59〕同上注。
〔註60〕同上注。
〔註61〕〔東漢〕劉熙撰；〔清〕畢沅疏證；王先謙補：《釋名疏證補》，頁2～3。

為學界討論的典籍，不過各方對其解讀不同，從作者、篇目、卷數、成書年代、性質、地理範圍等處，至今仍是眾說紛紜。

　　全書共有十八篇，約有 31000 多字，記載了包括 100 多個方國，500 多座山，300 多條水道及山水、地理、風土等資訊，是保存了中國上古風貌的重要資料，內容豐富，為今日漢學研究者重要的文獻。

　　這樣特別的一本書，畢沅云：「《山海經》作於禹益，述於周秦。其學行於漢，明於晉。而知之者，魏酈道元也。」〔註 62〕如畢沅所云，《山海經》可能早在夏代就出現，自古以來便有諸多學者對其校注，現存的最早版本，便是西漢劉向、劉歆父子所校定，到了晉代郭璞詳細注釋該書，從郭璞後的一千多年，其注本便成為重要的著作。中間沉寂數百年，至明代，楊慎《山海經補注》、王崇慶《山海經釋義》等書，又燃起研究之火，清代時，更是變得熱門，一時研究者眾，吳任臣《山海經廣注》、畢沅《山海經新校正》、郝懿行《山海經箋疏》、吳承志《山海經地理今釋》、日人小川琢治〈山海經篇目考〉等，皆為重要的研究論著。民國後，以袁珂《山海經校注》為最重要的校注本。郝懿行、袁珂二者皆多所參考了畢沅的《山海經新校正》，書中多有引用。

　　按前述所云，本章將研究的範疇定為「訓詁學」，將《山海經新校正》至於此，係因此書雖非單純訓詁字例之書，但書中大量運用「聲訓」作為訓詁方式，對於「訓詁學」而言，是重要的「聲訓」文獻，且此書尚有諸多重要的內容與學術價值，值得深入探討。是故，在本節將分「成書體例」、「內容述論」、「學術價值」三大部分，明《山海經新校正》的成就與價值。

一、成書體例

　　關於此書的成書與體例，畢沅〈序〉云：

> 沅不敏，役於官事，校注此書，凡閱五年，自經傳子史，百家傳注類書所引，無不徵也。其有闕略，則古者不著，非力所及矣。既依郭注十八卷，不亂其例，又以考定目錄一篇，附於書。其云「新校正者」，仿宋林億之例，不敢專言賤注，將以俟後之博物也。乾隆四十六年九月九日。〔註 63〕

〔註 62〕〔清〕畢沅校注：《山海經新校正・序》，（臺北：新興書局，1962 年 8 月）頁 1。
〔註 63〕〔清〕畢沅校注：《山海經新校正・序》，頁 3。

可知是書成於乾隆四十六年（1781 年）9 月 9 日，是畢沅在陝西巡撫任內時事，僅比《關中金石記》晚兩個月完成。畢沅一共花費五年精力撰成此書，當中參引的文獻，除了經、傳、子、史外，各種類書亦是其援引及考察的對象，力圖達成「無不徵」的境界，是乾嘉考據學家的程度展現。是書尚有些微的闕漏或是簡略處，這也並非是畢沅的問題，而是古人所遺留之事，其在缺乏其他證據的情況下，也不妄解或是過多的猜測，足見其信而有徵的態度。孫星衍云：

> 秋颿先生作《山海經新校正》，其考証地理，則本《水經注》，而自九經箋注、史家地志、《元和郡縣志》、《太平寰宇記》、《通典》、《通考》、《通志》及近世方志，無不徵也。〔註64〕

孫氏亦以爲畢沅是廣蒐各種文獻後，仔細比對，方才撰成《山海經新校正》，對於撰述的嚴謹態度，再明顯不過。

在體例的編排上，畢沅亦是採取較保守的方式，依照郭璞注解的十八卷方式，不隨意刪減。針對《山海經》的篇目，則撰寫〈古今本篇目考〉，附在書中作爲參考。至於何以稱「新校正」，而不稱「牋注」，也是參考了宋代林億的作法，其對於《黃帝內經》之功，稱「校正」而不稱「箋注」。

二、內容述論

《山海經新校正》對於《山海經》的篇目、圖錄、文字，有諸多的考正與斠對，尤其針對文字的使用，除了比對異文外，更是採用「聲訓」、「形訓」二種訓詁方式，試圖將經義詮釋得更加仔細、妥當。

（一）查考篇目及圖錄

畢沅以爲「《五藏山經》三十四篇，實是禹書。」其查考諸多古代典籍，比較眾家說法，其云：

> 《列子》引夏革云，呂不韋引伊尹書云，多出此經。二書皆先秦人著，夏革、伊尹又皆商人，是故知此三十四篇爲禹書，無疑也。……劉秀又釋而增其文，是《大荒經》以下五篇也。《大荒經》四篇釋《海外經》，《海內經》一篇釋《海內經》，當是漢時所傳，亦有《山

〔註64〕〔清〕孫星衍〈山海經新校正後序〉，見〔清〕畢沅校注：《山海經新校正‧山海經古今篇目考》，頁 140。

海經圖》，頗與古異。秀又依之爲說，即郭璞、張駿見而作讚者也。
〔註65〕

先引《列子》中夏革的說法，再引《呂氏春秋》裡伊尹的說法，二書皆是先秦人的著作，再加上各自援引的說法，該說者又都是商代人，綜合二說，認爲絕對是「禹書」無誤。再者，劉秀又增加了內容，包括了《大荒東經》、《大荒南經》、《大荒西經》、《大荒北經》、《海內經》五篇。又畢沅以爲「禹與伯益主名山川，定其秩祀，量其道里，類別草木鳥獸。」其云：

> 今其事見於《夏書‧禹貢》、《爾雅‧釋地》。及此經《南山經》已下三十四篇，《爾雅》云：「三成爲昆侖丘」，「絕高爲之京」。山再成，英；銳而高，嶠；小而眾，歸。「屬者嶧，獨者蜀，上正章，山脊岡」，「如堂者密」，「大山宮，小山霍，小山別，大山鮮，山絕陘」，「山東曰朝陽」，皆禹所名。按此經有昆侖山、京山、英山、高山、歸山、嶧皋之山、獨山、章山、岡山、密山、霍山、鮮山、少陘山、朝陽穀，是其山也。《夏書》云：「奠高山大川」，孔子告子張以爲牲幣之物，「五嶽視三公」，小名山視子男。按此經云：凡某山至某山，其祠之禮：何用何瘞；精用何，是其禮也。〔註66〕

畢沅認爲大禹與伯益二位夏代帝王，他們有命名山、水、制定祭禮、測量道路、分類生物等事，這些相關事務皆記載於《夏書》、《爾雅》中。命名山、水之事，可參見《山海經‧南山經》，當中援引這些出自《爾雅》的說法；制定祭禮，例如《夏書》所說的「奠高山大川」、「五嶽視三公」，《山海經》則作「某山至某山，其祠之禮」或「其祠之禮：何用何瘞」，二者可相互參照。除以上二說外，書中尚有〈山海經古今篇目考〉〔註67〕一文，而此文已有袁珂〔註68〕、沈海波〔註69〕等學者更深入的探究，此便不再贅述。就此二例及袁珂、沈海波等人的觀點看來，畢沅對於《山海經》的篇目說法公允。

　　在翻查眾多文獻的同時，畢沅發現《山海經》應有古圖、漢所傳圖、梁

〔註65〕〔清〕畢沅校注：《山海經新校正‧序》，頁1。
〔註66〕同上注。
〔註67〕詳參〔清〕畢沅校注：《山海經新校正‧山海經古今篇目考》，頁8。
〔註68〕詳參袁珂校注：《山海經校注‧山海經寫作的時地及篇目考》（臺北：里仁書局，1982年8月），頁497～522。
〔註69〕詳參沈海波撰：〈論《山海經》的篇目問題〉，《福建師範大學福清分校學報》（2010年第4期總第100期），頁7～11。

張僧繇等圖錄，其云：

> 《海外經》四篇，《海內經》四篇，周秦所述也。禹鑄鼎象物，使民
> 知神奸。按其文有國名，有山川，有神靈奇怪之所際，是鼎所圖也。
> 鼎亡於秦，故其先時，人猶能說其圖，以著於冊。〔註70〕
> 十三篇中〈海外〉〈海內經〉所說之圖當是禹鼎也，〈大荒經〉以下
> 五篇所說之圖當是漢時所傳之圖也。……《中興書目》云《山海經》
> 圖十卷本，張僧繇畫，咸平二年校理。〔註71〕

畢沅此說，雖只是考證有無圖錄，但卻影響後人甚深，郝懿行《山海經箋疏》
就據畢說再進一步翻找各類文獻，將其闕失補正。

（二）「聲訓」之訓詁

何謂聲訓？許嘉璐說：

> 訓詁學術語。又叫「音訓」、「因聲求義」。用聲音相同或相近的字來
> 解釋字義。在聲音關係上，有同音的……有雙聲的……有疊韻的。
> 〔註72〕

最有名的使用「聲訓」之訓詁書，當是本章首節曾論及之《釋名》，其內容及
價值已詳析於前，而在《山海經新校正》中，畢沅亦常以「聲訓」作其訓詁
之方式，可見其對於「聲訓」有其偏愛，也可間接知道，能以「聲訓」作爲
常用訓詁方式之解者，其必然有相當的聲韻學涵養，若無足夠的音學底子，
那以「聲訓」作解，必然錯誤百出，可能會愈解愈含糊，愈解愈不明。此書
之「聲訓」例如：

1、〈南山經〉中「其祠皆一白狗祈」，畢沅注云：

> 祈，請禱也。沅曰：「郭說非也。祈當作衁；《說文》云：『以血有
> 所刉涂祭也。』《周禮》祈于社稷，鄭注云：『祈或爲刉。』……案
> 刉與衁同，皆本字祈假音字也。」〔註73〕

此處畢沅因聲求義，否定郭璞的注解，認爲應作「衁」，因爲衁乃是祈的假音
字，上溯到《說文》，衁乃是一種古代宰殺牲畜，以血塗釁的祭祀方式，於此

〔註70〕〔清〕畢沅校注：《山海經新校正·序》，頁1。
〔註71〕詳參〔清〕畢沅校注：《山海經新校正·山海經古今篇目考》，頁5～9。
〔註72〕許嘉璐主編：《傳統語言學辭典》（石家莊：河北教育出版社，1990年8月），
頁357。
〔註73〕〔清〕畢沅校注：《山海經新校正·南山經》，頁44。

處文意而觀，應用「鑿」字才是。

2、〈中山經〉中「又東四百里曰鼓鐙之山」，畢沅注云：

> 即鼓鍾山，在今山西垣曲縣。鍾鐙形聲皆相近。《水經注》云：『水
> 經注平水南流歷鼓鍾、上峽，水廣一十許步，南流歷鼓鍾川，分爲
> 二潤。一水歷治官西，世人謂之骨鼓鍾城。城之左右，猶有遺銅及
> 銅錢也。』即此山而引〈中次七經〉鼓鍾之山，蓋酈道元之疏也。
> 〔註74〕

其以爲「鼓鐙」山就是「鼓鍾山」，鍾、鐙二字皆屬金部，形近；鍾在《廣
韻》作「職容切」，鐙作「都鄧切」，二者聲、韻皆近。無論從形或聲來看，
畢說皆有理。

3、〈中山經〉中「江水出焉」，畢沅注云：

> 《海內東經》云北江出曼山，今四川名山縣西有蒙山。曼蒙音相近，
> 疑是也。流水經此，或即郭所云北江與？〔註75〕

其以爲北江來自「曼山」，與四川之「蒙山」爲同一座山，且據此判斷此將就
是北江。曼在《廣韻》作「母官切」，蒙作「莫紅切」，二者聲紐皆爲明母聲
近。畢說有理。

4、〈中山經〉中「又東五十里曰大騩之山」，畢沅注云：

> 疑即張衡《南都賦》所謂天封大胡。大胡、大騩聲相近。〔註76〕

其懷疑「大騩之山」就是張衡《南都賦》中所提及的「大胡山」。騩在《廣
韻》作「居追切」，胡作「戶吳切」，二者聲近。畢說看似有理，不過郝懿行
云：「此大騩又不言有水出，無以定之。」〔註77〕郝說有理，此說待考。

5、〈海內北經〉中「陽汙之山，河出其中」，畢沅注云：

> 即潼關也，河出其下。《中山經》云楊華之山，《周禮》作楊紆，《穆
> 天子傳》作陽紆，《爾雅》作楊陓。《呂氏春秋‧九藪》云：秦之華
> 陽。高誘曰：桃林縣西長城是也。《晉地道記》曰：澄關是也。《淮

〔註74〕〔清〕畢沅校注：《山海經新校正‧中山經》，頁80。
〔註75〕〔清〕畢沅校注：《山海經新校正‧中山經》，頁95。據郝懿行之說，「流水」
　　　　應改爲「沫水」。參〔清〕郝懿行箋疏：《山海經箋疏‧中山經》（北京：中國
　　　　書店，1991年6月），頁35。
〔註76〕〔清〕畢沅校注：《山海經新校正‧中山經》，頁100。
〔註77〕〔清〕郝懿行箋疏：《山海經箋疏‧中山經》，頁47。

南子》云：禹治水以身解于楊盱之河。高誘注云：楊盱河蓋在秦地，皆即此山耳。酈道元《水經注》反以誘說秦地爲非，疑其域外，是以不狂爲狂也。〔註78〕

畢沅以爲「陽汙」、「楊紆」、「楊陓」、「楊盱」在古聲中是音近的，所以「陽汙」、「楊紆」、「楊陓」、「楊盱」四地應爲同一處，認同高誘的注解，修正酈道元的看法。

6、〈海內北經〉中「昆侖虛南所有氾林方三百里」，畢沅注云：

《淮南子·墜形訓》有樊桐，云在昆侖閶闔之中。高誘注云：「山名。樊讀如麥飯之飯。」《廣雅》云：「昆侖虛有板桐。」《水經注》云：「昆侖說曰昆侖之山下曰樊桐，一名飯桐。案氾、板聲相近。林桐字相似，當即一也。」〔註79〕

其以爲「氾林」就是《廣雅》之「板桐」。氾在《廣韻》作「孚梵切」，板作「布綰切」，二者聲、韻皆近，畢說有理。袁珂云：「畢說近是」〔註80〕袁氏也認爲畢說很有可能，足見畢沅並非臆測。

（三）「形訓」之訓詁

在書中，「形訓」是畢沅常用的另種訓詁的方式，何謂形訓？許嘉璐說：

訓詁學術語。根據字形結構來解釋字的意義。……傳統訓詁學的形訓，一般都以小篆字爲標準，這是因爲在甲骨文、金文發現之前，小篆爲最古，又有《說文解字》整理的現成資料可供利用。〔註81〕

在《說文》後乃至晚清甲骨出土前，形訓的最大依據多是《說文》。書中有「形訓」例如：

1、〈西山經〉中「又西六十里曰石脆之山」，畢沅注云：

舊本脆作脆，非。〔註82〕

畢沅此處校正其所見之版本「脆」，改作「脃」，因爲《說文》小篆作「𦝥」，信守《說文》的畢沅，就以直接隸定的「脃」爲正，而視「脆」爲非，展現其字樣觀念的堅定。

〔註78〕〔清〕畢沅校注：《山海經新校正·海內北經》，頁117。
〔註79〕同上注。
〔註80〕袁珂校注：《山海經校注》，頁316。
〔註81〕許嘉璐主編：《傳統語言學辭典》，頁489。
〔註82〕〔清〕畢沅校注：《山海經新校正·西山經》，頁46。

2、〈西山經〉中「有鳥焉其狀如鳥，三首六尾而善笑，名曰鵸䳜」，畢
沅注云：

> 《周書》王會云：奇幹善芳。善芳者，頭若雄雞，佩之令人不眯。
> 孔晁曰：奇幹亦北狄善芳鳥名。案：此鳥與此略同，疑奇幹即鵸䳜鳥，
> 字或當爲奇幹。《周書》云善芳，當爲善笑，形相近，字之僞，孔說
> 非也。又案《說文》有雄度鳥，或當是鵸䳜。〔註83〕

畢沅以爲「奇幹」鳥即「鵸䳜」鳥，二者實爲同物；又以爲「善芳」即「善
笑」，芳與笑字形相近。不論是「奇幹」即「鵸䳜」，或「善芳」即「善笑」，
皆是形訛所產生的異名。

三、學術價值

　　因爲《山海經》是一本特殊的文獻，所以歷代對他的研究者也愈來愈多，
前人的研究，往往給予後人很大的幫助，《山海經新校正》就是這一本承先啓
後的書籍。阮元〈刻山海經箋疏敘〉云：

> 吳氏廣注徵引，雖博而失之蕪雜；畢氏校本于山川，考校甚精，而
> 訂正文字尚多疏略。今郝氏究心是經，加以箋疏，精而不鑿，博而
> 不濫。粲然畢者，斐然成章，余覽而嘉之，爲之梓版以傳。〔註84〕

對於吳任臣的《山海經廣注》，阮元給了「博而蕪雜」的評語，而對畢沅《山
海經新校正》，則稱是「考校甚精」，雖然還有許多疏略處，但已經是爲郝懿
行的撰著墊下基石。《山海經新校正》的學術價值，約可分作三項：

（一）地理文獻之合

畢沅〈序〉引劉秀、郭璞之語云：

> 劉秀之表《山海經》云：「可以考禎祥變怪之物，見遠國異人之謠俗。」
> 郭璞之注《山海經》云：「不怪所可怪，則幾於無怪矣。怪所不可怪，
> 則未始有可怪也。」〔註85〕

無論是劉秀或是郭璞，他們都將此書釋爲一種奇怪且特別的書籍，裡面所記
錄的都是些妖魔鬼怪，非正常的物種，但畢沅有其獨特的眼光而云：

> 又《山海經》未嘗言怪，而釋者怪焉。……以此而推，則知《山海

〔註83〕〔清〕畢沅校注：《山海經新校正・西山經》，頁57。
〔註84〕見〔清〕郝懿行箋疏：《山海經箋疏・刻山海經箋疏序》。
〔註85〕〔清〕畢沅校注：《山海經新校正・序》，頁1。

經》非語怪之書矣。〔註86〕

可知畢沅並不將之視爲「語怪之書」，誠如孫星衍云：

> 自漢以來，未有知《山海經》爲地理書。司馬遷云：「所有怪物不
> 敢言。」班固云：「放哉。」鄭玄注《尚書》用《河圖》、《地說》、
> 《地理志》。班固著《地理志》用〈禹貢〉、桑欽說，而皆不徵《山
> 海經》，然則劉秀稱文學大儒皆讀學，可以考禎祥變怪之物耳。酈
> 道元所稱有《太康地志十三州記》、《晉書地道記》等書，山名、水
> 源多有自古傳說合于經証，李吉甫諸人亦取諸此，以此顯証，故足
> 据也。〔註87〕

足見自漢代便開始有人研究《山海經》，但從未聽說過有人將此書視爲「地
理書」，包括司馬遷、班固、鄭玄等人撰注，通通不徵引《山海經》，直到劉
秀開始，才有人逐漸發現此書的價值，當中有不少紀錄是合於其他經典與傳
說。畢沅認爲這是一本「地理書」，而且是實際運用在他的官任上。如孫星
衍云：

> 先生開府陝西，假節甘肅，粵自崤函以西、玉門以外，無不親歷。
> 又嘗勸民灑通水利，是以〈西山經〉四篇、〈中次五經〉諸篇疏証水
> 道爲獨詳焉。常言〈北山經〉汹澤涂吾之屬，聞見不誣，惜在塞外，
> 書傳少徵，無容附會也。其〈五藏山經〉，郭璞、道元不能遠行，今
> 輔其識者，奚啻十五，恐博物君子無以加諸。星衍嘗欲爲《五藏經
> 圖》，繪所知山水，標今府縣，疑者則闕，顧未暇也。〔註88〕

畢沅認爲這在陝西任上，在甘肅、崤函以西、玉門以外等地，四處親訪，爲
當地居民修築水利設施，古代以農爲立國根本，若是未能築好水道，取水不
方便，將導致農耕產生問題，因此畢沅在任上，便到處修築水道，讓他作爲
重要參考的文獻便是《山海經》，包括〈西山經〉四篇、〈中次五經〉等篇，
皆使他藉此疏通水道。柯秉芳說：

> 畢沅對古今山川地理考證深具貢獻。其承繼《水經注》、《元和郡
> 縣志》將《山海經》視爲地理志，以《水經注》爲底本，參及《周
> 書》、《尚書》、《離騷》、《淮南子》、《元和郡縣志》、《通典》、《華

〔註86〕〔清〕畢沅校注：《山海經新校正・序》，頁3。
〔註87〕〔清〕孫星衍〈山海經新校正後序〉，見〔清〕畢沅校注：《山海經新校正・
山海經古今篇目考》，頁140。
〔註88〕同上注

陽國志》、《初學記》、《魏書》、《新唐書》、《通志》、《史記集解》、
《太平寰宇記》、《金史》、《通考》等方志、傳注、類書，考訂山
川方位。〔註89〕

藉柯氏之說，可知畢沅對於《山海經》的校正，是使地理文獻修纂得更成功，
且還能運用在實際的施政方面，可以說是地理文獻之集成。

（二）文字訓詁之功

這是畢沅在此書中非常重要的貢獻，因爲他是熟稔文字聲韻訓詁的專
家，所以他以自身的學識，對此書的用字訓詁，也校正了不少錯訛處。孫星
衍云：

先秦簡冊，皆以篆書，後乃行隸，偏旁相合，起于六代，六書之義，
假借便亡。此書甚者，大苦山之叢、㱿㱿之㱿、蒲鸌之鸌，徧檢唐
宋字書都無所見，今考叢即苦字，㱿、鸌則未聞，後世字書乃遂取
經俗寫，以廣字例。其有智者反云：「依傍字部，改變經文，此以
不狂爲狂。」先生若螫鼠云當爲鸑，浴水云當作浴，樗木云當作枒其
類，引據書傳，改正甚多，實是漢唐舊本如此，古今讀者不加察核。
又如凌門之爲龍門，帝江之爲帝鴻，舉父之爲玃父，此則聲音文字
之學，直過古人。〔註90〕

孫氏此段言論重點有四：其一，在六代之後，小篆因爲隸變的關係，有許多
字根偏旁都已簡化或是合併，已不復小篆原貌；其二，因爲「假借」，使得
六書之義亡去，尤其是《山海經》，當中運用許多唐、宋字書都未及收錄的
特別用字，如叢、㱿、鸌等字；其三，用字錯誤已是過分，還有部分字書撰
寫者，爲將俗寫字廣泛傳播，便大量用俗字撰寫經典，使得用字變得混亂，
更甚者爲了要使字的偏旁相合，還竄改經文，如此的「以不狂爲狂」；其四，
對於畢沅在「聲音文字之學」的成就，認爲比古人更佳。郝懿行云：

今世名家則有吳氏、畢氏。吳徵引極博，汎濫於羣書；畢山水方滋，
取證於耳目。二書於此經，厥功偉矣。〔註91〕

郝氏對於吳任臣之書，以爲是徵引博廣；對畢沅之書，則認爲「取證於耳目」，

〔註89〕柯秉芳撰：〈畢沅《山海經新校正》之貢獻、缺失及其影響〉，《有鳳初鳴年刊》
　　　　第九期，頁175。

〔註90〕〔清〕孫星衍〈山海經新校正後序〉，見〔清〕畢沅校注：《山海經新校正・
　　　　山海經古今篇目考》，頁140。

〔註91〕〔清〕郝懿行箋疏：《山海經箋疏・敘》（北京：中國書店，1991年6月），頁2。

這就是畢沅在文字訓詁所下的功夫，深爲郝氏肯定。

（三）自然名物之證

畢沅《山海經新校正》查考各類文獻，包括《水經注》、《元和郡縣志》、《太平寰宇記》、《通典》、《通考》等，將其中相關《山海經》的內容，尤其是自然生物，作了許多考證，用心極深。孫星衍云：

> 先生又謂星衍，孔子曰：「多識于鳥獸草木之名。」多莫多於《山海經》，《神農本草》載物性，治疾甚詳，此書可以証發，遇物能名，儒者宜了惜未，優游山澤，深體其原，以俟他時，案經補疏，世有知者，冀廣聞異。〔註92〕

這段文字乃是畢沅曾對孫氏所說，足見畢沅明白《山海經》當中對於「鳥獸草木之名」多有紀錄，光是記下還不夠，更需有人進一步考證、還原，這就是其「新校正」的功勞。

畢沅此書對於後人影響不淺，如孫星衍云：

> 夙著《經子音義》，以補陸氏德明《釋文》；有《山海經音義》二卷，及見先生，又焚筆硯。若《海外經》巳下諸篇，雜有劉秀校注之詞，分別其文，降爲細字，其在近世，可與戴校《水經》並行不倍。〔註93〕

孫氏的《山海經音義》，因爲畢沅之故而再繼續修纂，讓該書更加完備。

畢沅在書中，以聲訓爲其主要的訓詁方式，且不時校正文字，算是其對於文字學的一種堅持，正字的來源當依《說文》，就算是歸爲地理類的《山海經新校正》，亦同此心，所以畢沅的訓詁觀念，仍與《說文》密不可分。

〔註92〕〔清〕孫星衍〈山海經新校正後序〉，見〔清〕畢沅校注：《山海經新校正·山海經古今篇目考》，頁140。

〔註93〕同上注。

第六章　結　論

第一節　研究成果

綜合前面五章的討論與證明後，可得研究成果有以下五種：

一、畢沅生平之考證

在爬梳清代史籍、地方志、公、私目錄、文人著作、筆記及相關文獻後，可以清楚地了解畢沅其名、號之由來、家世背景，包括整個鎮洋畢家的來歷，還有一到八世的傳承，上從先祖畢國志、畢祖泰、畢禮、畢鏞乃至畢沅與畢瀧、畢澐、畢汾、畢湄兄弟姐妹，下至畢念曾、畢嵩珠等畢沅之八位子女，以及二位孫子畢蘭慶、畢芝祥，曾孫畢永滋與畢景緒等。畢沅與家人的感情融洽，對父母、兄弟姐妹、妻妾們、子女等都是充滿愛與關懷，與弟弟畢瀧有共同的喜好，皆喜收藏古物、書畫等藝術品，和從弟畢澐亦是情感深厚，由在畢澐過世後，更一肩擔負起撫養其子女的責任，誠可謂是重情之人。在其詩集當中，撰有不少寫給家人的詩作，尤其從小由母親張藻撫養居多，所以對母親的愛戀更是深刻而難以割捨。

從小的家教承自祖父畢鏞與母親張藻，對於他的教育嚴格而不失慈愛，讓他從讀《詩》開始，逐漸加深學習的難度，稍長後出外求學，先後接受毛商巖、惠棟、沈德潛等一時大家的親授，最後順利中舉，進士及第，金榜題名。曾先後擔任多項官職，並逐步升官，受到乾隆皇帝的重用，分派到陝西、河南、湖廣、山東一帶巡撫，在任期間，政通人和，受到百姓的愛戴，且多

次弭平動亂，政績卓越，是位在政界與學界都有斐然成就的學者官員。

朋友方面，畢沅交遊廣闊，禮遇賢士，凡有才之人，皆欲延攬入其幕府，因而其幕賓多達六十位，如：錢大昕、王昶、洪亮吉、孫星衍、邵晉涵等人。與其來往的友人，當中不乏多位當代著名文士，如戴震、袁枚。與諸位友人魚雁往返不在少數，其對待幕賓、友人，都是禮遇厚待。畢沅更是常與賓客們至山中飲酒，吟詩作對取樂一番，因而常有唱和詩的創作，又因其崇拜蘇東坡，所以多次舉辦生日會，遙爲早已逝世幾百年的蘇軾祝賀，也敬崇歐陽脩，所以寫詩時亦時效仿歐詩之韻而作，呈現一種追憶古人的風貌。還喜歡蒐藏古物，舉凡青銅器、字畫、玉器、尤其是上頭有文字的金石，更是愛不釋手，其閒情雅緻，可見一斑，亦說明其何以對金石學著墨甚深，乃因其有特別的興趣。

如此一位特別的清代文人、政治家，關於他的軼事傳聞也是不少，尤其是與李桂官密切往來的軼聞，至今仍爲人津津樂道，樂此不疲，本論文亦將相關的傳聞與紀錄一併錄下，當作是其豐富人生的點綴。在他因病而過世後，遭到皇帝下令抄家，一時家道中落，對比其生前的意氣風發，種種風光偉業，一時化爲雲煙，頗令人有不勝欷噓之感。此舉亦使他的部分著作散佚，幸而後人有追回部分，否則實爲學界損失。

二、畢沅著作之整理

畢沅是位著作等身的學者，其大部分的著作收錄於《經訓堂叢書》中，與其相關的著作大概有三十多種，部分的書是他自己撰寫，也有與他人合撰，或是在他人的幫助下所完成的著作，正因爲究竟是掛名而已，還是他也有實際參與的情形常常未能說明清楚，也因此有些作者的公案，還使其承受「沽名釣譽」的批評。本論文的第五章即針對《釋名疏證》的作者究竟是畢沅還是江聲做了探討，將二方說法的相關學者說法提出，綜合了時間、內容等方面，說明畢沅撰寫該書的可能性還是很大，在缺乏直接的證據下，不宜貿然稱該書爲代撰或無參與。

其著作可概分爲九大類，經學、史學、方志、地理、子書、文學、書畫、小學、金石，各有豐碩的成果在其中。本論文探討的著作集中在其小學、金石兩大與文字學相關性較高的類別。

三、文字學之貢獻

畢沅的文字學，係以《說文解字》爲整個研究的重心，與《說文》相關的包括有《說文解字舊音》輯錄各種唐人類書中關於《說文音隱》的紀錄而成，具有「唐代《說文》音讀的總匯」、「後人研究學習的典範」、「研究《說文》重要的拼圖」的三樣重要學術價值；還有《經典文字辨正書》，可視爲是字樣學書籍，也可看作辨似的著述，不僅是對經書，而是對於大多數的漢語文獻書籍，做了考察與訂正，將經典用字分作五大類──正、省、通、別、俗。是書還擁有「歸納相同偏旁的字組」、「異部互見」、「標示異體字出處」的三種重要編輯觀念，以及「堅守《說文》正篆的正字觀念」、「區分正、省、通、別、俗的字級觀念」、「分別近似字形的辨似觀念」、「斟正相似書籍的勘誤觀念」四種字樣觀念。不論從詞典編輯的角度來看，或是用字樣學的概念切入，都是一本重要的字書；第三本著作是《音同義異辨》，畢沅抄錄《說文》中音同或音近的字或詞歸於一組，辨析其不同的字義，因而使得該書擁有「研究《說文》之素材」、「研究同音字之材料」、「探討古今字之資料」三種學術價值。

含括在畢沅的文字學貢獻裡的還有其關於「聲韻學」的探討，本論文並未以專章探討其「聲韻學」的研究，主要係因爲其並未有聲韻的專著或是關於音韻方面的獨立學說，但就他處理《說文》相關文獻來看，其對於音學的程度當是不在話下，可惜沒有個人對於聲韻學的獨立著作或是說法可供獨立研究。當然較可能的原因是他看重《說文》，因而大多是從字形的角度切入，所以也就少直接以聲音的面向來撰寫著作。

四、金石學之貢獻

畢沅的金石學相關著作共有《關中金石記》、《中州金石記》、《秦漢瓦當圖》、《經訓堂法帖》、《山左金石志》五本，都有他參與撰寫的紀錄，而且這些金石著作，是他在各地巡撫時任官所纂集，在陝西、河南、湖廣等地，自古就是人文匯萃的寶地，因而留下了許多金石，尤其是在陝西的西安碑林，石碑之豐富，爲石刻學的重要寶庫。畢沅各書均有其不可輕視的學術價值，《關中金石記》有「考論與補證歷史」、「後書的編輯典範」、「關中金石記錄者」、「維護字樣的用心」、「地理文獻之補強」五點；《中州金石記》有以金石考證歷史、「成爲後書之典範」、「中州金石之寶庫」、「維護字樣之用心」、「眾

人用心之成果」、「提升碑石之價值」、「書學品評之展現」七點;《秦漢瓦當圖》有「管窺秦漢建築的風貌」、「可補古史收錄的不足」、「可作文字研究的材料」三點;《經訓堂法帖》則有「保存重要書帖」、「保存重要帖跋」、「保存書學藝術」三點;《山左金石志》則有「珍貴史料之載錄」、「豐富字樣之寶庫」、「書學藝術之品評」、「分區金石之確立」四點。綜合以上可知畢沅對於金石學的付出甚廣且闊。在研究畢沅之金石學著作時,可以發現其對於金石「文字」的熱愛,其何以耗費許多心力,除其對於古物的熱愛外,就是因為他對於文字的執著,將上頭鐫刻的字形與傳世文獻相比,翻考各類文獻的記載,進而比對、考證文字紀錄,也成就地方金石學的建構,讓後世研究者可以藉著這些金石的匯集,再深入探討更多的內容,愈使金石的價值展現。

五、訓詁學之貢獻

　　訓詁學是畢沅學術生涯的最後階段,此類著作也多撰成於其人生晚期,因為他認為要先從形、音,最後才到義的研究,也因此他挑選了聲訓的代表書籍《釋名》疏證,作為其訓詁研究的展現,其不僅是撰述《釋名疏證》,還錄有《釋名補遺》及《續釋名》二書。其撰寫《釋名疏證》有「振興《釋名》之研究」、「研究《釋名》之寶庫」、「輯補《釋名》之闕失」、「訓詁成果之展現」四點學術價值,對他在整個小學界的研究,補上了缺口。

　　此外,畢沅展現其訓詁學成就的重要書籍是《山海經新校正》,可從該書中清楚發現畢沅對於經文之訓詁多採聲訓方式,因聲求義,雖有些字例缺乏直接證據,但大抵解釋得合理,無論從字音或是字形以觀,多能相合,也多能與傳世的經書、史書、類書對應起來,是其在訓詁學上的成果展現,代表其對於聲韻的熟悉,唯有熟知音韻的運用,方才能大量運用聲訓在校正《山海經》時,也足見其對於《山海經》的眼光是與常人截然不同。

第二節　未來展望

　　總結前論,可以清楚地了解畢沅一生的事蹟及其於「小學」相關領域的成就,包括文字學、金石學、訓詁學,然因個人資質駑鈍,尚有諸多未完美處,留待未來再續完成。

　　文字學方面,《說文解字舊音》、《經典文字辨證書》、《音同義異辨》三書

都有再續補、修正的可能，若能依三書中所收字例，重新整理，補上各樣的新例，再輔以現代編輯的概念輸入，那會是三書的價值更加提高。此外可以用「說文學」的整體脈絡將三書置於其中而論，把三書在整體「說文學」的地位廓清，也可以與其他的相似書籍比較，將可以更清楚知道三書的長處，亦可以明白三書的短處，將長處增強、短處補上，那可使三書的影響力擴大，而不僅是三本清人的著作，可以變成文字學重要的代表作品，因此若能用更大的方式來整體論述，會更加完美、愈彰其善。

金石學方面，本論文係以揀選各書中較具代表性的碑文而論，因為《關中金石記》、《中州金石記》、《山左金石志》之中收錄的金石多達幾百項，無法一一細究，只能就當中重要或是別具特色的加以解說。未來可將諸多金石的紀錄綜合起來，形成畢沅的金石學著作研究，不僅是著重在「金石文字」，連金石本身的狀況、材質等，只要書中有載錄，皆可為未來研究的主題。

訓詁學方面，畢沅對於《釋名》的關注，《釋名疏證》算是較早且進一步擴展而後影響王先謙《釋名疏證補》、吳翊寅《釋名疏證校議》、沈錫祚與孫祖同等人，該書的疏證眾多，然能力有限，假以時日，可將該書所述與其他相關研究專著比較其異同，則可增加更多學術價值，尤其在漢語的訓詁發展史，更添幾分光彩，使研究的面向更全面、更多元。

關於畢沅的學說研究，其於文字學、聲韻學、訓詁學、金石學以外，還有頗多的各類著作，本論文因著主題的範圍，將主要的問題意識集中在與小學相關的著作及學說上，而其在其他的領域亦有豐碩的成果可供進一步探討，各種領域的著作在第二章時，曾以「述論」的方式簡介，然有些學問當是須要進一步綜合探討比較的，若能將其在史學、方志學、經學、地理學、子書注解、文學等成果一併探討，或可成為「畢沅學」，成一家之言。又因為畢沅麾下有眾多幕賓，個個都是當代著名的人才，因而若將研究的範圍再擴大，諸多的幕賓們，他們或許是受到畢沅的贊助，又或許是受到畢沅的指導，無論何者，對於他們撰寫著作或是研究，必然有較大的助力，而且這些幕賓們在學界多占有一席之地，因此若把他們的著作也一併納入研究範圍裡，則可以學術史的觀點來看，當可以成為「畢沅幕府學」，是清朝乾嘉時期的一股巨大的學術力量，前後影響了學術界幾十年，既是考據學的豐碩成果，更是整個清學重要的成就，若拉長時間以觀，在整個中國學術史裡，當是非常強大的學界勢力，不可小覷。

　　此外，還有一處局限，畢沅有著作《靈巖山館文鈔》，內容大多是一些公文與書信的紀錄，但因為是手寫的抄錄，許多字體連筆行書，甚至以草書、亂書而記，今日要全然辨識，著實有困難，他日若有細究其中內容，也許可能從當中揀出一些關於畢沅生平或是官宦、學術、交遊等紀錄，那麼會是非常重要的第一手文獻，將使本論文的主題探討更趨完美。

參考文獻

一、畢沅著作

1. 〔清〕畢沅校正：《山海經新校正》，《經訓堂叢書》（清光緒十三年上海同文書局石印清乾隆五十三年刊本）

2. 〔清〕畢沅校注：《山海經新校正》（臺北：新興書局，1962 年 8 月）

3. 〔清〕畢沅撰：《夏小正考註》，《經訓堂叢書》（清光緒十三年上海同文書局石印清乾隆五十三年刊本）

4. 〔清〕畢沅撰：《老子道德經考異》，《經訓堂叢書》（清光緒十三年上海同文書局石印清乾隆五十三年刊本）

5. 〔清〕畢沅校註：《墨子》，《經訓堂叢書》（清光緒十三年上海同文書局石印清乾隆五十三年刊本）

6. 〔清〕畢沅校注；吳旭民校點：《墨子》（上海：上海古籍出版社，2014 年 6 月）

7. 〔清〕畢沅輯校：《呂氏春秋》，《經訓堂叢書》（清光緒十三年上海同文書局石印清乾隆五十三年刊本）

8. 〔清〕畢沅撰：《釋名疏證》（正字本），《經訓堂叢書》（清光緒十三年上海同文書局石印清乾隆五十三年刊本）

9. 〔清〕畢沅撰：《釋名疏證》（篆字本），《經訓堂叢書》（清光緒十三年上海同文書局石印清乾隆五十三年刊本）

10. 〔清〕畢沅輯：《王隱晉書地道記》，《經訓堂叢書》（清光緒十三年上海同文書局石印清乾隆五十三年刊本）

11. 〔清〕畢沅輯：《晉太康三年地記》，《經訓堂叢書》（清光緒十三年上海同文書局石印清乾隆五十三年刊本）

12. 〔清〕畢沅撰：《晉書地理志新補正》，《經訓堂叢書》（清光緒十三年上海同文書局石印清乾隆五十三年刊本）

13. 〔清〕畢沅校：《三輔黃圖》，《經訓堂叢書》（清光緒十三年上海同文書局石印清乾隆五十三年刊本）

14. 〔清〕畢沅校：《長安志》，《經訓堂叢書》（清光緒十三年上海同文書局石印清乾隆五十三年刊本）

15. 〔清〕畢沅撰：《說文解字舊音》，《經訓堂叢書》（清光緒十三年上海同文書局石印清乾隆五十三年刊本）

16. 〔清〕畢沅撰：《說文解字舊音》，《叢書集成初編》（北京：中華書局，1985年）

17. 〔清〕畢沅撰：《關中金石記》，《經訓堂叢書》（清光緒十三年上海同文書局石印清乾隆五十三年刊本）

18. 〔清〕畢沅撰：《關中金石記》，《叢書集成初編》（北京：中華書局，1985年）

19. 〔清〕畢沅撰：《中州金石記》，《經訓堂叢書》（清光緒十三年上海同文書局石印清乾隆五十三年刊本）

20. 〔清〕畢沅撰：《中州金石記》，《叢書集成初編》（北京：中華書局，1985年）

21. 〔清〕畢沅撰：《音同義異辨》，《經訓堂叢書》（清光緒十三年上海同文書局石印清乾隆五十三年刊本）

22. 〔清〕畢沅撰：《音同義異辨》，《叢書集成初編》（北京：中華書局，1985年）

23. 〔清〕畢沅撰：《經典文字辨證書》，《經訓堂叢書》（清光緒十三年上海同文書局石印清乾隆五十三年刊本）

24. 〔清〕畢沅撰：《經典文字辨證書》，《百部叢書集成·初編》（臺北：藝文印書館，民國58年，據清乾隆中鎮洋畢氏刊本影印）

25. 〔清〕畢沅等撰：《傳經表》，《校記山房叢書》（清光緒三十年春王月孫谿槐廬家塾藏板）

26. 〔清〕畢沅等撰：《通經表》，《校記山房叢書》（清光緒三十年春王月孫谿槐廬家塾藏板）

27. 〔清〕畢沅撰：《篆字釋名疏證》，《叢書集成簡編》第384～385冊（臺北：臺灣商務印書館，1966年6月）

28. 〔清〕畢沅撰：《續釋名》，《小爾雅訓纂等六種》（臺北：鼎文書局，1972年9月）

29. 〔清〕畢沅撰：《釋名補遺》，《小爾雅訓纂等六種》（臺北：鼎文書局，1972年9月）

30.〔清〕畢沅疏證:《釋名疏證》(臺北:廣文書局,1979 年 4 月)

31.〔清〕畢沅撰:《關中勝蹟圖志》,《景印文淵閣四庫全書》第 588 冊(臺北:臺灣商務印書館,1986 年 7 月)

32.〔清〕畢沅審定;〔清〕畢裕曾編次:《經訓堂法帖》(北京:北京古籍出版社,1996 年 12 月)

33.〔清〕畢沅等撰:《秦漢瓦當圖》,《石刻史料新編·第四輯》第 10 冊(臺北:新文豐出版公司,2006 年 7 月)

34.〔清〕畢沅等撰;楊焄點校:《畢沅詩集·樂游聯唱集》,《乾嘉詩文名家叢刊》(北京:人民文學出版社,2015 年 1 月)

35.〔清〕畢沅輯:《吳會英才集》,《歷代地方詩文總集彙編》(北京:國家圖書館出版社,2016 年 9 月,影印清道光刻本)

36.〔清〕畢沅、阮元撰:《山左金石志》,《續修四庫全書》第 909～910 冊(上海:上海古籍出版社,2002 年 10 月)

二、古籍

(一)經

1.〔唐〕陸德明撰:《經典釋文》,《中華漢語工具書書庫》第 52 冊(合肥:安徽教育出版社,2002 年 6 月,據通志堂經解本影印)

2.〔宋〕朱熹撰:《周易本義》(臺南:龘巨出版社,1984 年 9 月)

3.〔清〕惠棟撰:《明堂大道錄》,《經訓堂叢書》(清光緒十三年上海同文書局石印清乾隆五十三年刊本)

4.〔清〕惠棟撰:《禘說》,《經訓堂叢書》(清光緒十三年上海同文書局石印清乾隆五十三年刊本)

5.〔清〕惠棟撰:《易漢學》,《經訓堂叢書》(清光緒十三年上海同文書局石印清乾隆五十三年刊本)

(二)史

1.〔南朝宋〕范曄撰;〔唐〕李賢注;〔清〕王先謙集解:《後漢書》(臺北:藝文印書館,出版時間不詳,據清乾隆武英殿刊本影印)

2.〔唐〕司馬貞撰:《史記索隱》,《景印文淵閣四庫全書》第 246 冊(臺北:臺灣商務印書館,1986 年 7 月)

3.〔唐〕房玄齡等撰:《晉書》(北京:中華書局,1987 年 1 月)

4.〔清〕支偉成纂述:《清代樸學大師列傳》(臺北:藝文印書館,1970 年 10 月)

5.〔清〕王昶等纂修:《嘉慶直隸太倉州志》,《續修四庫全書》第 696 冊(上

海：上海古籍出版社，2002 年 10 月）

6. 〔清〕王昶輯：《湖海詩傳》，《續修四庫全書》第 1625～1626 冊（上海：
上海古籍出版社，2002 年 10 月）

7. 〔清〕王祖畬等纂：《太倉州志》（臺北：成文出版社，1975 年）

8. 〔清〕王祖畬等纂：《鎮洋縣志》（臺北：成文出版社，1975 年）

9. 〔清〕史善長編：《弇山畢公年譜》，《乾嘉名儒年譜》第 5 冊（北京：北
京圖書館出版社，2006 年 7 月）

10. 〔清〕呂培等撰：《洪北江先生年譜》（臺北：廣文書局，1971 年）

11. 〔清〕宋如林修；〔清〕孫星衍、〔清〕莫晉纂：《嘉慶松江府志》，《續修
四庫全書》第 687～689 冊（上海：上海古籍出版社，2002 年 10 月）

12. 〔清〕李元度纂：《清朝先正事略》（臺北：明文書局，1985 年）

13. 〔清〕李放纂錄：《皇清書史》，《叢書集成續編》第 99 冊（臺北：新文豐
出版公司，1989 年）

14. 〔清〕李桓輯錄：《國朝耆獻類徵初編》（臺北：文海出版社，1966 年 10
月）

15. 〔清〕李銘皖等修；〔清〕馮桂芬等纂：《蘇州府志》（臺北：成文書局，
1970 年）

16. 〔清〕汪喜孫編：《容甫先生年譜》，《乾嘉名儒年譜》第 9 冊（北京：北
京圖書館出版社，2006 年 7 月）

17. 〔清〕周夢莊著：《鄧石如年譜》（臺北：華正書局，1988 年）

18. 〔清〕某穎編；〔清〕錢泳校訂：《梅溪先生年譜》，《乾嘉名儒年譜》第
10 冊（北京：北京圖書館出版社，2006 年 7 月）

19. 〔清〕胡思敬著：《九朝新語》，《近代中國史料叢刊‧第四十五輯》第 447
冊（臺北：文海出版社，1970 年）

20. 〔清〕胡源；〔清〕褚逢春編：《梅溪先生年譜》，《乾嘉名儒年譜》第 10
冊（北京：北京圖書館出版社，2006 年 7 月）

21. 〔清〕徐世昌纂；周駿富編：《清儒學案小傳》，《清代傳記叢刊》（臺北：
明文書局，1985 年）

22. 〔清〕張其錦編：《凌次仲先生年譜》，《乾嘉名儒年譜》第 10 冊（北京：
北京圖書館出版社，2006 年 7 月）

23. 〔清〕張紹南編；〔清〕王德福續編：《孫淵如先生年譜》，《乾嘉名儒年譜》
第 10 冊（北京：北京圖書館出版社，2006 年 7 月）

24. 〔清〕張維屏編撰；陳永正點校：《國朝詩人徵略》（廣州：中山大學出版
社，2004 年 12 月）

25. 〔清〕黃逸之著：《黃仲則年譜》（上海：商務印書館，1934 年）

26. 〔清〕黃雲眉編：《邵二雲先生年譜》，《乾嘉名儒年譜》第 8 冊（北京：北京圖書館出版社，2006 年 7 月）

27. 〔清〕楊芳燦編；〔清〕余一鰲續編：《楊蓉裳先生年譜》，《北京圖書館藏珍本年譜叢刊》第 120 冊（北京：北京圖書館出版社，1999 年）

28. 〔清〕趙爾巽等撰：《清史稿》（臺北：鼎文書局，1981 年 9 月）

29. 〔清〕撰者不詳；王鍾翰點校：《清史列傳》（北京：中華書局，1964 年 8 月）

30. 〔清〕黎庶昌等修；〔清〕熊其英等纂：《青浦縣志》（臺北：成文書局，1970 年）

31. 〔清〕竇鎮編：《國朝書畫家筆錄》（臺北：文史哲出版社，1976 年 5 月）

32. 清史編纂委員會編：《清史》（臺北：國防研究院，1961 年 6 月）

33. 番禺葉氏編印：《清代學者象傳》（臺北：文海出版社，1969 年 7 月）

（三）子

1. 〔唐〕徐堅等著：《初學記》（北京：中華書局，2004 年 2 月）

2. 〔唐〕歐陽詢撰：《宋本藝文類聚》（上海：上海古籍出版社，2013 年 12 月）

3. 〔宋〕內臣奉敕撰：《宣和書譜》，收入楊家駱主編：《唐人書學論著・宣和書譜》（臺北：世界書局，1988 年 5 月）

4. 〔宋〕秦觀撰：《法帖通解》，《法帖考》（臺北：世界書局，2013 年 11 月）

5. 〔宋〕張擇端繪：《清明上河圖》（天津：天津人民美術出版社，2009 年 1 月，彩色複印自北京故宮博物院藏圖）

6. 〔元〕趙孟頫書；故宮博物院編；王連起主編：《元趙孟頫二贊二詩》（北京：紫禁城出版社，2008 年 8 月）

7. 〔明〕王崇慶撰：《山海經釋義》，《四庫全書存目叢書》第 245 冊（臺南：莊嚴文化出版社，1995 年）

8. 〔明〕楊慎撰：《山海經補注》，《叢書集成新編》第 90 冊（臺北：新文豐出版公司，1985 年）

9. 〔清〕孔廣陶撰；〔清〕顧文彬撰；柳向春校點：《過雲樓書畫記・嶽雪樓書畫錄》（上海：上海古籍出版社，2011 年 8 月）

10. 〔清〕吳任臣注：《山海經廣注》，《景印文淵閣四庫全書》第 1042 冊（臺北：臺灣商務印書館，1986 年 7 月）

11. 〔清〕吳承志撰：《山海經地理今釋》，《中國歷史地理文獻輯刊》第 62 冊（上海：上海交通大學出版社，2009 年 6 月）

12. 〔清〕吳榮光撰；陳颯颯校點《辛丑銷夏記》（上海：上海古籍出版社，

2015 年 7 月）

13. ［清］汪紱撰：《山海經存》，《叢書集成三編》第 79 冊（臺北：新文豐出版公司，1996 年）

14. ［清］孫星衍校：《晏子春秋》，《經訓堂叢書》（清光緒十三年上海同文書局石印清乾隆五十三年刊本）

15. ［清］孫星衍撰：《晏子春秋音義》，《經訓堂叢書》（清光緒十三年上海同文書局石印清乾隆五十三年刊本）

16. ［清］郝懿行箋疏：《山海經箋疏》（北京：中國書店，1991 年 6 月）

17. ［清］張照等編纂：《秘殿珠林石渠寶笈合編》（上海：上海書店出版社，2011 年 1 年）

（四）集

1. ［梁］蕭統編；［唐］李善等注：《古迂書院刊本增補六臣注文選》（臺北：漢京文化事業公司，1980 年 7 月）

2. ［梁］蕭統編；［唐］李善注：《文選》（臺北：藝文印書館，2007 年 8 月）

3. ［宋］洪興祖撰：《楚辭補註》（臺北：藝文印書館，2005 年 10 月）

4. ［宋］秦觀撰：《法帖通解》，《法帖考》（臺北：世界書局，2013 年 11 月）

5. ［明］張丑撰：《真迹日錄》（北京：北京圖書館出版社，2002 年 6 月 1 版）

6. ［明］王世貞撰《弇州四部稿》，《景印文淵閣四庫全書》第 1279～1281 冊（臺北：臺灣商務印書館，1986 年 7 月）

7. ［明］豐坊撰：《書訣》（民國四明叢書本）

8. ［清］方正澍著：《子雲詩集》，《清代詩文集彙編》第 46 冊（上海：上海古籍出版社，2011 年 1 月）

9. ［清］王昶撰：《春融堂集》，《續修四庫全書》第 1437～1438 冊（上海：上海古籍出版社，2002 年 10 月）

10. ［清］王復撰：《晚晴軒稿》，《清代詩文集彙編》第 422 冊（上海：上海古籍出版社，2011 年 1 月）

11. ［清］王豫編：《江蘇詩徵》（清道光元年（1821）刊本）

12. ［清］包世臣撰：《藝舟雙楫》，《續修四庫全書》第 1082 冊（上海：上海古籍出版社，2002 年 10 月）

13. ［清］史善長撰《秋樹讀書樓遺集》，《清代詩文集彙編》第 426 冊（上海：上海古籍出版社，2011 年 1 月）

14. ［清］吳文溥撰：《南野堂詩集》，《稀見清代四部輯刊第四輯》（臺北：經學文化，2014 年）

15. 〔清〕吳長元著:《燕蘭小譜》,《清代傳記叢刊》第 87 冊(臺北:明文書局,1985 年 5 月)

16. 〔清〕李斗撰:《揚州畫舫錄》,《續修四庫全書》第 733 冊(上海:上海古籍出版社,2002 年 10 月)

17. 〔清〕李慈銘撰:《越縵堂讀書記》(臺北:世界書局,1975 年 7 月)

18. 〔清〕李賡芸撰:《炳燭編》,《續修四庫全書》第 1155 冊(上海:上海古籍出版社,2002 年 10 月)

19. 〔清〕汪中撰:《述學》(臺北:世界書局,1962 年 12 月)

20. 〔清〕阮元撰:《揅經室集》,《續修四庫全書》第 1479 冊(上海:上海古籍出版社,2002 年 10 月)

21. 〔清〕阮元撰:《積古齋鐘鼎彝器款識》,《續修四庫全書》第 901 冊(上海:上海古籍出版社,2002 年 10 月)

22. 〔清〕阮元撰;鄧經元點校:《揅經室集》(北京:中華書局,1993 年 5 月)

23. 〔清〕周中孚撰:《鄭堂讀書記》(臺北:世界書局,1965 年 4 月)

24. 〔清〕洪亮吉著:《卷施閣集》,《近代中國史料叢刊續輯‧第四十五輯》第 443～447 冊(臺北:文海出版社,1974 年)

25. 〔清〕洪亮吉撰:《更生齋文甲集》,《四部備要‧集部》第 541 冊(臺北:臺灣中華書局,1971 年)

26. 〔清〕徐世昌著;傅卜棠編校《晚晴簃詩話》(上海:華東師範大學出版社,2009 年 7 月)

27. 〔清〕徐世昌編;聞石點校:《晚晴簃詩滙》(北京:中華書局,1990 年 10 月)

28. 〔清〕徐珂編撰:《清稗類鈔》(北京:中華書局,1984 年 12 月～1986 年 8 月)

29. 〔清〕袁枚著;王英志批注:《隨園詩話》(南京:鳳凰出版社,2009 年 12 月)

30. 〔清〕張之洞著:《書目答問》,《張之洞全集》第 12 冊(武漢:武漢出版社,2008 年 11 月)

31. 〔清〕張塤撰《竹葉庵文集》,《清代詩文集彙編》第 375 冊(上海:上海古籍出版社,2011 年 1 月)

32. 〔清〕梁玉繩撰:《清白士集》,《稀見清代民國叢書五十種》第 8 冊(北京:國家圖書館出版社,2014 年 3 月)

33. 〔清〕梁啓超著:《中國近三百年學術史》(臺北:華正書局,1994 年 8 月)

34. 〔清〕梁啓超著：《清代學術概論》（臺北：臺灣商務館，2008 年 10 月）

35. 〔清〕郭麐撰：《靈芬館雜著三編》，《清代詩文集彙編》第 485 冊（上海：上海古籍出版社，2011 年 1 月）

36. 〔清〕陳康祺撰：《郎潛紀聞初筆》（北京：中華書局，1984 年）

37. 〔清〕葉德輝著：《郋園讀書志》，《古書題跋叢刊》第 25 冊（北京：學苑出版社，2009 年 6 月）

38. 〔清〕葛虛存著：《清代名人軼事》，（太原：山西古籍出版社，1997 年 7 月）

39. 〔清〕董誥等編；孫映逵等點校《全唐文》，（太原：山西教育出版社，2002 年 12 月）

40. 〔清〕裘毓麐撰：《清代軼聞》，《筆記小説大觀十六編》第 10 冊（臺北：新興書局，1977 年 3 月）

41. 〔清〕臧庸撰：《拜經堂文集》，《清代詩文集彙編》第 484 冊（上海：上海古籍出版社，2011 年 1 月）

42. 〔清〕趙翼著；曹光甫校點：《簷曝雜記》，《清代筆記小説大觀》第 4 冊（上海：上海古籍出版社，2007 年 10 月）

43. 〔清〕劉師培撰：《左盦集》，《清代詩文集彙編》第 797 冊（上海：上海古籍出版社，2011 年 1 月）

44. 〔清〕樊增祥撰：《樊山集》，《清代詩文集彙編》第 762 冊（上海：上海古籍出版社，2011 年 1 月）

45. 〔清〕蔡殿齊編：《國朝閨閣詩鈔》，《續修四庫全書》第 1626 冊（上海：上海古籍出版社，2002 年 10 月）

46. 〔清〕諸可寶撰：《疇人傳三編》，《續修四庫全書》第 516 冊（上海：上海古籍出版社，2002 年 10 月）

47. 〔清〕盧文弨著；王文錦點校：《抱經堂文集》（北京：中華書局，1990 年 6 月）

48. 〔清〕盧文弨撰：《抱經堂文集》，《續修四庫全書》第 1432～1433 冊（上海：上海古籍出版社，2002 年 10 月）

49. 〔清〕錢大昕著：《潛研堂文集》，《國學基本叢書四百種》第 323 冊（臺北：臺灣商務印書館，1968 年）

50. 〔清〕錢大昕著；楊家駱主編：《錢大昕讀書筆記廿九種》第 3 冊（臺北：鼎文書局，1978 年 9 月）

51. 〔清〕錢大昕撰；程遠芬點校：《潛研堂序跋；竹汀先生日記鈔；十駕齋養新錄摘鈔》（上海：上海古籍出版社，2010 年 12 月）

52. 〔清〕錢泳著：《履園叢話》，《續修四庫全書》第 1139 冊（上海：上海古

籍出版社，2002 年）

53. 〔清〕錢泳著；孟裴校點：《履園叢話》（上海：上海古籍出版社，2012 年 11 月）

54. 〔清〕錢泳著；張偉點校：《履園叢話》，《歷代史料筆記叢刊》第 36 冊（北京：中華書局，1979 年）

55. 〔清〕錢馥著：《小學盦遺書》（光緒 21 年清風室校刊本）

56. 〔清〕戴震著：《戴震集》（上海：上海古籍出版社，2009 年 6 月）

57. 〔清〕謝章鋌：《賭棋山莊詞話》，《續修四庫全書》第 1735 冊（上海：上海古籍出版社，2002 年）

58. 〔清〕嚴觀撰：《湖北金石詩》（武漢：湖北教育出版社，2002 年 5 月）

59. 〔清〕龔自珍撰：《龔定庵全集類編》（臺北：世界書局，2009 年 5 月）

（五）小學

1. 〔東漢〕許慎撰；〔宋〕徐鉉校訂：《說文解字》（北京：中華書局，1963 年 12 月）

2. 〔東漢〕許慎撰；〔清〕段玉裁注：《圈點說文解字》（臺北：萬卷樓圖書公司，1997 年 8 月）

3. 〔東漢〕劉熙撰；〔清〕畢沅疏證；王先謙補《釋名疏證補》（北京：中華書局，2008 年 6 月）

4. 〔唐〕顏元孫撰：《干祿字書》，《中華漢語工具書書庫》第 11 冊（合肥：安徽教育出版社，2002 年 6 月 1 版，據小學彙函本影印）

5. 〔唐〕張參撰：《五經文字》，《中華漢語工具書書庫》第 12 冊（合肥：安徽教育出版社，2002 年 6 月，據日本覆刻本影印）

6. 〔唐〕唐玄度撰：《九經字樣》，《中華漢語工具書書庫》第 12 冊（合肥：安徽教育出版社，2002 年 6 月，據日本覆刻本影印）

7. 〔周〕郭忠恕撰：《佩觿》，《中華漢語工具書書庫》第 12 冊（合肥：安徽教育出版社，2002 年 6 月，據張氏澤存堂五種本影印）

8. 〔宋〕陳彭年等著：《新校宋本廣韻》（臺北：洪葉文化公司，2010 年 9 月）

9. 〔宋〕丁度等著：《集韻》（上海：上海古籍出版社，1985 年 5 月）

10. 〔宋〕丁度等著：《集韻》，《中華漢語工具書書庫》第 59 冊（合肥：安徽教育出版社，2002 年 6 月，據民國聚珍仿宋本影印）

11. 〔宋〕張有撰：《復古編》，《中華漢語工具書書庫》第 12 冊（合肥：安徽教育出版社，2002 年 6 月，據影宋鈔本影印）

12. 〔元〕李文仲撰：《字鑑》，《中華漢語工具書書庫》第 12 冊（合肥：安徽

教育出版社，2002 年 6 月，據張氏澤存堂五種叢書本影印）

13. 〔明〕梅膺祚著：《字彙》（明萬曆乙卯刊本）

14. 〔清〕王筠撰：《說文釋例》（臺北：世界書局，1984 年 10 月）

15. 〔清〕江聲撰：《六書說》，《續修四庫全書》第 203 冊（上海：上海古籍出版社，2002 年 10 月）

16. 〔清〕胡玉縉撰：《說文舊音補注》，《叢書集成續編》第 71 冊（臺北：新文豐出版公司，1989 年）

17. 〔清〕張玉書等編纂：《康熙字典》（臺南：大化書局，2002 年 3 月）

18. 〔清〕張金吾撰：《廣釋名》，《小爾雅訓纂等六種》（臺北：鼎文書局，1972 年 9 月）

19. 〔清〕謝啟昆撰：《小學考》，《中華漢語工具書書庫》第 88 冊（合肥：安徽教育出版社，2002 年 6 月，據影宋鈔本影印）

20. 〔清〕羅振鋆撰：《碑別字》，《中華漢語工具書書庫》第 12 冊（合肥：安徽教育出版社，2002 年 6 月，據食舊堂叢書本影印）

三、今人論著

1. 丁福保編纂：《說文解字詁林》（臺北：臺灣商務印書館，1970 年 1 月）

2. 王章濤編著：《阮元年譜》（合肥：黃山書社，2003 年 2 月）

3. 中國社會科學院考古研究所編：《殷周金文集成》（北京：中華書局，2007 年 4 月）

4. 中國社會科學院考古研究所編：《殷周金文集成釋文》（香港：香港中文大學中國文化研究所，2001 年 10 月）

5. 孔仲溫著：《玉篇俗字研究》（臺北：臺灣學生書局，2000 年 7 月）

6. 孔仲溫著：《類篇研究》（臺北：臺灣學生書局，1987 年 12 月）

7. 文雷著：《名人軼事》（臺南：大行出版社，1973 年 3 月）

8. 方俊吉著：《釋名考釋》（臺北：文史哲出版社，1978 年 3 月）

9. 毛佩琦主編：《中國狀元大典》（昆明：雲南人民出版社，1999 年 6 月）

10. 毛遠明著：《碑刻文獻學通論》（北京：中華書局，2009 年 12 月）

11. 王國珍著：《釋名語源疏證》（上海：上海辭書出版社，2009 年 8 月）

12. 申云艷著：《中國古代瓦當研究》（北京：文物出版社，2006 年 7 月）

13. 任繼昉纂：《釋名匯校》（濟南：齊魯書社，2006 年 11 月）

14. 〔日〕吉川幸次郎編著：《藏在東先生年譜》（東京：筑摩書房，1970 年）

15. 吉常宏等著：《古人名字解詁》（北京：語文出版社，2003 年 8 月）

16. 成春有、汪捷主編：《日本歷史文化詞典》（南京：南京大學出版社，2010

年 3 月）

17. 朱劍心著：《金石學》（臺北：臺灣商務印書館，1995 年 7 月）

18. 岑仲勉著：《金石論叢》（北京：中華書局，2004 年 4 月）

19. 李冬鴿著：《《釋名》新證》（上海：上海古籍出版社，2014 年 3 月）

20. 李玉安、陳傳藝編：《中国藏書家辭典》（武漢：湖北教育出版社，1989 年 9 月）

21. 李春光著：《清代學人錄》（瀋陽：遼寧出版社，2002 年 5 月）

22. 李根源輯：《吳郡西山訪古記》，《中國西南文獻叢書‧二編》第 7 冊（北京：學苑出版社，2009 年 9 月）

23. 李域錚編著：《西安碑林》（臺北：華正書局，1987 年 2 月）

24. 李維棻著：《釋名研究》（臺北：大化書局，1979 年 9 月）

25. 李學勤編著：《青銅器與古代史》（臺北：聯經出版事業公司，2005 年 5 月）

26. 杜維運著：《學術與世變》（臺北：環宇出版社，1971 年 6 月）

27. 周臘生著：《清代狀元奇談‧清代狀元譜》（北京：紫禁城出版社，2004 年 5 月）

28. 孟森編著；吳相湘校讀：《清代史》（臺北：正中書局，1962 年 10 月）

29. 尚小明著：《學人游幕與清代學術》，（北京：社會科學文獻出版社，1999 年 10 月）

30. 尚小明編著：《清代士人游幕表》，（北京：中華書局，2006 年 4 月）

31. 尚恆元、孫安邦主編：《中國人名異稱大辭典》（太原：山西人民出版社，2002 年 10 月）

32. 林尹著：《訓詁學概要》（臺北：正中書局，1972 年 3 月）

33. 林明波著：《清代許學考》（臺北：嘉新水泥公司文化基金會，1964 年 11 月）

34. 林慶彰主編；何淑蘋編輯：《當代臺灣經學人物第一輯》（臺北：萬卷樓圖書公司，2015 年 8 月）

35. 竺家寧著：《聲韻學》（臺北：五南圖書公司，2007 年 8 月）

36. 姚孝遂著：《姚孝遂古文字論集》（北京：中華書局，2010 年 1 月）

37. 姜聿華著：《中國傳統語言學要籍述論》（北京：書目文獻出版社，1992 年 12 月）

38. 施蟄存著：《金石叢話》（北京：中華書局，1991 年 7 月）

39. 洪燕梅著：《漢字文化與生活》（臺北：五南圖書公司，2009 年 9 月）

40. 胡奇光著：《中國小學史》（上海：上海人民出版社，2005 年 8 月）

41. 胡楚生著：《訓詁學大綱》（臺北：華正書局，1997 年 9 月）

42. 胡適著；姚名達訂補：《章實齋先生年譜》，（臺北：遠流出版社，1986
年）

43. 胡樸安著：《中國文字學史》（臺北：臺灣商務印書館，1992 年 9 月）

44. 倪惠穎著：《畢沅幕府與文學》（南京：江蘇人民出版社，2010 年 6 月）

45. 徐芳敏著：《釋名研究》（臺北：國立臺灣大學文學院，1989 年 6 月）

46. 徐耿華著：《三秦史話·學者督撫畢沅》（西安：三秦出版社，2009 年 6
月）

47. 袁珂校注：《山海經校注》（臺北：里仁書局，1982 年 8 月）

48. 馬衡著：《凡將齋金石叢稿》（臺北：明文書局，1984 年 7 月）

49. 馬衡著：《中國金石學概論》（長春：時代文藝出版社，2009 年 5 月）

50. 國立故宮博物院編：《故宮書畫錄》（臺北：國立故宮博物院，1965 年）

51. 國立故宮博物院編纂：《故宮歷代法書全集》（臺北：國立故宮博物院，
1978 年 9 月）

52. 張其昀著：《「說文學」源流考述》（貴陽：貴州人民出版社，1998 年 1
月）

53. 張其昀著：《中國文字學史》（南京：江蘇教育出版社，1994 年 6 月）

54. 張俊嶺著：《朱筠、畢沅、阮元三家幕府與乾嘉碑學》（杭州：浙江大學
出版社，2014 年 8 月）

55. 張舜徽著：《中國文獻學》（臺北：木鐸出版社，1983 年 7 月）

56. 張慧劍編著：《明清江蘇文人年表》（上海：上海古籍出版社，1986 年）

57. 〔加〕曹星原著：《同舟共濟：《清明上河圖》與北宋社會的衝突妥協》（杭
州：浙江大學出版社，2012 年 3 月）

58. 章開沅等主編：《中國近代史上的官紳商學》（武漢：湖北人民出版社，
2000 年 6 月）

59. 莊雅州著：《夏小正析論》（臺北：文史哲出版社，1985 年 5 月）

60. 許師錟輝著：《文字學簡編·基礎篇》（臺北：萬卷樓圖書公司，2007 年
10 月）

61. 許嘉璐主編：《傳統語言學辭典》（石家莊：河北教育出版社，1990 年 8
月）

62. 郭世謙撰：《山海經考釋》（天津：天津古籍出版社，2011 年 12 月）

63. 郭郛撰：《山海經注證》（北京：中國社會科學出版社，2004 年 5 月）

64. 郭錫良著：《漢字古音手冊》（北京：北京大學出版社，1986 年 11 月）

65. 陳建初著：《《釋名》考論》（長沙：湖南師範大學出版社，2007 年 3 月）

66. 陳新雄、曾榮汾著：《文字學》（臺北：五南圖書公司，2010 年 9 月）

67. 陳新雄著：《訓詁學》（上冊）（臺北：臺灣學生書局，1996 年 9 月）

68. 陳新雄著：《訓詁學》（下冊）（臺北：臺灣學生書局，2005 年 11 月）

69. 陳新雄著：《聲韻學》（臺北：文史哲出版社，2005 年 9 月）

70. 陳夢家著：《西周銅器斷代》（北京：中華書局，2004 年 4 月）

71. 陸和九著：《中國金石學講義》（北京：北京圖書館出版社，2003 年 10 月）

72. 〔美〕麥爾荀伯格、庫基耶著；林俊宏譯：《大數據》（臺北：遠見天下文化，2013 年 5 月）

73. 曾榮汾著：《字彙俗字研究》（國科會研究計畫成果報告，1997 年 12 月）

74. 曾榮汾著：《字樣學研究》（臺北：臺灣學生書局，1988 年 4 月）

75. 程俊英、梁永昌著：《應用訓詁學》（上海：華東師範大學出版社，1989 年 11 月）

76. 程章燦著：《石學論叢》（臺北：大安出版社，1999 年 2 月）

77. 華正書局編輯部編：《金石篆刻研究》（臺北：華正書局，1987 年 9 月）

78. 馮浩菲著：《中國訓詁學》（濟南：山東大學出版社，1995 年 9 月）

79. 黃侃撰：《黃侃論學雜著》（臺北：臺灣中華書局，1987 年 10 月）

80. 黃季剛口述；黃焯編：《文字聲韻訓詁筆記》（臺北：木鐸出版社，1984 年 9 月）

81. 黃焯撰：《經典釋文彙校》（北京：中華書局，1980 年 9 月）

82. 楊力民：《中國古代瓦當藝術》（上海：人民美術出版社，1986 年）

83. 楊廷福、楊同甫著：《清人室名別稱字號索引》（上海：上海古籍出版社，2001 年 12 月）

84. 楊家駱編：《歷代人物年里通譜》（臺北：世界書局，1974 年 7 月）

85. 葉子著：《中國歷代收藏家圖表》（上海：中西書局，2013 年 1 月）

86. 葉國良著：《石學蠡探》（臺北：大安出版社，1989 年 5 月）

87. 葉國良著：《宋代金石學研究》（臺北：台灣書房出版公司，2011 年 1 月）

88. 葉程義著：《漢魏石刻文學考釋》（臺北：新文豐出版公司，1997 年 4 月）

89. 葉國良著：《石學續探》（臺北：大安出版社，1999 年 5 月）

90. 廖新田著：《清代碑學書法研究》（臺北：臺北市立美術館，1993 年 6 月）

91. 趙力光著：《中國古代瓦當圖典》（北京：文物出版社，1998 年 1 月）

92. 趙廣超著：《筆記《清明上河圖》》（香港：三聯書店，2004 年 1 月）

93. 齊佩瑢著：《訓詁學概論》（臺北：華正書局，1991 年 9 月）

94. 劉葉秋著：《中國字典史略》（臺北：源流文化事業公司，1984 年 3 月）

95. 蔡可圜纂：《清代七百名人傳》，（臺北：廣文書局，1978 年 7 月）

96. 蔡信發著：《訓詁答問》（臺北：學生書局，2004 年 9 月）

97. 蔡信發著：《說文答問》（臺北：學生書局，2004 年 9 月）

98. 鄭偉章著：《文獻家通考》（清～現代）（北京：中華書局，1999 年 6 月）

99. 蕭一山著：《清代通史》（北京：中華書局，1986 年 9 月）

100. 錢仲聯主編：《清詩紀事》第 2 冊（乾隆朝卷）（南京：鳳凰出版社，2004 年 4 月）

101. 錢君匋著：《瓦當彙編》（臺北：文史哲出版社，2015 年 7 月）

102. 錢穆著：《中國近三百年學術史》（臺北：臺灣商務印書館，1990 年 10 月）

103. 嚴文郁編：《清儒傳略》（臺北：臺灣商務印書館，1990 年 6 月）

104. 顧紹柏校注：《謝靈運集校注》（臺北：里仁書局，2004 年 5 月）

四、學位論文

1. 孔丹撰：《《墨子間詁》訓詁方法研究》（濟寧：曲阜師範大學漢語言文字學碩士論文，2011 年 4 月）

2. 冷亦撰：《畢沅《山海經新校正》研究》（成都：四川師範大學中國古代文學碩士論文，2016 年 5 月）

3. 宋海峰撰：《《墨子》引書考論》（長春：東北師範大學中國古典文獻學碩士論文，2006 年 6 月）

4. 李金華撰：《畢沅及其幕府的史學成就》（天津：南開大學歷史學院博士論文，2010 年 5 月）

5. 李景遠撰：《張參五經文字之研究》（臺北：國立政治大學中國文學系碩士論文，1990 年 1 月）

6. 李蘇和撰：《唐玄度《九經字樣》研究》（臺北：國立政治大學中國文學系碩士論文，2008 年 12 月）

7. 拙撰：《張有《復古編》綜合研究》（臺北：臺北市立教育大學中國語文學系碩士論文，2011 年 7 月）

8. 林海鷹撰：《《太平御覽》引《釋名》校釋》（長春：東北師範大學碩士論文，2003 年 5 月）

9. 孫建偉撰：《《山海經箋疏》研究》（廣州：暨南大學中國古典文獻學碩士論文，2011 年 5 月）

10. 徐芳敏撰：《釋名研究》（臺北：臺灣大學中文所碩士論文，1985 年 12

月）

11. 崔瑾撰：《錢坫《說文解字斠詮》研究》，（銀川：寧夏大學漢語言文獻學碩士論文，2013 年 3 月）

12. 莊美琪撰：《《釋名》研究》（臺北：臺北市立教育大學中國語文學系碩士論文，2007 年 6 月）

13. 陳姞淨撰：《佩觿字樣理論研究》（臺北：中國文化大學中國文學研究所碩士論文，2004 年 12 月）

14. 程斌撰：《李銘漢及《續通鑒紀事本末》研究》（蘭州：西北民族大學歷史學碩士論文，2012 年 6 月）

15. 楊鳳琴撰：《孫星衍詩歌研究》，（鄭州：鄭州大學中國古代文學碩士論文，2006 年 5 月）

16. 劉維波撰：《畢沅與金石學研究——以《關中金石記》爲中心》（西安：陝西師範大學歷史文獻學所碩士論文，2009 年 5 月）

17. 潘妍艷撰：《孫星衍山東幕府研究》（北京：北京大學中國古典文獻學碩士論文，2012 年 6 月）

18. 韓先艷撰：《生前幕府三千士，死後名山萬卷書——畢沅幕府及其學術成就》（蘭州：蘭州大學中國古典文獻學碩士論文，2007 年 6 月）

19. 魏淑雯撰：《《山海經》圖文及其現代運用研究》（臺北：淡江大學中國文學學系碩士論文，2012 年 6 月）

五、期刊論文

1. 孔丹撰：《《墨子閒詁》訓詁刁美林撰：〈畢沅的方志學思想成就探析〉，《中國地方誌》（2012 年第 4 期）

2. 刁美林撰：〈畢沅的金石學成就考述〉，《寧夏師範學院學報》（社會科學）（2013 年 2 月第 34 卷第 1 期）

3. 于省吾撰：〈從古文字學方面來評判清代文字、聲韻、訓詁之學的得失〉，《歷史研究》（1962 年 6 月）

4. 〔日〕小川琢治：〈山海經考〉，《先秦經籍考》下冊（北京：國家圖書館出版社，2010 年 3 月）

5. 中國書法編輯部輯：〈清畢沅行書詩軸〉，《中國書法》（2015 年 10 月總 270 期）

6. 王巧巧撰：〈畢沅及其《山海經新校正》研究綜述〉，《安徽文學》（2015 年第 10 期（總第 387 期））

7. 王珏撰：〈《一切經音義》引《山海經》之神異動物——與畢沅校本異文比較〉，《集美大學學報（哲學社會科學版）》（2009 年 10 月第 12 卷第 4

期）

8. 王珏撰：〈據《夏小正考注》談談清代畢沅對北宋張有漢字復古思想的傳承〉，《黃河科技大學學報》（2014 年 11 月第 16 卷第 6 期）

9. 王彥霞撰：〈畢沅《續資治通鑒》的史學價值之辨〉，《唐山師範學院學報》（2010 年 7 月第 32 卷第 4 期）

10. 王啓才、李樹俠撰：〈許維遹《呂氏春秋集釋》的貢獻發微〉，《阜陽師範學院學報（社會科學版）》（2015 年第 2 期）

11. 王國珍撰：〈《釋名》校勘箚記〉，《阜陽師範學院學報（社會科學版）》（2009 年第 6 期）

12. 王國珍撰：〈《釋名》校讀箚記〉，《湖州師範學院學報》（2015 年 1 月第 37 卷第 1 期）

13. 王貴忱撰：〈錢大昕致畢沅書箚〉，《廣州師院學報（社會科學版）》（2000 年第 21 卷第 2 期）

14. 王繼光撰：〈《續資治通鑒》刊刻本辨正〉，《蘭州大學學報（哲學社會科學版）》（1981 年第 2 期）

15. 左建軍撰：〈宦海秋帆重靈岩草木深——清代畢沅對聯欣賞〉，《對聯・民間對聯故事》（2010 年第 2 期）

16. 旭光撰：〈經訓堂叢書刻主畢沅〉，《中國古代出版家辭典》（1994 年卷 3）

17. 朱則杰：〈畢沅「蘇文忠公生日設祀」集會唱和考論〉，《江南大學學報（人文社會科學版）》（2014 年第 2 期）

18. 朱惠良，〈四海一家——本院文物赴美參展「一四九二之際探險時代之藝術」圖錄專輯〉，《故宮文物月刊》，第 103 期（1991 年 10 月）

19. 朱樂朋撰：〈乾嘉學者論碑帖的選擇——兼論清代尊碑抑帖理論的發軔〉，《廣西師範大學學報：哲學社會科學版》（2010 年 12 月）

20. 朱耀儒撰：〈章學誠和他的《師說》〉，《陝西教育》（2000 年第 7 期）

21. 江兆申，〈文徵明書過庭復語卷〉，《吳派畫九十年展》（臺北：國立故宮博物院，1975 年）

22. 何清谷撰：〈于右任與碑林文物〉，《文博》（1995 年第 1 期）

23. 吳錘撰：〈《釋名》成書考辨〉，《南京航空航太大學學報社會科學版》（2005 年 6 月第 7 卷第 2 期）

24. 李文明、錢鋒撰：〈畢沅墓志考證〉，《考古與文物》（1987 年第 5 期）

25. 李向菲撰：〈畢沅《關中金石記考論〉，《西部學刊》（2015 年 12 期）

26. 李金華撰：〈《山左金石志》的編纂及其學術意義〉，《齊魯學刊》（2014 年第 1 期）

27. 李金華撰：〈畢沅主編《續資治通鑒》的史學成就〉，《廣播電視大學學報

（哲學社會科學版）》（2009 年第 4 期（總第 151 期））

28. 李金華撰：〈畢沅主導纂修的《西安府志》〉，《史學月刊》（2010 年第 5 期）

29. 李金華撰：〈畢沅詩歌結集過程及創作意義〉，《天津商務職業學院學報》（2014 年第 4 期第 2 卷）

30. 李茂康撰：〈畢沅與吳志忠所校《釋名》異文比較〉，《古籍研究》（1999 年第 4 期）

31. 李茂康撰：〈談談段玉裁的《釋名》校釋書稿〉，《文獻》（2002 年 10 月第 4 期）

32. 李挺撰：〈「關中文物的守護神」清代鑒藏家畢沅〉，《東方收藏》（2012 年第 6 期）

33. 李偉書撰：〈清人對《釋名》的整理與研究〉，《長沙電力學院學報（社會科學版）》（1998 年第 2 期）

34. 李朝遠撰：〈智鼎諸銘文拓片之比勘〉，《上海文博論叢》（2009 年第 1 期）

35. 李瑞豪撰：〈畢沅在河南〉，《古典文學知識》（2009 年第 2 期（總 143 期））

36. 村上正和撰：〈嘉慶道光年間的士大夫與優伶——以「狀元夫人的故事」為中心〉，《清史研究》（2009 年 5 月第 2 期）

37. 沈光海撰：〈《山海經》中之同物異名——讀《山海經箋疏》、《山海經校注》劄記之一〉，《河池師專學報》（1988 年第 4 期）

38. 沈海波撰：〈論《山海經》的篇目問題〉，《福建師範大學福清分校學報》（2010 年第 4 期總第 100 期）

39. 周祖謨撰：〈唐本說文與說文舊音〉，《中央研究院歷史語言研究所集刊第二十本》（1971 年 1 月）

40. 周鳳五撰：〈智鼎銘文新釋〉，《故宮學術季刊》，（2015 年 12 月，第 33 卷第 2 期）

41. 孟凡港撰：〈《山左金石志》纂修考〉，《北華大學學報》（社會科學版）（2015 年 6 月第 16 卷第 3 期）

42. 孟凡港撰：〈《山左金石志》纂修者述論——兼對「畢沅、阮元同撰」的辨正〉，《古籍整理研究學刊》（2012 年 7 月第 4 期）

43. 拙撰：〈畢沅《經典文字辨證書》字樣觀析探〉，《北市大語文學報》（2016 年 6 月第 15 期）

44. 〔日〕松丸道雄撰：〈西周後期出現的變革萌芽——智鼎銘解釋的初步解決〉，《日本學者研究中國史論著選譯》第三卷上古秦漢（北京：中華書局，1993 年 11 月）

45. 林久貴撰：〈清代學者型官員畢沅——生前幕府三千士，死後名山萬卷

書〉,《中國文化月刊》（2001 年 8 月第 257 期）

46. 林存陽撰：〈畢沅《續資治通鑑》考辨〉,《北京聯合大學學報（人文社會科學版）》（2009 年 8 月第 7 卷第 3 期總 25 期）

47. 金丹撰：〈清代阮元書法金石交遊考（下）——阮元與錢大昕、畢沅、黃易之金石交誼考〉,《藝林紀事》（2013 年 9 月）

48. 侯米玲撰：〈畢沅與畢瀧的書畫船〉,《史物論壇》第 13 期（2011 年 12 月）

49. 侯開嘉著：〈清代碑學的成因及碑帖論戰的辨析〉,《中國書法史新論》（上海：上海古籍出版社，2009 年 8 月）

50. 南波撰：〈江蘇吳縣清畢沅墓發掘簡報——十八世紀後期一個官僚地主奢侈腐朽生活的寫照〉,《文物資料叢刊》1（1977 年 12 月）

51. 姚生民撰：〈甘泉上林苑考略〉,《咸陽師範學院學報》（2004 年 6 月第 19 卷第 3 期）

52. 柯秉芳撰：〈畢沅《山海經新校正》之貢獻、缺失及其影響〉,《有鳳初鳴年刊》第九期（2013 年 7 月）

53. 段志凌撰：〈西安碑林藏兩種《關中金石記》版本校略〉,《碑林集刊》（2014 年總第 20 輯）

54. 紀果庵撰：〈談清人竊書〉,《古今》第 49 期（1944 年 6 月）

55. 胡楚生撰：〈釋名考〉,《臺灣省立師範大學國文研究所集刊》第 8 期（1964 年 6 月）

56. 倪惠穎撰：〈畢沅幕府與小說〉,《中國文學研究》（2011 年第 2 期）

57. 孫運君撰：〈評畢沅的歷史學貢獻〉,《遼寧大學學報（哲學社會科學版）》（2002 年 9 月第 30 卷第 5 期）

58. 徐麗華撰：〈《呂氏春秋》文獻學研究述評〉,《牡丹江師範學院學報（哲社版）》（2012 年第 6 期總 172 期）

59. 晁福林撰：〈「匹馬束絲」新釋——讀曶鼎銘文雜記〉,《中華文史論叢》（1982 年 8 期）

60. 殷志強著：〈畢沅藏玉賞析〉,《龍語文物藝術》（1992 年 4 月）

61. 翁銀陶撰：〈《山海經》性質考〉,《《福建師範大學學報》哲學社會科學版》（1985 年第 4 期）

62. 馬明達撰：〈畢沅與關中回民二題——說劍齋回回史箚之一〉,《回族研究》（2009 年第 3 期（總第 75 期））

63. 張仁明撰：〈墨經用字現象研究——繁文省文辨〉,《畢節學院學報》（2008 年第 6 期總 101 期）

64. 張俊嶺撰：〈畢沅幕府與乾嘉篆書〉,《收藏家》（2014 年第 1 期）

65. 張經撰：〈曶鼎新釋〉，《故宮博物院院刊》（2002 年 4 期）

66. 張聞玉撰：〈曶鼎王年考〉，《貴州社會科學學報》（1988 年第 2 期）

67. 梁申威撰：〈畢沅、嚴長明對聯賞析〉，《對聯（民間對聯故事）》（2007 年第 12 期）

68. 郭友亮撰：〈畢沅史學成就述略〉，《商丘師範學院學報》（2008 年 5 月第 24 卷第 5 期）

69. 郭文娟撰：〈畢沅及其幕僚對陝西的文化貢獻〉，《西安文理學院學報（社會科學版）》（2005 年 2 月第 8 卷第 1 期）

70. 陳光崇撰：〈章學誠的史學〉，《遼寧大學學報（哲學社會科學版）》（1972 年第 2 期）

71. 陳雅飛撰：〈科場‧幕府‧經訓堂——畢沅與王文治的翰墨緣（上）〉，《典藏古美術》（2011 年 4 月第 223 號）

72. 陳雅飛撰：〈乾隆年間的畢沅幕府及其書法活動〉，《書法賞評》（2010 年第 1 期）

73. 陳雅飛撰：〈乾嘉幕府的碑帖風尚——以錢泳爲視角〉，《中國文化》（2016 年第 1 期）

74. 陳雅飛撰：〈畢沅、畢瀧家世生平考〉，《歷史檔案》（2011 年第 3 期）

75. 陳雅飛撰：〈畢沅書畫鑒藏芻議（上）——收藏篇〉，《榮寶齋》（2011 年 5 月）

76. 陳雅飛撰：〈畢沅書畫鑒藏芻議（下）——鑒賞篇〉，《榮寶齋》（2011 年 7 月）

77. 陳雅飛撰：〈畢沅幕府書家群概論〉，《新美術》（2012 年第 2 期）

78. 陳顯遠撰：〈畢沅從陝西帶走的四方唐代墓誌〉，《碑林集刊》（1998 年）

79. 喬治忠、李金華撰：〈畢沅幕府修史在乾隆時期史學發展中的地位〉，《求是學刊》（2010 年 1 月第 37 卷第 1 期）

80. 舒志武撰：〈《說文解字舊音》的性質〉，《語言研究》（1997 年第 2 期總第 33 期）

81. 舒志武撰：〈明清音辨書中「假借」的性質——以《問奇集》和《音同義異辨》爲例〉，《社會科學論壇》（2014 年 5 月）

82. 賀知章撰：〈王先謙與畢沅《釋名》研究比較〉，《延安大學學報（社會科學版）》（2008 年 10 月第 30 卷第 5 期）

83. 黃忠懷撰：〈畢沅整理研究史地典籍之成果與方法〉，《中國歷史地理論叢》（2003 年 3 月第 18 卷第 1 輯）

84. 黃忠懷撰：〈畢沅整理研究的幾種歷史地理文獻〉，《古籍研究》（2005 年第 1 期）

85. 楊玲玲撰：〈畢沅詩歌藝術特色探微〉，《遼寧師專學報（社會科學版)》（2011 年第 4 期（總 76 期)）

86. 葉玉撰：〈黃易訪碑活動與交友（二)——與幕主及其幕賓共論金石〉，《藝林紀事》（2010 年 5 月)

87. 葉鍵得撰：〈由黃季剛先生從音以求本字論通假字〉，《應用語文學報》第 4 期（2002 年 6 月)

88. 鄒濬智撰：〈清·畢沅訓《山海經·山經·中次五經》「石」當爲「玨石」之補證〉，《遠東通識學報》（2011 年 7 月第 5 卷第 2 期)

89. 趙明河撰：〈狀元的沉寂與落榜者的輝煌〉，《中國教師》（2009 年第 5 期)

90. 趙德明撰：〈《釋名疏證》正誤一則〉，《文獻》（1998 年第 1 期)

91. 劉紅撰：〈畢沅《關中勝跡圖志》對西漢帝陵名位判定之得失及其他〉，《碑林集刊》（2008 年第 14 輯)

92. 劉師培著：〈清儒得失論〉，《史學論著選集》（上海：上海古籍出版社，2006 年 12 月)

93. 劉漢撰：〈清代兩才子均因風流機運得種狀元〉，《民主憲政》（1973 年 3 月)

94. 劉墨撰：〈乾嘉時期的學術贊助〉，《徐州師範大學學報》（2005 年第 2 期)

95. 暴鴻昌著：《清代金石學及其史學價值》，《中國社會科學》（1992 年第 5 期)

96. 蔣文冶撰：〈金壇望族經學世家——關於段玉裁家世的考索〉，《鎮江師專學報（社會科學版)》（1985 年第 4 期)

97. 魏宇文撰：〈畢沅《釋名疏證》引《廣韻》異文試評〉，《甘肅社會科學》（2005 年第 1 期)

98. 魏宇文撰：〈談畢沅《釋名疏證》中的「今本俗字」〉，《中國語文》（2007 年第 1 期（總第 361 期)）

99. 譚小婷撰：〈畢沅《經典文字辨證書》字類理念及學術價值〉，《欽州學院學報》（2016 年 9 月第 31 卷第 9 期)

100. 鐘曉婷撰：〈釋《山海經》中祠祭之「嬰」的意義〉，《東吳中文研究集刊》第 21 期（2015 年 11 月)

六、會議論文

1. 王文超撰：〈從何紹基與山左北朝石刻之關係看其北碑觀〉《全國第九屆書學討論會論文集》（北京：中國書法家協會，2012 年)

2. 侯藹奇撰：〈畢沅與陝西地方文獻〉，《陝西省圖書館學會第五次會員代表大會暨學術研討會與全國圖書館部室主任工作、學術研討會論文集》

（2003 年）

3. 陳怡如著：〈《正字通》之字樣觀念釋例〉《第二十一屆中國文字學國際學術研討會論文集》，（臺北：東吳大學中國文學系所，2010 年 5 月）

4. 曾榮汾著：〈字樣學的語言觀〉，《第二十屆中國文字學國際學術研討會論文集》（高雄：國六中山大學中文系，2009 年 5 月）

七、網路資料

1. Dr. Donald Sturgeon 主編：《中國哲學書電子化計劃》。
   網址：http://ctext.org/zh。

2. 中華民國教育部國語推行委員會編印：《異體字字典》網路版（2004 年 1 月正式五版）。網址：http://140.111.1.40/main.htm。

附　錄

一、畢沅之畫像。見《清代學者象傳》

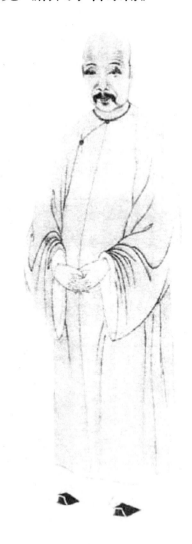

二、畢沅之家庭與仕途年表

西元	年代	干支	歲	家 庭 大 事	學 習 與 仕 途
1728	雍正 6 年	戊申		父親畢鏞迎娶張藻爲續弦。	
1730	雍正 8 年	庚戌	1	畢沅於秋天 8 月 18 日未時出生。	
1731	雍正 9 年	辛亥	2		
1732	雍正 10 年	壬子	3		
1733	雍正 11 年	癸丑	4	二弟畢瀧出生。	
1734	雍正 12 年	甲寅	5	祖母汪太夫人過世。	
1735	雍正 13 年	乙卯	6	父親畢鏞身體不好，交待母親張藻教育他。先教《毛詩》、《離騷》，僅一次，畢沅就能背頌。	
1736	乾隆元年	丙辰	7	三弟畢澐出生。	
1737	乾隆 2 年	丁巳	8		
1738	乾隆 3 年	戊午	9	曾祖母趙太夫人過世。	
1739	乾隆 4 年	己未	10	畢沅始學爲詩。母親講授聲韻學，一兩年後再教授《東坡集》。 同里的張丈冰繪製〈慈闈授詩圖〉。	自題〈慈闈授詩圖序〉寫四絕句，記錄家學的由來。
1740	乾隆 5 年	庚申	11		
1741	乾隆 6 年	辛酉	12	母親讓畢沅出外求學。	先拜嘉定的毛商巖爲師，絜根經術，與當時俗媚的風尚不同。
1742	乾隆 7 年	壬戌	13		
1743	乾隆 8 年	癸亥	14		
1744	乾隆 9 年	甲子	15		作文學習秦漢、唐宋等大家；寫詩效法眉山、韓杜、玉谿、樊川等。甫入文壇，已獨樹一幟。開始寫詩，撰成《研山怡雲集》，見於《靈巖山人詩集》中。
1745	乾隆 10 年	乙丑	16		編修楊繩武對畢沅的詩讚不絕口，畢沅曾賦《楊編修文叔繩武先生索觀近製爲評點獎借倍至即座賦呈》贈他。

1746	乾隆 11 年	丙寅	17		
1747	乾隆 12 年	丁卯	18		鄉試中秀才（一說是廿一歲時）。
1748	乾隆 13 年	戊辰	19	二月時，畢沅娶汪夫人入門。 四月，父親畢鑮過世。	畢沅向惠棟學習，紮根經學。
1749	乾隆 14 年	己巳	20		
1750	乾隆 15 年	庚午	21		
1751	乾隆 16 年	辛未	22		
1752	乾隆 17 年	壬申	23		
1753	乾隆 18 年	癸酉	24		
1754	乾隆 19 年	甲戌	25	父親畢素菴過世。	
1755	乾隆 20 年	乙亥	26	七月，長子畢念曾出生	擔任內閣中書。
1756	乾隆 21 年	丙子	27		
1757	乾隆 22 年	丁丑	28		擔任軍機處章京。
1758	乾隆 23 年	戊寅	29		
1759	乾隆 24 年	己卯	30		
1760	乾隆 25 年	庚辰	31		離任內閣中書。 擔任翰林院修撰。
1761	乾隆 26 年	辛巳	32		
1762	乾隆 27 年	壬午	33		
1763	乾隆 28 年	癸未	34		
1764	乾隆 29 年	甲申	35	二月，長女畢智珠出生	離任翰林院修撰。 擔任左中允。
1765	乾隆 30 年	乙酉	36		離任左中允。 擔任翰林院侍讀。 教習庶吉士。
1766	乾隆 31 年	丙戌	37		離任翰林院侍讀。 擔任日講起居注官。 會試同考官。 左春坊左庶子。 甘肅鞏秦階道。
1767	乾隆 32 年	丁亥	38		
1768	乾隆 33 年	戊子	39		

1769	乾隆 34 年	己丑	40		
1770	乾隆 35 年	庚寅	41		擔任安肅道。
1771	乾隆 36 年	辛卯	42	三弟畢澐過世。	擔任陝西按察司使（至10月）。 擔任陝西布政使（護巡撫印務）。
1772	乾隆 37 年	壬辰	43		
1773	乾隆 38 年	癸巳	44	長子畢念曾娶妻陸氏。	升任陝西巡撫。 兵部侍郎（坐銜）。
1774	乾隆 39 年	甲午	45		
1775	乾隆 40 年	乙未	46		
1776	乾隆 41 年	丙申	47	九月，長孫畢蘭慶出生	兼任陝甘總督。 賜孔雀翎。
1777	乾隆 42 年	丁酉	48		
1778	乾隆 43 年	戊戌	49	八月，次孫畢芝祥出生	
1779	乾隆 44 年	己亥	50	母親張藻過世。	離任陝西巡撫（12月）。
1780	乾隆 45 年	庚子	51		復任陝西巡撫（10月）。
1781	乾隆 46 年	辛丑	52	九月，長子畢念曾卒。	賜一品頂帶。
1782	乾隆 47 年	壬寅	53		降三品頂戴。
1783	乾隆 48 年	癸卯	54	三月，次女畢還珠出生	還原品頂戴。 擔任陝西巡撫。
1784	乾隆 49 年	甲辰	55		
1785	乾隆 50 年	乙巳	56	二月，次子畢嵩珠出生	離任陝西巡撫。 擔任河南巡撫。
1786	乾隆 51 年	丙午	57		賜黃馬褂。
1787	乾隆 52 年	丁未	58	女兒畢伊珠出生，未滿周歲即夭折。	
1788	乾隆 53 年	戊申	59		離任河南巡撫。 擔任湖廣總督。 湖北巡撫（兼署）。
1789	乾隆 54 年	己酉	60	八月，長孫畢蘭慶娶妻曹氏。	
1790	乾隆 55 年	庚戌	61	五月，三女畢懷珠出生	
1791	乾隆 56 年	辛亥	62	六月，三子畢鄂珠出生 六月，四女畢琁珠出生	

1792	乾隆 57 年	壬子	63		
1793	乾隆 58 年	癸丑	64		
1794	乾隆 59 年	甲寅	65	十月，畢芝祥娶妻汪氏	離任湖廣總督。 擔任山東巡撫。
1795	乾隆 60 年	乙卯	66		離任山東巡撫。 復任湖廣總督。
1796	嘉慶元年	丙辰	67		賜輕車都尉世職。
1797	嘉慶 2 年	丁巳	68	畢瀧逝世。 七月三日丑刻，畢沅卒於辰州行館。	卒於湖廣總督任上。 （追贈）太子太保。
1798	嘉慶 3 年	戊午			
1799	嘉慶 4 年	己未			奪世職，籍其家

說明：

一、年表月份爲陰曆。

二、此表主要依據史善長《弇山畢公年譜》、趙爾巽等《清史稿》、錢儀吉《碑傳集》、洪亮吉〈書畢宮保遺事〉、錢大昕〈太子太保兵部尚書湖廣總督世襲二等輕車都都尉畢公墓誌銘〉及相關文獻編輯而成。

三、畢沅尚有「兵部尚書」一銜，因時間不定，故未置入表中。

三、弇山畢氏第一至八世傳承圖

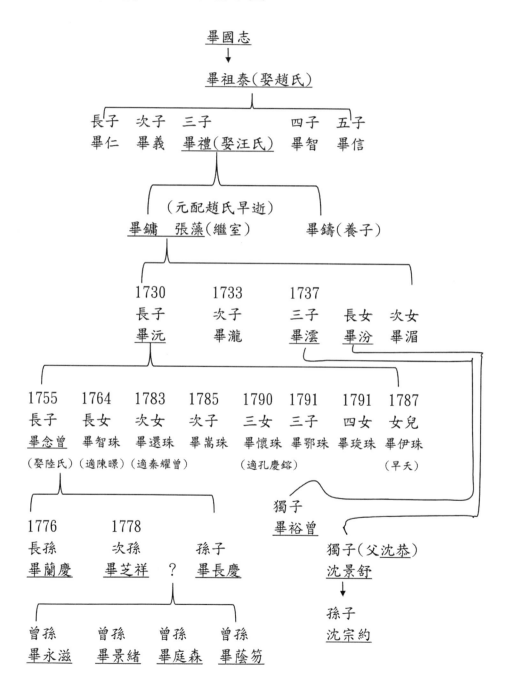

四、畢沅相關著述表

著作名稱及卷數	參與編纂者	成　書　時　間	時間來源
一、今見傳本			
《關中勝蹟圖志》42 卷	畢沅撰	乾隆 41 年？月	四庫提要
《西安府志》80 卷〈卷首〉1 卷	舒其紳修；嚴長明纂；畢沅主持纂輯	乾隆 44 年？月	《弇山畢公年譜》
《關中金石記》8 卷	畢沅撰	乾隆 46 年 7 月	錢大昕敘
《傳經表》1 卷〈通經表〉1 卷	畢沅撰	乾隆 46 年 8 月 15 日	畢沅敘
《山海經新校正》18 卷	畢沅校撰	乾隆 46 年 9 月 9 日	畢沅敘
《老子道德經考異》2 卷	畢沅輯注	乾隆 46 年 10 月	畢沅敘
《晉書地理志新補正》5 卷	〔唐〕房玄齡等撰畢沅補正	乾隆 46 年 10 月 15 日	畢沅敘
《樂遊聯唱集》2 卷	畢沅輯	乾隆 47 年？月	《弇山畢公年譜》
《說文解字舊音》1 卷	畢沅編撰	乾隆 48 年 3 月	畢沅敘
《夏小正考注》1 卷	畢沅撰	乾隆 48 年 4 月	畢沅敘
《經典文字辨證書》5 卷	畢沅撰	乾隆 48 年 9 月 15 日	畢沅敘
《墨子》16 卷〈篇目考〉1 卷	畢沅校注	乾隆 48 年 12 月	畢沅敘、孫星衍後敘
《音同義異辨》1 卷	畢沅編撰	乾隆 49 年 2 月	畢沅敘
《三輔黃圖》6 卷〈補遺〉1 卷	畢沅校撰	乾隆 49 年 6 月	畢沅敘
《王隱晉書地道記》1 卷	〔晉〕王隱撰畢沅集	乾隆 49 年 8 月 15 日	畢沅敘
《晉太康三年地記》1 卷	〔晉〕闕名撰畢沅集洪亮吉輯	乾隆 49 年 8 月 15 日	畢沅敘
《吳會英才集》24 卷	畢沅輯	乾隆 50 年？月	《歷代地方詩文總集彙編》
《中州金石記》5 卷	畢沅撰	乾隆 52 年？月	《弇山畢公年譜》

《長安志》20 卷	〔宋〕宋敏求撰 畢沅校正	乾隆 52 年 9 月	王鳴盛敍
《晏子春秋》7 卷	孫星衍考注 （受畢沅之託）	乾隆 53 年 10 月 30 日	孫星衍敍
《呂氏春秋》26 卷 〈附攷〉1 卷	畢沅校正	乾隆 54 年 4 月	畢沅敍
《釋名疏證》8 卷 《續釋名》1 卷 《釋名補遺》1 卷 〈附校議〉1 卷	畢沅撰 江聲校定	乾隆 54 年 9 月 1 日	畢沅敍
《篆字釋名疏證》8 卷	江聲書	乾隆 55 年？月	畢沅敍
《經訓堂法帖》12 卷	畢沅審定； 畢裕曾編次； 錢泳鑴刻	乾隆 55 年？月	錢泳《履園叢話》
《靈巖山人詩集》40 卷	畢沅撰	乾隆 55 年 4 月 15 日	王文治敍
《秦漢瓦當圖》不分卷	畢沅等撰	乾隆 56 年？月 16 日	畢沅敍
《續資治通鑑》220 卷 〈目錄〉1 卷	畢沅、邵晉涵、錢大昕等編纂	嘉慶 2 年？月（畢沅 7 月逝世前完成）	《弇山畢公年譜》
《湖北金石詩》1 卷	嚴觀、馬紹基撰等 （受畢沅之託）	嘉慶 2 年 4 月 1 日（畢沅 7 月逝世前完成）	嚴觀敍
《三楚金石記》3 卷	畢沅撰	嘉慶 2 年？月（畢沅 7 月逝世前完成） 至畢沅逝世時未刊行	《弇山畢公年譜》
《山左金石志》24 卷	畢沅、阮元撰	嘉慶 2 年 10 月（畢沅 7 月已逝）	阮元敍
二、後人輯錄			
《靈巖山人文鈔》不分卷	畢沅撰	後人輯錄	清代詩文集彙編
三、原稿散失			
《靈巖山人文集》8 卷	畢沅撰	至畢沅逝世時未刊行	《弇山畢公年譜》
《河間書畫錄》4 卷	畢沅輯	至畢沅逝世時未刊行	《弇山畢公年譜》
《湖廣通志》100 卷	章學誠主纂 （畢沅贊助）	乾隆 59 年完成，但未刊行就已毀，今存部分遺稿	《弇山畢公年譜》

《史籍考》100 卷	章學誠主纂 （畢沅贊助）	至畢沅逝世時未完成， 原稿亦散失	《弇山畢公年譜》
四、僅作〈序〉			
《孟縣志》10 卷	畢沅撰敘文	乾隆 55 年？月 馮敏昌記錄 仇汝瑚輯	畢沅敘
《重修固始縣志》26 卷	畢沅撰敘文	洪亮吉、謝聘撰	畢沅敘
《朝邑志》11 卷	畢沅撰敘文	錢坫撰次、 金嘉琰、朱廷模纂修	畢沅敘

說明：

一、著作名稱後爲卷數。

二、參與編纂者以主編者爲主，超過三位者，僅列舉三位，後以等字表示。

三、成書時間以帝王年號表列，時間前的排序在前。月份乃陰曆，查無日、月者不列日、月，或以？表示。表格空間不大，故帝王年號乃簡用阿拉伯數字表示。

四、時間來源主要爲該書之書敘，如《關中金石記》採自書前之錢大昕敘；其次以史善長編纂之《弇山畢公年譜》爲據，他書資料見該欄。

五、畢沅之幕府幕賓表

	姓　名	字號	生卒	籍貫	在幕時間 起　　迄	幕中活動	來源及相關紀錄
01	徐堅	字孝先 號友竹	1713 1798	江蘇 吳縣	乾隆42乾 隆47～乾 隆49		〔清〕王昶撰：《湖海詩 傳・卷十九・十三》「先 至長安，在畢秋帆幕 府。」 〔清〕畢沅撰：《靈巖山 人詩集・卷三十・終南 仙館叢菊盛開邀多友 竹嶼友竹石亭獻之宴 集》 倪惠穎著：《畢沅幕府 與文學》，頁33～34。
02	程晉芳	字魚門 號蕺園	1718 1784	江蘇 江都	乾隆48～ 乾隆49	病逝於幕中	〔清〕趙懷玉撰：〈勉行 堂五經說序引〉，《勉行 堂文集》「迨癸卯冬入 都，先生則於一月已赴 畢尚書之約。」
03	孫泰溶	字學誠 號霞岑	1720 1785	江蘇 吳縣	乾隆50	興辦荒政	〔清〕李桓輯錄：《國朝 耆獻類徵初編・卷四三 八》
04	王宸	字子凝 號蓬心	1720 1797	江蘇 太倉	乾隆54 乾隆57～ 乾隆59	觀演楊潮觀 《吟風閣雜 劇》	〔清〕史善長撰：《秋樹 讀書樓遺集・卷十三》
05	江聲	字鯨濤 號艮庭	1721 1799	江蘇 元和	乾隆54左 右	校定《釋名疏 證》，書寫《篆 字釋名疏證》	〔清〕畢沅撰：《釋名疏 證・敘》
06	吳泰來	字企晉 號竹嶼	1722 1788	江蘇 長洲	乾隆46～ 乾隆53	主持關中書院 、大梁書院。 與洪亮吉、孫 星衍、錢坫有 文酒之會。	〔清〕呂培等撰：《洪北 江先生年譜》
07	王文治	字禹卿 號夢樓	1730 1802	江蘇 丹徒	乾隆54 乾隆57～ 乾隆58	觀演楊潮觀 《吟風閣雜 劇》。跋蘇東波 《種橘帖》	張慧劍編著：《明清江蘇 文人年表》

08	嚴長明	字多有 號用晦	1731 1787	江蘇 江寧	乾隆38～ 乾隆50	撰《西漢府志》 80卷、《漢中 府志》40卷	〔清〕孫星衍撰：《湖北 金石詩・序》
09	張塤	字商言 號瘦銅	1731 1789	江蘇 吳縣	乾隆43～ 乾隆44	主修《興平縣 志》、《扶風縣 志》，編纂《吉 金貞石錄》	〔清〕張塤撰《竹葉庵 文集・卷十五・渡渭集》
10	毛大瀛	字又萇 號海客	1736 1800	江蘇 寶山	乾隆53		〔清〕呂培等撰：《洪北 江先生年譜》
11	吳文溥	字博如 號澹川	1736 1800	浙江 嘉興	乾隆42～ 乾隆44 乾隆58～ 乾隆59	掌書記	〔清〕吳文溥撰：《南野 堂詩集・卷六》 〔清〕吳文溥撰：《南野 堂詩集・卷三》
12	桂馥	字多卉 號雪門	1736 ～ 1805	山東 曲阜	乾隆59～ 乾隆60	編校《靈巖山 人詩集》第三 十卷	〔清〕畢沅撰：《靈巖山 人詩集・卷三十》
13	莊炘	字似撰 號虛庵	1736 1818	江蘇 武進	乾隆40～ 乾隆46		〔清〕張紹南編；〔清〕 王德福續編：《孫淵如 先生年譜》
14	章學誠	字實齋 號少岩	1738 1802	浙江 會稽	乾隆52～ 乾隆53 乾隆55～ 乾隆59	編纂《續資治 通鑑》，編纂 《史籍考》，修 《湖北通 志》、《常州府 志》等。撰有 《文史通義》	胡適著；姚名達訂補： 《章實齋先生年譜》
15	錢伯坰	字魯斯	1738 1812	江蘇 陽湖	乾隆59		〔清〕史善長撰：《秋樹 讀書樓遺集・卷十三》
16	邵晉涵	字與桐 號二雲	1743 1796	浙江 餘姚	乾隆51～ 乾隆57	編纂《續資治 通鑑》	〔清〕黃雲眉編：《邵二 雲先生年譜》
17	黃易	字小松 號秋庵	1744 1802	浙江 仁和	乾隆59～ 乾隆60	編校《靈巖山 人詩集》第三 十一卷	〔清〕畢沅撰：《靈巖山 人詩集・卷三十一》
18	鄧石如	字頑伯 號完白 山人	1743 1805	安徽 懷寧	乾隆56～ 乾隆58	常詩酒唱和， 撰有和畢沅 《黃鶴樓 詩》，並爲畢沅 子書寫《說文 字原》一編	〔清〕周夢莊著：《鄧石 如年譜》

19	方正澍	字子雲	1743 ？	安徽 歙縣	乾隆 50～ 乾隆 58	撰有《河南新樂府》，記錄畢沅政績。助纂《史籍考》	〔清〕史善長撰：《秋樹讀書樓遺集・卷十三》〔清〕方正澍撰：《子雲詩集・卷五》
20	錢坫	字獻之 號十蘭	1744 1806	江蘇 嘉定	乾隆 39 乾隆 45～ 乾隆 52	常詩酒唱和，討論訓詁、輿地等學問，校訂古書。	〔清〕張紹南編；〔清〕王德福續編：《孫淵如先生年譜》
21	汪中	字容甫 號頌父	1745 1794	江蘇 揚州	乾隆 54～ 乾隆 55	替畢沅撰《黃鶴樓銘》、《呂氏春秋序》等	〔清〕汪喜孫編：《容甫先生年譜》
22	武億	字虛谷 號半石 山人	1745 1799	河南 偃師	乾隆 53	修《史籍考》	胡適著；姚名達訂補：《章實齋先生年譜》
23	梁玉繩	字曜北 號清白 士	1745 1819	浙江 錢塘	乾隆 53 左右	校刻《呂氏春秋序》	〔清〕梁玉繩撰：《清白士集・卷二十七・蛻稿・三》〔清〕梁玉繩撰：《清白士集・卷二十八・蛻稿・四》
24	洪亮吉	字君直 號北江	1746 1809	江蘇 陽湖	乾隆 46～ 乾隆 53	文酒之會。修《延安府志》、《淳化縣志》、《長武縣志》、《澄城縣志》、《固始縣志》、《登封縣志》、《懷慶縣志》。撰《漢魏音》、《東晉十六國疆域志》、《乾隆府廳州縣圖志》等	〔清〕呂培等撰：《洪北江先生年譜》
25	王復	字敦初	1747 1797	浙江 秀水	乾隆 48～ 乾隆 50	參理文檄，輔佐辦理河務	〔清〕王復撰《晚晴軒稿・卷六》
26	馮敏昌	字伯求 號魚山	1747 1806	廣東 欽州	乾隆 52	與錢泳等人遊處	〔清〕胡源；〔清〕褚逢春編：《梅溪先生年譜》
27	黃景仁	字仲則 號鹿菲 子	1749 1783	江蘇 武進	乾隆 46 秋～ 乾隆 47 夏	與洪亮吉、孫星衍等同遊關中名勝	〔清〕黃逸之著：《黃仲則年譜》

28	胡量	字眉峰	1750 1781	江蘇 長州			〔清〕包世臣撰：《藝舟 雙楫・胡眉峰詩序》
29	史善長	字誦芬 號赤崖	1750 1804	江蘇 吳江	乾隆 57～ 嘉慶 2		〔清〕史善長撰：《秋樹 讀書樓遺集・卷五至十 五》
30	胡虔	字雒君	1753 1804	安徽 桐城	乾隆 56	與章學誠同修 《湖北通志， 纂修《史籍考》	胡適著；姚名達訂補： 《章實齋先生年譜》
31	孫星衍	字淵如 號季逑	1753 1818	江蘇 陽湖	乾隆 45～ 乾隆 52	修《關中勝蹟 圖志》，校訂 《神農本草 經》、《孫子兵 法》等。參纂 《邠州志》、 《澄城縣志》 等。	〔清〕張紹南編；〔清〕 王德福續編：《孫淵如 先生年譜》
32	楊芳燦	字才叔 號蓉裳	1754 1816	江蘇 金匱	乾隆 51 秋 ～ 乾隆 52 春	與洪亮吉、錢 坫、吳泰來、 孫星衍等有文 酒之會	〔清〕楊芳燦編；〔清〕 余一鰲續編：《楊蓉裳 先生年譜》
33	吳照	字照南 號白庵	1755 1811	江西 南城	乾隆 58		〔清〕周夢莊著：《鄧石 如年譜》
34	凌廷堪	字次仲	1757 1809	安徽 歙縣	乾隆 52～ 乾隆 53	與洪亮吉、吳 泰來、方正澍 等遊處	〔清〕張其錦編：《凌次 仲先生年譜》
35	徐鑅慶	字朗齋	1758 1802	江蘇 金匱	乾隆 47～ 嘉慶 2	參與鎮壓白蓮 教起義活動	〔清〕胡源；〔清〕褚逢 春編：《梅溪先生年譜》 張慧劍編著：《明清江 蘇文人年表》
36	錢泳	字立群 號梅溪	1759 1844	江蘇 金匱	乾隆 52～ 乾隆 54	為畢沅校勘 《關中金石 記》，鐫刻《經 訓堂法帖》	〔清〕胡源；〔清〕褚逢 春編：《梅溪先生年譜》
37	萬承紀	字廉山	1766 1826	江西 南昌		籌防苗民反抗	〔清〕郭麐撰：《靈芬館 雜著三編・卷二・萬廉 山墓志銘》
38	臧庸	字在東	1767 1811	江蘇 武進	乾隆 59～ 嘉慶元	教讀。與阮元 相交。	吉川幸次郎編著：《臧 在東先生年譜》
39	凌霄	字芝泉	1772 1829	江蘇 江寧	乾隆 57～		〔清〕諸可寶撰：《疇人 傳三編・卷一》

40	馬宗璉	字器之	？ 1802	安徽 桐城		佐修《史籍考》	〔清〕徐世昌纂；周駿富編：《清儒學案小傳・卷二十・魯陳學案・馬先生宗璉》
41	張復純	字止原	不詳	江蘇 江寧	乾隆 47	與畢沅等人詩歌唱和	〔清〕畢沅編：《樂遊聯唱集》
42	吳紹昱	字德甫	不詳	江蘇 長洲	乾隆 47	與畢沅等人詩歌唱和	〔清〕畢沅編：《樂遊聯唱集》
43	朱燗	字秋巖	不詳	浙江 嘉興	乾隆 47～ 乾隆 53	與畢沅等人詩歌唱和	〔清〕畢沅編：《樂遊聯唱集》
44	嚴觀	字子進	不詳	江蘇 江寧	乾隆 50～ 嘉慶 2	訪搜金石，撰《湖北金石詩》。佐修《史籍考》	〔清〕孫星衍撰：《湖北金石詩・序》
45	張舟		不詳		乾隆 55 左右	與嚴觀、方正澍、章學誠等替畢沅纂修《史籍考》	〔清〕王昶撰：《春融堂集・使楚叢談》
46	畢考祥	字旋之	不詳	江蘇 儀征			〔清〕李斗撰：《揚州畫舫錄・卷十五》
47	董椿	字耕雲	不詳			撰刻《關中勝蹟圖志》	〔清〕錢泳著：《履園叢話・卷十一》
48	馬崗千		不詳	陝西 乾州		撰刻《關中勝蹟圖志》。替畢沅畫《行樂圖》二十四幅	〔清〕錢泳著：《履園叢話・卷十一》：「適畢秋帆先生為陝西巡撫，撰刻《關中勝跡圖志》，延崗千入署繪圖。……為畢公作《行樂圖》二十四幅，無不稱賞焉。」
49	黃震	字振宇 號竹廬	不詳	江西 鎮洋	乾隆 53 左右		〔清〕錢泳著：《履園叢話・卷十一》：「與余同寓畢秋帆尚書家。」
50	孫雲桂		不詳		乾隆 58		〔清〕史善長撰：《秋樹讀書樓遺集・卷十三》
51	張郝元	字吾山	不詳	江蘇 吳縣	同上		〔清〕史善長撰：《秋樹讀書樓遺集・卷十三》
52	張琦	字映山	不詳	江蘇 無錫		向方正澍、洪亮吉、孫星衍學寫詩	〔清〕王豫編：《江蘇詩徵・卷六十》

53	楊緝	字永叔 號蘊山	不詳	江蘇 江都		佐理奏章、文牘等	錢仲聯主編：《清詩紀事》第2冊（乾隆朝卷）
54	汪端光	字劍潭	不詳		乾隆51		〔清〕方正澍撰：《子雲詩集·卷六·同人于相國寺演劇錢王藕夫東歸》
55	畢□□	字撫五	不詳		乾隆51		同上
56	畢□□	字花江	不詳		乾隆51		同上
57	胡□□	字孌齋	不詳		乾隆51		同上
58	沈□□	字春林	不詳		乾隆51		同上
59	畢□□	字靜山	不詳		乾隆51		同上
60	杜昌意	字載茲	不詳	江蘇 婁縣			〔清〕宋如林修；〔清〕孫星衍、〔清〕莫晉纂：《松江府志·卷六十·古今人傳十二·四十二》：「遂與訂交在畢中丞沅署。」

說明：

一、本表據尚小明著《學人游幕與清代學術》、《清代士人游幕表》與楊家駱編《歷代人物年里通譜》及相關文獻編纂而成。

二、下表〈畢沅之幕府幕賓年代順序表〉，乃據此〈畢沅之幕府幕賓表〉重新依年代排序，編纂而成。

六、畢沅之幕府幕賓年代順序表

乾隆38年～乾隆50年 1773～1785													乾隆50年春～乾隆53年夏 1785～1788				乾隆53年秋～嘉慶2年秋 1788～1797									
一、陝西													二、河南				三、湖北									
乾隆38	乾隆39	乾隆40	乾隆41	乾隆42	乾隆43	乾隆44	乾隆45	乾隆46	乾隆47	乾隆48	乾隆49	乾隆50	乾隆50	乾隆51	乾隆52	乾隆53	乾隆53	乾隆54	乾隆55	乾隆56	乾隆57	乾隆58	乾隆59	乾隆60	嘉慶元年	嘉慶2年
			徐堅							徐堅																
										程晉芳																
											孫泰溶															
																		王宸					王宸			
																		江聲								
											吳泰來															
																		王文治					王文治			
						嚴長明																				
					張塤																					
															毛大瀛											
					吳文溥																		吳文溥			
																								桂馥		
					莊炘																					
																	章學誠			章學誠						
																								錢伯坰		
																邵晉涵										
																								黃易		
																						鄧石如				
																方正澍										
	錢坫									錢坫																
																			汪中							
														武億												
															梁玉繩											
													洪亮吉													
													王復													
															馮敏昌											
								黃景仁																		
												胡量（不明）														

								史善長
							胡虔	
			孫星衍					
				楊芳燦				
							吳照	
					凌廷堪			
						徐鑅慶		
					錢泳			
			萬承紀（不明）					
								臧庸
							凌霄	
			馬宗璉（不明）					
	張復純 吳紹昱							
				朱㠗				
					嚴觀			
		畢考祥（不明）						
		董椿（不明）						
		馬崗千（不明）						
				黃震				
							孫雲桂 張郁元	
		張琦（不明）						
		楊繼（不明）						
				汪端光				
				畢□□				
				畢□□				
				胡□□				
				沈□□□				
				畢□□				
		杜昌意（不明）						

七、畢沅之著作書影

（一）《關中勝蹟圖志》（四庫全書本）

欽定四庫全書

關中勝蹟圖志卷一

地理

陝西巡撫臣畢沅撰

陝西省禹貢黑水西河惟雍州孔安國傳西距黑水東
西故曰西河　謹按今陝西地惟漢中
府與安州商州為古梁州域餘皆屬雍一統志周為王
畿東邊後屬秦其東境分屬晉戰國時秦都咸陽其東
北境屬魏南境屬楚秦始皇并天下以京師為內史兼
置上郡漢中等郡漢元年項羽以漢中為漢國分秦地
為雍塞翟三國高帝都長安初置渭南河上中地郡九
年復為內史景帝分置左右內史武帝改內史置京兆
尹左馮翊右扶風是為三輔置司隸校尉統之又以上
郡朔方　元朔二西河　元朔四等郡屬并州漢中郡屬益
　　　年置　　　年置
州後漢光武遷都雒陽以三輔屬司隸諸郡分屬并
州如故建安十八年罷司隸置雍州三國屬并益
州其漢中郡屬漢後屬魏分置梁州晉仍曰雍梁二州

（二）《西安府志》（乾隆四十四年刊本）

學校官師知其興德造而重循良於忠貞節烈知其
闔國潛而維風教則是志也固一郡之獻徵即謂太
守之治譜可也昔京兆尹之盛無過兩漢今觀所載
如張敞翟方進雋不疑顏斐諸人皆起家經術不徒
以支法見長厥後咸至大官今當計吏之年余以太
守才猷卓著書上考列薦於

榮施兼使列郡諸守亦知所以自効也

守有民二千石能以文學秫吏治不特長吏奠有

恩嘉勞行將藍英騰茂允升于大猷矣為述其末用示

觀後蒙

朝肆

賜進士及第兵部侍郎兼都察院右副都御史巡撫陝
西安等處地方贊理軍務兼理糧餉署陝甘總督
兼管甘肅巡撫事軍功加七級鑌洋畢沅撰

乾隆已亥秋七月朔

（三）《關中金石記》（經訓堂叢書本）

關中金石記卷弟一

鎮洋畢沅撰

秦

嶧山碑

李斯篆在西安府學

泰刻不傳此即宋徐鉉所摹淳化四年太常博士鄭文寶所刻末有文寶跋史記稱始皇廿八年東行郡縣上鄒嶧山立石即此釋記作嶧金石凅明白矣作刻石凅明白矣中動作勤從童與嬖壽碑固不勤心字同又校官碑董並街彈碑以府承董察古文尚書童之用威董皆作童桓弓鄰重汪踦汪重當為童張公神碑僊即僊童重作童本通也戒作戎從十古文甲字戎早等字因之彼作彼说文解字曰彼行水也從支八水省泰刻石作汝今此作彼蓋用水省之意

（四）《傳經表》（光緒30年孫谿槐廬家塾本）

傳經表序

鎮洋畢沅撰

六經權輿於孔子六經之師亦權輿於孔子易孔子十五傳至劉軼仍書家學二十一傳至孔昱詩魯十五傳至許晏毛十六傳至賈逵春秋左氏十九傳至馬嚴公羊十三傳至孫寶穀梁十一傳至侯霸他若今文尚書伏勝十七傳至張就禮高堂生六傳至慶上自春秋迄於嬰六傳至張就禮高堂生六傳至慶上自春秋迄於授徒者編牒不下萬人多者至著錄萬六千人少者亦三國六百年中父以傳子師以授弟其著錄數百人盛矣降自典午則無聞焉豈非孔氏之學專門

授受逮孫炎王肅以後始敬絕乎暇日采綴羣書第其本末校正譌漏作傳經表一卷其師承無可考者復以通經表一卷綴之而通二經以上至十數經者咸附錄焉較明朱睦㮮授經圖國朝朱彝尊經義考師承所錄詳實倍之蓋周秦漢魏經學授受之原至此乃備也乾隆四十六年歲在辛丑八月望日序

（五）《通經表》（光緒 30 年孫谿槐廬家塾本）

通經表 附

經	家	傳人
易	孟氏	梁竦 字叔敬烏氏人；䲲陽鴻 字孟孫中山人按鴻亦治大夏侯；洼丹 字子玉南陽人；方儲 字聖公歙人姓譜；方儔 儲兄同上；方儀 儲弟同上
書	歐陽	宋登 字叔陽長安人；景君 任城人金石錄傳祖父河南尹父步兵校尉業；鄭固 字伯堅集古錄；熊奇 同上漢碑；閭邱龔 字叔謙成陽人隸釋；王政 字季輔隸續；陳宣 字彥表汝南人丹浦款言
詩	魯	韋孟 魯國鄒人；劉辟彊 字少卿楚元王交孫；魯恭 字仲康平陵人；陳宣 字子典沛人；魯峻 字仲嚴山陽人；武榮 字含和隸釋；蔡朗 字仲明陳留圉縣人漢琅邪
春秋		柏公 魯人；劉公子；馮異 字公孫父城人；王龔 字伯宗高平人；李封；服虔 字子慎滎陽人
禮	儀禮	侍其生

（六）《山海經新校正》（經訓堂叢書本）

山海經第一

晉 記 室 參 軍 郭 璞 傳

兵部侍郎兼都察院右副都御史巡撫陝西等處地方贊理軍務兼理糧餉 鎮洋畢沅新校正

侍中奉車都尉光祿大夫臣秀領校祕書言校祕書太常屬臣望所校山海經凡三十二篇今定爲一十八篇已定山海經者出於唐虞之際昔洪水洋溢漫衍中國民人失據崎嶇於邱陵巢於樹木鯀既無功而帝堯使禹繼之禹乘四載隨山刊木定高山大川益與伯夷主驅禽獸命山川類草木別水土四岳佐之以周四方逮人跡之所希至及舟輿之所罕到內別五方之山外分八方之海紀其珍寶奇物異方之所生水土草木禽獸昆蟲麟鳳之所止禎祥之所隱及四海之外絕域之國殊類之人禹別九州任土作貢而益等類物善惡著山海經皆聖賢之遺事古文之著明者也其事質明有信孝武皇帝時常有獻異鳥者食之百物所不肎食東方朔見之言其鳥名又言其所當食如朔言問朔何以知之卽山海經所出也孝宣帝時擊磻石於上郡陷得石室其中有反縛盜械人時臣秀父向爲諫議大夫言此貳負之臣也詔問何以知之亦以山海經對其文曰貳負殺窫窳帝乃梏之疏屬之山桎其右足反縛兩手上大驚朝士由是多奇山海經者文學大儒皆讀學以爲奇可以考禎祥變怪之物見遠國異人之謠俗故易曰言天下之至賾而不可亂也博物之君子其可不

（七）《老子道德經考異》（經訓堂叢書本）

老子道德經攷異序

太史公作史記為老子立傳云老子姓李名耳字伯陽諡
曰聃為周守藏室史西出關為關令尹喜著書上下篇而
去莫知其所終又云或曰周太史儋即老子或曰非也世
莫知其然否沉案古聃儋字通說文解字有聃字云耳曼
也又有聸字云垂耳也南方聸耳之國大荒北經呂覽聸
耳字並作儋者老聃也盖三字聲義相同故通借
用之鄭康成云老聃古壽考者之號斯為通論矣老子與
老萊子是二人老子苦縣人老萊子楚人史記老萊子著
書十五篇藝文志作十六篇亦為道家之言且與孔子同
時故或與老子混而莫辨沉又案古有萊氏故左傳有萊
駒老萊應是萊古而稱老如列禦寇師老商氏以商氏
而稱老義同常時人能久生不死皆以老推之矣亦無異
說為莊子云孔子西藏書于周室往見老聃又云孔子南
之沛見老聃又云陽子居南之沛往見老聃西游于秦遇
至于梁而遇老子是孔子問禮之老聃即苦道西游之老
子不得以其或在沛或在周而疑之漢時以黃老為道家
言故藝文志道家中有黃帝四經等篇列子以谷神不死
是謂元牝為黃帝書而莊子有焱氏頌有聽之不聞其聲
視之不見其形云云正與莊子之不見名曰夷聽之不聞名

（八）《晉書地理志新補正》（經訓堂叢書本）

晉書地理志新補正卷一并序

晉書地理志二卷桼新喻吳卓信撰

今核其書大要以晉武帝太始太康中為定自惠帝時已
略焉至東晉則尤略蓋府初諸儒于地理之學非所研究
故顏師古注後漢書以京兆南陵為今宇固府南陵縣之
懷太子注漢書以九江當塗為今太平府當塗縣案之
樂史太平寰宇記漢南陵縣故城在蕪湖縣西一百二十
里白鹿原上當塗縣故城在蕪湖縣西南二十里
緣至江左二人蓋誤以東晉僑縣為漢舊縣也此類尚
非可詳矣大晉世冊籍可據者如太康地志元康定戶

世起居注等見丁沉約宋書撰晉書者王隱虞預臧榮緒
謝靈運干寶諸家其王隱晉書地道記及不著姓氏晉書
地理志與晉地記見于酈道元水經注類者採廣博十
倍今書他如郡國縣道記聖賢冢墓地記黃義仲顗皆有
十三州記以逮杜預京相璠之注經徐廣之注史記所引
世州郡以證古名多可採擇姑即一二言之沉約稱晉起
居注太康四年立南郡監利縣酈道元稱晉書罷
華容縣貿江安縣以華容之南郡為南郡太康元年改為
南平郡若以太康之前為撤則南郡不宜有華容也而
居注之後為撤則南郡又不宜有監利也今志則併二縣
載秦史稱王隱晉書云魏末克蜀分廣漢巴涪陵以北為

（九）《說文解字舊音》（經訓堂叢書本）

說文解字舊音敘

人漢書稱周澤為太尉議曹祭酒所謂比三百石者是歟
玉海曰後漢太尉六十四人許君自言其書成于永元困
頓之年為和帝永元十有二年是時則張酺為太尉也冲
又云先帝詔作中騎都尉賈逵修理舊文騣本從遠受古
學造本傅遠以章帝建初元年承詔入講北宮白虎南宮
雲臺本紀載其事于四年合儒林傳敘云建初四年
者皆文也形聲相益者皆字也故云文定字以定聲其本字言孳
乳而生其例有云從某某聲從某省聲從某省聲亦
聲又云讀若某其時如鄭衆鄭六杜子春及康成之徒注
諸經禮高誘注呂不韋淮南王等書皆然自反音
而讀

唐以前傳注家多稱說文解字音者以實致證以為之敚曰
隱疑即是也因魹銇之凶讀
漢許君慎作說文解字十四卷成其子召陵萬歲里公乘
酒愼夜後漢書許君祭酒者缺也漢舊儀曰丞相設四科
長率千家不及太尉祭酒比四百石餘稼比三百石然則南醫
之僻弟一科曰德行高妙志節清白補西曹南閣祭
曰太尉東西曹椽秩也百官志曰太尉椽史圖二十四

（十）《夏小正考注》（經訓堂叢書本）

夏小正攷注敘

大戴記八十一篇今止四十篇其篇自三十九始無四十
三四五及六十一四篇有兩七十三或云兩七十四小正
蓋其弟四十七篇也案漢書藝文志七十子後學者所記
禮百三十一篇別無大小戴之目今所計小戴有四十九
篇大戴有八十一篇合之正得百三十篇之數較藝文志
所說止少一篇而此二書卽後學者所記歟唐大衍歷日
度議曰小正雖觚踈失傳有正月啟蟄則見初昏參中斗杓
列觀象授時諸事有正月昂則見初昏南門正五月參則見
在下三月參則伏四月昂則見初昏南門正五月參則見

初昏大火中六月初昏斗杓正在上七月漢案戶初昏織
女正東鄉科構縣在下則旦八月辰則旦九月
內火辰繫于日十月初昏南門見織女正北鄉則旦云云
又尚書堯典日中星鳥日永星火宵中星虛日短星昴之
旨合稽之明堂月令則三月日在胃參不必伏五月昏元
中非大火中八月日在角辰亦未伏有所不同以來何承
天隤袁克之說攷之知堯時冬至日度有所自奄三
統揚雄太元也然則其閒實際十度有奇又大衍推小正
者牽牛中星也然則其閒實際十度到欱三
三月日在昴五月日在鬼天行遲速今古不能相同後世
歲差之論常有所自奄三統記十二次諏訾立春節驚蟄

（十一）《經典文字辨證書》（經訓堂叢書本）

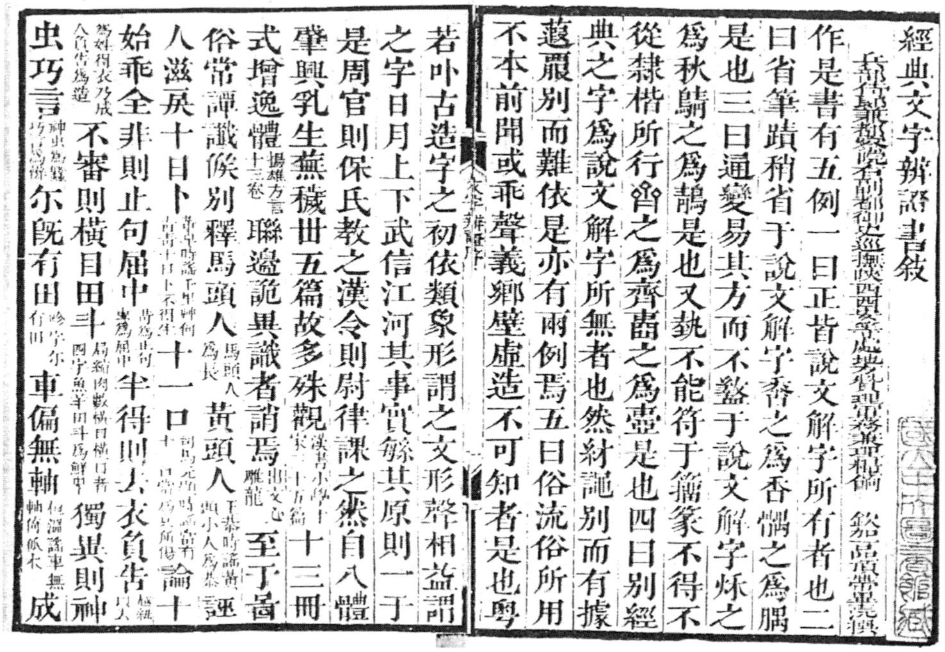

經典文字辨證書敘

兵部侍郎兼都察院右副都御史巡撫陝西等處地方贊理軍務兼理糧餉　欽賜一品頂帶畢沅撰

作是書有五例一曰正皆說文解字所有者也二曰省筆跡稍省于說文解字昚之爲昚㒗之爲腢是也三曰通變易其方而不盭于說文解字烋之爲秋鶖之爲鶬是也又埶不能符于籀篆不得不從隸楷所行𠫤之爲齊𠷎之爲壺是也四曰別經典之字爲說文解字所無者也然紨譌別而有據遞嬗別而難依是亦有兩例焉五曰俗流俗所用不本前聞或乖聲義鄉壁虛造不可知者是也粵若卟古造字之初依類象形謂之文形聲相益謂之字日月上下武信江河其事實緐其原則一于是周官則保氏教之漢令則尉律課之然自八體肇興孳乳生蕪稱卌五篇故多殊觀（漢書小學十家四十五篇）十三冊式增逸體（揚雄方言十三卷）聯邊詭異識者誚焉（出文心雕龍）至于啚俗常譚識倏別釋馬頭人（馬頭人爲長）黃頭人（下恭時論黃頭小人爲恭）誣八滋戾十日卜十一口論十始乖全非則止句屈中半得則大衣負告不審則橫目田斗獨異則神虫巧言尔既有田車偏無軸成

（十二）《墨子》（經訓堂叢書本）

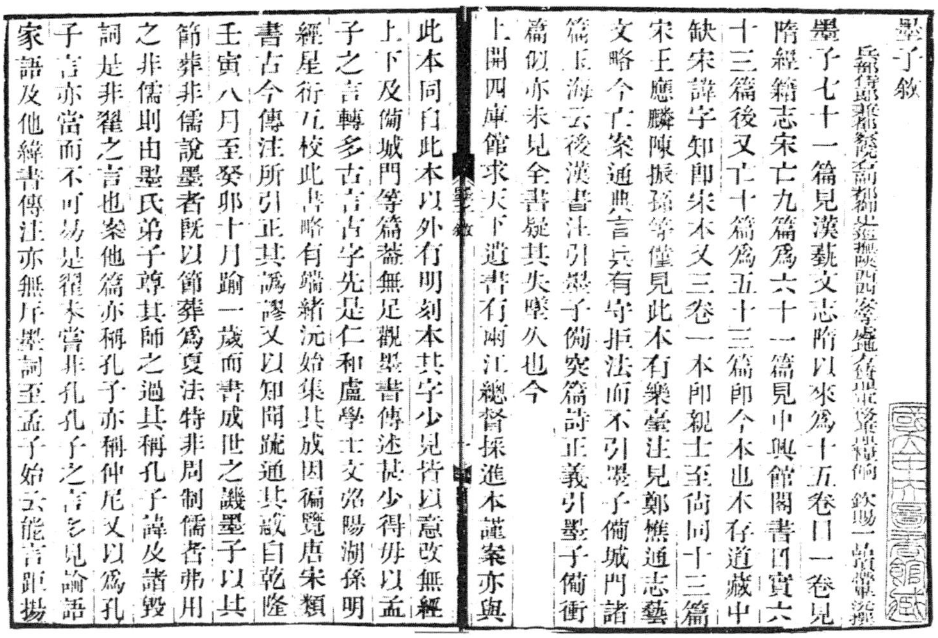

墨子敘

兵部侍郎兼都察院右副都御史巡撫陝西等處地方贊理軍務兼理糧餉　欽賜一品頂帶畢沅撰

墨子七十一篇見漢藝文志隋以來爲十五卷目一卷見隋經籍志宋亡九篇爲六十一篇見中興館閣書目實六十三篇後又亡十篇爲五十三篇即今本也本存道藏中缺宋諱字知即宋本又三卷一本即親士至尚同十三篇宋王應麟陳振孫等僅見此本有樂臺注見鄭樵通志藝文略今亡案通典言兵有守拒法而不引墨子備城門諸篇王海云後漢書注引墨子備突篇詩正義引墨子備衝篇似亦未見全書疑其失墜久也今上開四庫館求天下遺書有兩江總督採進本謹案亦與此本同自此本以外有明刻本其字少見皆以意改無經上下及備城門等篇益無足觀墨書傳述甚少得弟以孟子之言轉多古言古字先是仁和盧學士文弨陽湖孫明經星衍互校此書略有端緒沅始集其成因徧覽唐宋類書古今傳注所引正其譌謬又以知聞疏通其惑自乾隆壬寅八月至癸卯十月踰一歲而書成世之譏墨子以其節葬非儒說墨者既以節葬爲夏法特非周制儒者弗用之非儒則由墨氏弟子尊其師之過其稱孔子諱及諸毀詞是非翟之言也案他篇亦稱孔子亦稱仲尼又以爲孔子言亦當而不可易是翟未嘗非孔孔子之言多見論語家語及他緯書傳注亦無斥墨詞至孟子始云能言距楊

（十三）《音同義異辨》（經訓堂叢書本）

音同義異辨敘

既作辨正書每念經典之文多通假借之道非必
古人字少以一字而兼數義之用皆緣隸寫轉譌
避繁就簡文而趨便易所成說文解字所有其音同
義異者據形著訓雜而不逞分觀並舉式鏡攷資
因另爲一編附于辨正之後庶不僭邵陵之惜云
畢沅識

音同義異辨卷一

卟奏　通用奏

卩節　通用節

菦芹　通用芹

莌竹　通用竹

藍藍　通用藍

海　通用芳

薄　

蔣藺　通作蒯

（十四）《三輔黃圖》（經訓堂叢書本）

重刻三輔黃圖序

于後以乾隆四十有九年六月刻成是爲序

三輔黃圖序目

（十五）《王隱晉書地道記》（經訓堂叢書本）

王隱晉書地道記

吳郡錢唐縣餘杭縣志餘姚縣孫理錯　欽賜　輯

司州河內郡

尸鄉故殷湯所都者也亦曰湯亭田橫死於是亭故改曰
尸鄉注暘渠水下

右河南

王城去雒城四十里國志注穎淢書郡

廟在縣西南有酈亭(山)

右河南

訾在縣之東(補一)劉昭注

坎堒聚在縣南上坎堒聚在鞏西康地記晉書地道記

右鞏

濟自大伾入河與河水門洨爲滎澤濟水下濟自大伾
入河與河水門大伾在成皋古成皋兼包華縣之界溢出

爲滎水太平御部

右成皋

賴水出陽城山(補二)劉昭注

右陽城

鈞臺去洛陽二百八十六里屬河南(補二)劉昭注太平寰

錫臺下有坡俗謂之釣臺坡宇記七

右陽翟

榮陽郡

（十六）《晉太康三年地記》（經訓堂叢書本）

所徵引始覽寥寥則是書已不顯也宋初修太平御覽尚
述是書故樂史寰宇記亦間引之厥後闕如蓋亦亡失可知
矣余年來官事之暇好揍討地理之書以爲有益于實事
實學兹以舊所搜集者各分爲卷付之剞劂其元康地志
及不著姓氏晉書地理志數條亦附錄焉庶嗜古
者有所采云耳時乾隆四十九年歲在甲辰八月十五日

晉太康三年地記

吳郡錢唐縣餘杭縣志餘姚縣孫理錯　欽賜　輯

司州河南郡

河南郡有東垣縣沈約宋書

右郡垣縣故城州郡志注地理志無東

尸鄉故殷湯所都者也亦曰湯亭田橫死于是亭故改曰
尸鄉晉太康地記水經注陽渠水下

右雒陽省晉志匯圈師晉人雒陽故列此

坎欿聚在鞏西洛水下水經注陽渠水下

右鞏

河南郡有河陰縣宋書郡組

（十七）《中州金石記》（經訓堂叢書本）

中州金石記卷一

漢

嵩山太室神道石闕銘

元初五年四月立隸書在登封中嶽廟南
東闕無文字西闕額陽文云中嶽泰室陽城
□□□□九字三
行後畫一人三獸形下屬有字三十餘行似隸可辨者
惟延光四年字孔子大聖字太守字額平字及未數字多用
兮字嘗是銘文餘皆剝蝕後多畫人獸形下復畫一魚形此
文礷炎帝峻岑未戴闕南面文云□□□□□惟中□崇高
神君家减蒙□□□□休□取純春生圓圍□寸起雲閒施原
作源深□□□□宣竝天四海莫不蒙恩聖朝肅敬衆庶所尊

誠奉祀圜圍盡勤以□功德刻石絶文垂彝□異四
以傳後賢元初五年四月陽城□長左馮翊萬年呂營
始造作此石闕時□潁川太守京兆杜陵朱□
□□□□□□□監□府
□□□□君李半　丞河東臨
□□□君　少共廿七行自京兆杜陵朱已下
□佐石副□崇高亭長蘇重臨監之陽□千陵亭陽陵格
王功副□鄉王支□潘□□之共
陽□□□□□

者□□半
尤摩减不可辨今據打本及王潮竹雲題跋約略釋之其字
以墨圖別之是也其不載開毋闕則以其篆也洪适本不取篆書
武議之是也其不載開毋闕則以其篆也洪适本不取篆書

（十八）《長安志》（經訓堂叢書本）

新校正長安志序

秋帆先生撫陝陝故長安也授得宋敏求長安志二十卷
校正刻之附以圖三卷問序於予予向求此書未獲今始
一讀焉既卒業作而歎曰美哉先生才之大而思之深超
出乎流俗絶遠也周禮天官司會掌國之官府郊野縣都
之百物凡在書契版圖者之職周知九州地域廣輪之
入出天下土地之圖周知九州地域廣輪之數□□山林
川澤正陵墳衍原隰之名物土訓掌道地圖以詔地事誦
訓掌道方志以詔觀事夏官職方氏掌天下之圖以掌天
下之地然則欲知輿地必藉圖周志周公已言之章章明矣

長安志圖卷上

河濱漁者編類圖說　　前進士類陽張敏同校正

（十九）《晏子春秋》（經訓堂叢書本）

晏子春秋序

賜進士及第翰林編修孫星衍撰

晏子八篇見藝文志後人以篇爲卷又合雜上下二篇爲一則
爲七卷見七畧史記正義七畧云晏子春秋七篇在儒家及隋唐志宋時析爲十四
卷玉海四作見崇文總目寶是劉向校本非必其書與周
秦漢人所處不同者問下莫三人而送韓非作桓公問上景公諫上景公遊於麥邱
韓詩外傳新序俱作桓公問下柏公問上景公諫上景公遊於麥邱
語作問於孔子此如春秋三傳傳聞異辭名是僞書必採錄諸
家何得有異唐宋已來傳注家多引晏子問上云內則賈重寒於則
注作擊犀而馳聲非作煩且諫下接一搏貊而再搏猛虎問上仲尼居處愉佗意林作匦巷謌君
上天之降殃困於富彊爲善不用出政不行太平御覽作當善
子所居箋訓居爲極諫上景作誠以箴惧入非制則當以箴惧
傳注何得有異且晏子文與經史不同者數事詩載鷟載駟君
爲善此撰富字爲當

此撰富字爲當又誤讀其句

魯昭二十六年者益緣陳氏有施之事追憶災眚及之耳此事
以古而無死據與我和之言在魯昭二十年其齊有彗星降則
子遊於公皁之上一日而三不聽我是爲一時之事在魯與夫
四面塞聽彗星云夫子一日而三責我昔者呂與夫
之義爲長諫上景入於極諫於公皁言古而無死及振與我曰彗
作擊犀而馳聲非作煩且諫下接一搏貊而再搏乳虎後漢書
僑謂奴利一作出則賈寒熱入則比周雜下繁組竊之文選注

晏子春秋序

（二十）《呂氏春秋》（經訓堂叢書本）

呂氏春秋新校正序

欽差兵部郎中都察院御史總理湖南等處地方軍務兼理糧餉加三級軍功三級阮元撰

漢書藝文志雜家呂氏春秋二十六卷秦相呂不韋輯智
畧士作原夫六經以後九流競與雖醇醨有閒原其意悃
要皆有爲而作降如虞卿諸儒競世名又一人不
有不韋巳之故爲其著一書專觀世者自出者十倘四五
卽如今道藏中文子十二篇以成文者類皆采時賓客所
後數二百年其采用諸書能詳所自出者十倘四五
爲兩淮南王又不暇深攷與不韋書枉秦火以前故其采

能名一家者實始于不韋而淮南內外篇又一人不

綴原書類凡不能悉尋其所本今觀其至昧一篇皆述伊
尹之言而漢儒如許愼應劭等開引其文一則直稱伊尹
曰一則又稱伊尹書今考藝文志道家伊尹五十一篇不
韋所本當在是矣又上農任地辨土等篇述后稷之言與
孔倉子所載略同則亦周秦以前農家者流相傳爲后稷
書沈博絕麗彙儒墨之旨合名法之源古今帝王天地名
物之故後人所以採索而麗盡與隋書經籍志雜部呂氏
春秋二十六卷高誘注誘序自言當爲孟子章句及孝經
解等今巳不見世所傳誘序自言當爲孟子章句及孝經
南王書注最爲可信誘注二書亦閒有不同有始覽篇大

（廿一）《釋名疏證》（經訓堂叢書本）

釋名疏證序

劉熙釋名其自序云二十七篇案後漢書文苑傳劉珍字
秋孫一名寶撰釋名三十篇以辯萬物之稱號而韋曜顏
之推等皆云劉熙製釋名或作熹案三國吳志曜傳曜
在獄中上辭有云見劉熙所作釋名信多佳者然物類眾
多難得詳究故時有得失而爵位之事又有非是云云玩
曜之語則熙之書昊未乃始流布是熙之去曜年代必當
不遠一也舊本題安南太守劉熙撰近時校者以二漢無
安南郡或云當作南安今考劉昭注續漢書稱三秦記曰
中平五年分漢陽置南安郡元和郡縣志亦云漢靈帝立

是郡置已在漢末二也此書釋州國篇有司州案魏志及
晉書地理志魏以漢司隸所部河南河東河內宏農弘
州之平陽合五郡置司州是建安以前無司州之名三也
又云西海郡海在其西據劉昭注則西海郡亦獻帝建安
末立其時去魏受禪不遠四也釋天等篇於光武宗之
諱均不甚避疑此書兆于劉熙踵成于熙至韋曜又補
人無疑又自序云二十七篇而文苑劉珍傳云三十篇
目亦不甚遠五也其書參校方俗考合古今晰名物之殊辨典
官職之缺也其詳遠成于熙以後之
禮之異洵為爾雅說文諸書異者爾雅曰齊州而此云
亦時有與爾雅說文分觀其所釋

（廿二）《篆字釋名疏證》（經訓堂叢書本）

釋名疏證敍

十篇也案志八卷劉熙撰見隋唐藝文大題禮記十三義下
同皆題劉文六卷劉珍與三國吳志韋昭傳云劉熙釋名
本所題相傳此文可證律禮藝書劉珍釋名二十七篇見此篇本三
博物志云禮士劉熙字成國不知何本或釋名古
韓敕碑云禮士劉熙字成國孫書鐘解題篆籀志各不
中平五年分置南安郡賦字南安郡姓引篆李石傳
鄴劉熙傳文篆三義律禮南安郡姓漢陽郡姓記曰
或云漢靈帝三義釋名八義劉熙纂文大蘇禮記

釋名一義案吳志韋昭傳言集韻釋名政論
大誼文辭綜釋言緯隆賓州孫吳志經
史計吳志國十五十二卷而韋昭下獄時卷云十敗
少壯聲音而德卷宏諱家訓云楊雄讀方言及名物同異不
略釋名信多佳者然物類異難詳究得見因他
釋名繇所能審美藝業言可弗計史愛自憲業他
光多聲音而律呂言敦性也埤蒼也兒說史禮記
當仁卷入也諱卷宜也留名名聲音相經說訓釋名一秦皇
取此意故顏业甚難家訓云楊雄箸方言及名物同異不
顧聲讀业是非緟鄭蕭疏六經高誘解呂覽淮南敍

（廿三）《經訓堂法帖》

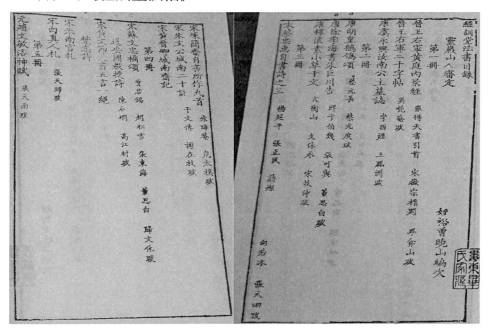

（廿四）《靈巖山人詩集》（清嘉慶四年畢氏經訓堂刻本）

靈巖山人詩集卷一

鎮洋畢沅秋帆纂輯

硯山怡雲集

閼逢困敦

琴操三章

月明霜林小山碧陰無有萬籟曠然遠尋抱琴獨往閟音
沖襟非求絃聲思是德惜君子有行以微其金有感有觸
以和其心
以和其心以藉其性以藏著生各正性命匹夫儵為堯舜
猶病匪事易能厭理可證空山無人杳非塵境八荒橫陳
萬古豎亙

吾見其人
熙春遠山迢迢流水粼粼樂水樂山曰惟知仁吾聆其聲

題靈巖山館壁

梧宮故苑硯石名山石城嶼嶼水游游我有板屋十間
五間竹簾不捲木榻常開梅花壓砌古苦斕斑白雲數片
無心往還一琴一拂不隱不宜長卿慢世參軍閉閭

古劍篇

寶虹洩靈秘邐削太乙使天陰嘯匣中冷光透千里霜飛
鬼魅愁月蝕蛟龍死壯士一寸心洸洸照秋水

玉階怨

（廿五）《秦漢瓦當圖》（清光緒10年刊本）

當不蒙覆韻之議也夫
乾隆辛亥吉月既望
纏衡畢沅偶書

六國既滅，咸寫秦宮室，于渭仿蔣肴，濱衞間楚，見同珤

（廿六）《續資治通鑑》（清嘉慶六年馮集梧等遞刻影本）

鎮洋故尚書畢秋帆先生著續資治通鑑蓋自司馬溫
公作資治通鑑而明王氏宗沐薛氏應旂各有續通鑑
之書
國朝徐氏乾學復有通鑑後編卽王氏薛氏本而增損
之今原稿雖存亦不無凌亂闕佚兹書以宋遼金元四
朝正史爲經而參以續資治通鑑長編契丹國志等書
以及各家說部文集約百十餘種仿通鑑之例著
有攷異并依胡氏三省分注各正文下事必詳明語歸
體要經營三十餘年延致一時軼才達學之士參訂成
稿復經餘姚邵二雲學士核定體例付刻又經嘉定錢
竹汀詹事延加校閱然刻未及半僅百三卷止集梧于
去歲覓得原稿全部及不全板片惜其未底于成遞爲
補刻百十七卷而二百二十卷之書居然完好綠係畢
氏定本故稍爲整理不復再加攷訂其繕譯人地官名
亦依原書遵四庫館書通行條例改定攷司馬氏資治
通鑑係神宗賜名李燾亦云臣此書詎可便謂續資治
通鑑姑訓續資治通鑑長編
朕嘗許辯大書續資治通鑑長編七字然則後人著書
似祇可云資治通鑑後編或續編而不當云續資治通
鑑也第畢氏原名如是宬從其舊又畢氏未刻稿本卷

（廿七）《湖北金石詩》（哈佛燕京圖書館藏抄本）

湖北金石詩

金

觀

嘉慶二年夏寓武昌以頻年搜輯湖北金石
之者崔君授之於京兆劉誾之於成都是也
文字得七十八種各系一詩以識欣賞江寧嚴

隨
玉泉寺鐵鑊

右鑊歁云隨大業十一年歲次乙亥十一月十八
日當陽縣治下李慧達建造鑊一口用鐵三
千斤永充玉泉道場供奉在寺大殿階墀之中馬
通守紹基按云周禮天官亨人掌共鼎鑊註所
以莫肉及魚臘之器漢書師古註曰鼎大而無足

曰鑊今宥王是焉而非鑊矣觀按置於佛前子
義末安後閱張郱基墨漫錄始知京口北固山甘
露寺舊有梁天監十八年大鐵鑊二口銘云鑄以
種蓮供佛云厰

當陽有玉泉隨代固建寺用鐵三千斤造鑊以
玫以三禮圖形製與昂異置於法王前知是種器
攷據且漫論摩淬華欵識響拓遺故交寓言金石契
常存天地間賴有數十字不然頑鐵耳安入金石記

北宋玉泉寺鐵塔
右塔十三級高七丈欵署云嘉祐六年八月十五
日邦言鑄在當陽玉泉寺嘗聞胡明經慶云玉泉

（廿八）《山左金石志》（清嘉慶二年阮氏小琅嬛僊館刻本）

山左金石志序

囯朝右文叶古度越前代而一時諸鉅公鬥學而瞽著書於是
金石之學始於宋錢金石而分地亦始於宋有郤一道而
錄之者王象之之碑目陳思之寶編是也有統天下而
畢秋帆尚書鎮撫雍豫翱翔晉六朝之刻所在
墨次弟成編獨山左聖人故里秦漢磨厓好事者
多有曲阜之林廟任城之學官代古宗靈嚴之磨厓之刻
偶津遘遂焉獨把水於河而取火於燧矣近時黃小松李南
澗龍光段赤亭螢難各有獨錄就一方未暇全省於是
誠虆林一閟命也乾隆癸丑秋今闗學儀徵阮公芸臺奉
命視學山左公務之暇訪搜者搜羅廣焉接索其明年冬舉尚書

來撫齊魯南賢同心贊成此舉遂商椎搨槧例博稽載萃
十一府兩州之碑碣又各出所藏彝器錢幣官私印章萃
而編之規模粗定而秋帆移晉三楚討論修飾潤色並出
於公乙卯秋公移節兩浙攜其棄南來手自删訂嘉慶丙
辰秋書成凡二十四卷寫簡於大昕俾序其顚末益嘗論
書契以還風移俗易後人恆有不及見古人之歎安能
辨其點畫而審其異同金石之壽實大有助於經史籍傳
且融物護持往往嶧於古而顯於今如武梁叢泉元明人
目所未睹而今乃更有出於洪文惠之外者古人未必不讓今人也金
入碑又無如歐趙之所失敹若此者古人未必不讓今人也金
石之多又無如中原然雍豫無西漢以前石刻而山左有秦

（廿九）《靈巖山館文鈔》（清抄本）

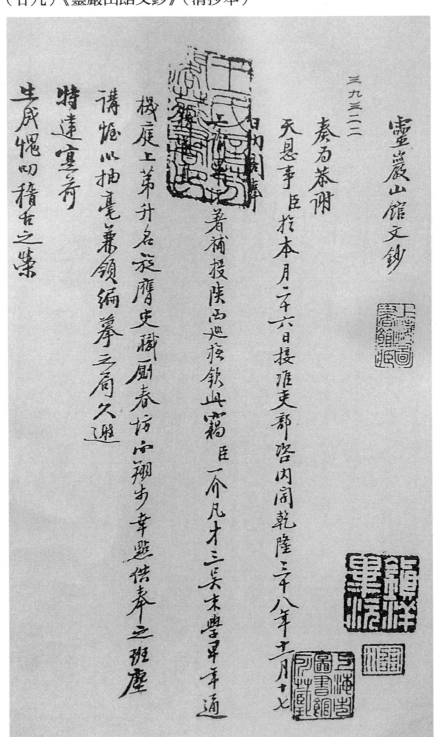